KB234039

살아있는 한자 교과서 **1**

살아있는 한자漢字 교과서

1 생활과 한자

정 민

박 수 밀

박 동 욱

강 민 경

Humanist

한자, 문화를 읽는 힘 

　요즘 온 나라에 한자 공부 열풍이 불고 있습니다. 따지고 보면 한자는 원래 중국 사람의 글자이고, 우리에게는 자랑스런 한글이 있습니다. 기계화의 측면에서 보더라도 한자는 한글의 편리함을 도저히 따라올 수가 없습니다. 그런데도 왜 골치 아프고 쓰기 어려운 한자를 배우려는 사람들이 날이 갈수록 늘어 가는 걸까요?

　한자는 외국말이 아니라 우리의 삶과 문화가 녹아 있는, 엄연한 우리말입니다. 사실, 한자는 동아시아 민족의 공통된 표현 수단이기도 합니다. 중국말이나 일본말을 몰라도, 한자만 알면 그들과 의사 소통을 하는 데 큰 문제가 없습니다. 더욱이 중국과의 교류는 날이 갈수록 늘어나고 있어, 앞으로도 한자의 중요성은 점점 더 커질 것이 분명합니다.

　가뜩이나 배울 것이 많은데, 그 어려운 한자까지 배우라고 한다면 시간 낭비라고 생각하는 사람도 있을 겁니다. 하지만 어려서부터 한자를 차근차근 익혀 두면, 자기도 모르는 사이에 생각하는 힘이 무럭무럭 자라납니다. 어째서 그럴까요? 한자를 알면 사물의 의미나 말의 뜻을 분명하게 이해할 수 있고, 오래 잊지 않고 기억할 수 있기 때문입니다.

　이 책은 우리 문화의 바탕에 깊이 뿌리내린 한자를, 우리가 일상 생활에서 자주 쓰는 말을 중심으로 살펴본 것입니다. 처음 한자 공부를 시작하는 사람들이 늘상 쓰는 한자말의 다양한 쓰임새와 거기에 담긴 뜻을 이해하고, 이를 통해 우리 문화를 좀더 깊이 들여다볼 수 있도록 꾸민 것입니다.

　이 책의 구성은 이렇습니다. 각 권은 6장씩 모두 12장으로 이루어져 있습니다. 낱낱의 장은 다시 3~4개의 절로 나누었고, 하나의 절에는 4개씩의 표제어를 선정하였습니다. 표제어를 중심으로 소주제를 설명하고, 이것들이 모여 전체 주제를 구성하는 방식으로 이루어진 셈입니다. 설명이 더 필요하거나 연관되는 자료가 있을 경우, 별도의 박스나 별면 구성을 통해 풀이하였습니다. 글자의 자원(字源)이나 사자성어 등 본문에서 미처 설명하지 못한 알차고 유익한 관련 내용을 여기에 담았습니다.

　또 절이나 장이 끝나는 곳에는 주제별 시리즈를 두었습니다. 제1권 각 장의 끝에는 '문자 여행' 시리즈를 실었습니다. 원시 시대의 암각화에서 갑골문과 전서, 예서와 초서에 이르기까지 한자가 어떻게 변화해 왔는지 한눈에 알 수 있도록 그림과 함께 설명을 붙였습니다. 제2권 각 장의 끝에는 '옛 그림 읽기' 시리즈를 두었습니다. 옛 그림에 등장하는 다양한 소재들을 한자의 원리로 읽은 것인데, 신기하고 재미난 내용이 많이 들어 있습니다.

　중간중간에는 '한자와 문화' 시리즈가 실려 있습니다. 한자와 관련된 다양한 문화 현상들을 책 속의 내용과 연관지어 설명하였습니다. 이러한 몇 가지 시리즈들이 읽는 기쁨을 훨씬 더해 줄 것입니다.

　책의 내용을 살펴볼까요? 제1권은 '생활과 한자'를, 그리고 제 2권은 '문화와 한자'를 주제로 합니다. 제1권에서는 일상 생활에서 자주 쓰는 말과, 신체와 정신, 생로병사(生老病死), 가족과 윤리 등의 주제를 살펴보았고, 제2권에서는 기호와 상징, 동식물, 의식주(衣食住),

사회 제도, 예술과 과학을 주제로 한 한자들을 알아보았습니다.

책 속의 내용들은 우리를 둘러싼 삶의 모든 측면과 연결되어 있는 셈입니다. 글을 읽어 나가면서, 여러분은 그동안 모르고 지나쳤거나, 잘못 알고 있던 사실들을 계속 확인하는 즐거움을 맛보게 될 것입니다. 한자라는 유리창을 통해 세상을 들여다볼 때, 익숙한 사물들이 갑자기 낯설어지거나, 낯설던 사물들이 가깝게 여겨지는 신기한 경험을 할 수 있을 것입니다.

어찌 보면 문화는 이야기입니다. 사람들이 살아오면서 그때 그때 깨달은 지혜들이 모여 언어가 되고 습관이 되며, 이것이 오랜 세월 쌓이다 보면 바로 문화가 되는 것입니다. 한자 속에는 옛사람들의 삶과 지혜가 녹아들어 있습니다. 그러니까 한자를 공부하는 것은 단순히 교양과 상식을 높이는 것 이상의 큰 의미가 있습니다.

우리는 여러분이 이 책을 통해 한자 속에 담긴 선인들의 문화와 바른 삶의 자세를 깊이 음미하는 지혜를 갖추게 되기를 바랍니다. 무엇보다 이 책을 읽으면서 한자를 왜 배워야 하는지, 한자를 아는 것이 어째서 중요한지를 깨달을 수 있다면 좋겠습니다. 나아가 우리 문화의 우수성을 깨닫는 동시에, 세계 시민으로서의 교양도 함께 길러 보시기 바랍니다.

2004년 여름 행당 동산에서
정민, 박수밀, 박동욱, 강민경 함께 적음.

一

생활 속의 한자

生活

1. 의미가 담긴 말

2. 유래가 있는 말

3. 모르고 쓰는 말

4. 잘못 알고 쓰는 말

차
례

二 말 말 말

言語

1. 말의 종류와 무게

2. 세 치 혀의 무서움

3. 욕설에 담긴 뜻

三 우리 몸과 한자

身體

1. 얼굴 위의 한자

2. 신체와 한자

3. 신체 내부 기관과 한자

六
가족과 윤리

倫理

[부록]

살아있는 한자 교과서 -2권 문화와 한자

서설

한자란 무엇인가?

┃한자 문화권(漢字文化圈)이란?┃

한국과 중국, 일본을 묶어 한자 문화권이란 말을 자주 쓴다. 한자 문화권이란 한자를 통해 문화적 소통이 가능한 지역을 일컫는 말이다. 중국말이나 일본말을 전혀 몰라도 한자만 쓸 줄 알면 그 나라에 가서도 의사소통에 큰 문제가 없다. 한자는 이렇게 지금도 한국, 중국과 일본을 하나로 이어 주는 연결 고리이다. 한자를 몰라도 생활에 큰 불편은 없지만, 한자를 배워 익히면 여간 편리한 게 아니다.

한자를 익히는 것과 중국말을 배우는 것은 다르다. 한자로 된 한문(漢文)이 중국 사람들이 일상 대화에서 쓰는 중국말, 즉 백화문(白話文)과 같지는 않다. 중세 영국과 독일, 프랑스에도 각각 자기 나라의 말이 있었지만, 사람들은 자신의 사상이나 문학 작품을 표현할 때는 모두 라틴 어로 썼다. 유럽의 고전 문화를 이해하려면 라틴 어를 모르고는 안 된다. 마찬가지로 동양 문화를 알려면 한문을 몰라서는 안 된다.

한글은 참으로 소중하고 자랑스러운 문화 유산이다. 그래서 어떤 사람들은 우리말인 한글이 있으니 한자를 애써 배울 필요가 없다고 말한다. 심지어는 한자를 배워야 한다고 하면 사대주의(事大主義)에 물든 사람으로 몰아세우기까지 한다. 하지만 한글을 아끼고 사랑하는 것과 한자를 배우는 것은 별개의 문제다. 한자어도 엄연한 우리말이다. 우리는 알게 모르게 한자말 속에 파묻혀 살고 있다. 사전에 올라 있는 어휘의 70% 이상이 한자말인 것이 엄연한 실정이다. 이 가운데는 매일 쓰면서도 의미를 제대로 알지 못하는 말도 아주 많다. 한자는 뜻글자이기 때문에, 글자가 지닌 뜻을 알고 그 말을 새겨보면 그 의미가 분명해진다.

현대는 경쟁과 속도의 시대이다. 한자를 배우자는 것은 과거로 돌아가자는 뜻이 아니다. 오히려 미래를 준비하기 위해서이다. 중국은 무서운 속도로 발전하고 있다. 세계에서 가장 큰 경제 대국으로 성장할 날도 얼마 남지 않았다. 중국은 머지않은 장래에 한국 젊은이들의 주 활동 무대가 될 것이다. 한자는 우리 문화를 읽는 코드일 뿐 아니라 중국을 여는 열쇠이다. 이것이 한자 문화권에 속해 있는 우리가 한자를 열심히 배워야 하는 또다른 이유이다.

한국, 중국, 일본의 표지판

한자는 한국과 중국, 일본의 문화적 소통을 가능하게 해 주는 연결 고리이다.

15

| 글자를 보면 뜻이 보인다 |

한자는 뜻글자이다. 하나의 글자는 대개 몇몇의 다른 글자들이 합쳐져서 만들어진다. 한자의 뜻도 낱낱 글자의 원래 의미로 따져 보면 뜻을 짐작할 수 있는 경우가 적지 않다.

가장 손쉬운 방법은 부수자를 보고 의미를 짐작하는 것이다. 예전에 한자 사전을 만들 때 사람들이 찾아보기 쉽도록 한자의 형태를 살펴, 공통되는 부분이 있는 글자끼리 모아 놓았다. 부수는 이 한 묶음의 글자 집단을 대표하는 글자를 가리키는 말이다. 예를 들어 '인(仁)', '신(信)', '임(任)', '속(俗)'과 같은 글자에는 모두 부수자인 '인(亻)' 자가 들어 있다. 또 '화(花)', '초(草)', '원(苑)' 등의 글자에는 모두 부수자인 '초(艹)' 자가 들어 있다. 이 부수자들은 글자의 의미와 밀접한 관련이 있다.

예를 좀더 구체적으로 들어 보자. 눈 목(目)자나 볼 견(見)자가 들어간 글자는 대부분 보는 것과 관련된다.

볼 견(見)

눈[目] 위에 손[手]을 얹은 볼 간(看)은 눈 위에 손을 얹고 먼 곳을 보는 것이고, 살필 성(省)은 눈을 작게[少] 해서 찬찬히 보는 것이다. 볼 첨(瞻)은 올려다보는 것이요, 감(瞰)은 위에서 아래를 내려다보는 것이다. 그래서 별을 올려다보는 곳은 첨성대(瞻星臺)이고, 하늘에서 내려다본 건물 그림은 조감도(鳥瞰圖)이다. 권(眷)은 돌아보는 것이고, 도(睹)는 사람을 보는 것이다. 조(眺)는 아득히 먼 곳을 바라보는 것이다. 높은 산에서 경치를 바라보는 것을 조망(眺望)한다고 하는 것은 이 때문이다.

볼 간(看)　　　살필 성(省)

볼 견(見)자가 들어간 볼 시(視)는 살펴보는 것이다. 관(觀)은 주의 깊게 보는 것이고, 구멍 혈(穴)자 밑에 규(規)를 쓴 글자는 구멍을 뚫고 본다는 뜻의 엿볼 규(窺)자이다. 손톱 조(爪) 아래 볼 견(見)을 쓴 글자는 찾을 멱(覓)자이다. 윗사람을 뵙는 것은 근(覲)이다. 두루 보는 것은 람(覽)이다. 도서관에 가서 여러 책을 열람(閱覽)하고, 미술관에 가서는 전시된 작품을 전람(展覽)한다.

계집 녀(女)자가 들어가면 대부분 여성이나 여성의 활동과 관련된다. 낮은[卑] 여자는 계집종 비(婢)요, 여자를 취해[取] 오는 것은 장가들 취(娶)다. 여자가 다른 집[家]에 가면 시집 갈 가(嫁)가 된다. 시집 간 여자가 밤낮 생각[思]하는 것은 시집 시(媤)이고, 자식[息] 같은 여자가 며느리 식(媳)이다. 여자가 오래[古] 되면 시어미 고(姑)가 된다. 이 밖에 질투할 투(妬), 간사할 간(姦), 예쁠 연(妍), 즐거워할 오(娛), 아첨할 미(媚), 아리따울 교(嬌) 등의 글자는 모두 여성의 특성과 관련되어 나왔다.

 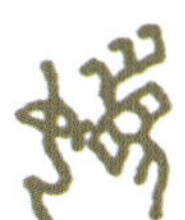

계집종 비(婢)　　　아첨할 미(媚)

조개는 과거에 화폐 대신으로 썼다. 그래서 조개 패(貝)자가 붙어 있으면 대부분 경제 활동과 관련되는 글자이다. 재물 재(財), 물건 팔 판(販), 살 구(購), 가난할 빈(貧), 재화 화(貨), 탐할 탐(貪), 쌓을 저(貯), 빌릴 대(貸), 쓸 비(費), 장사할 무(貿), 품삯 임(賃), 세금 부(賦) 등이 그렇다.

개 견(犭, 犬)자가 들어간 글자들은 대부분 개과나 원숭이과에 속한 동물들이나 이들 동물의 속성과 관련된 의미를 지니고 있다. 개 구(狗), 개 오(獒), 여우 호(狐), 이리 랑(狼), 사자 사(獅), 원숭이 저(狙), 원숭이 유(猶), 원숭이 원(猿), 성성이 성(猩), 사나울 맹(猛), 미칠 광(狂), 시새울 시(猜), 교활할 활(猾), 으르렁거릴 은(狺) 등이 그렇다.

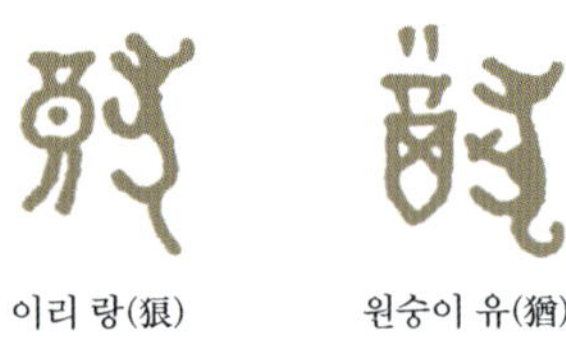

이리 랑(狼)　　　원숭이 유(猶)

비 우(雨)자가 포함된 글자는 거의가 날씨와 관계된 말들이다. 눈 설(雪), 구름 운(雲), 우박 박(雹), 번개 전(電), 천둥 뢰(雷), 천둥 벽(霹), 천둥 소리 진(震), 장마 림(霖), 서리 상(霜), 안개 무(霧), 이슬 로(露), 갤 제(霽) 등을 보면 알 수 있다.

구름 운(雲)　　　서리 상(霜)

이 밖에 옷 의(衤, 衣)자가 포함된 글자는 거의가 의복과 관계 깊고, 말씀 언(言)이 들어가면 대개가 인간의 말과 관련된다. 부수자와 전혀 관련이 없어 보이는 글자도 어원을 깊이 따져 보면 다 관련이 있다. 예를 들어, 비 우(雨)를 부수로 하는 떨어질 영(霙)자는 원래는 비가 온다는 뜻에서 나왔다. 하늘에서 비가 떨어지므로 떨어질 영(霙)이 되었다. 개 견(犭) 부수의 홀로 독(獨)도 원래 원숭이의 한 종류를 가리키는 말이었다. 이 원숭이는 오랑우탄처럼 여럿이 함께 생활하지 않고 혼자 다니기 때문에 여기서 '홀로'라는 뜻이 생겨났다. 유(猶)란 원숭이는 의심이 하도 많아서 조그만 소리에도 놀라 나무 위로 기어올라간다. 올라가서는 겁이 나서 내려오지도 못하고 마냥 있는다. 여기에서 망설인다는 뜻이 나왔다. 죄를 지은 사람에게 법 집행을 잠시 보류하고 망설이는 것이 집행유예(執行猶豫)이다. 이 때 유(猶)가 바로 망설인다는 뜻이다.

이렇게 한자 속에는 여러 가지 재미있고 유익한 정보들이 참 많이 들어 있다. 체계적으로 한 글자 한 글자 익혀 나가다 보면, 글자 속에 담긴 옛사람들의 지혜를 볼 수가 있고, 생활 속에서 늘 쓰면서도 뜻을 잘 몰랐던 말들에 대해서도 깊이 이해할 수 있다.

| 한자를 알면 문화가 보인다 |

앞에서 보았듯, 하나하나의 한자 속에는 이야기가 담겨 있다. 한자를 통해 옛 사람들이 세계를 이해하는 방식을 알게 되고, 하나하나의 글자 뒤에 숨겨진 옛 문화의 뒷모습을 발견하게 된다. 놀랍게도 그것은 오늘에도 여전히 가치 있는 정보이다.

책(冊)이란 글자는 죽간(竹簡)을 끈으로 묶은 모습을 본뜬 것이다. 죽간은 종이가 발명되기 전에 글자를 기록하던 대나무 조각이다. 책 중에서도 경전(經典)이나 법전(法典)처럼 중요한 책은 탁자 위에 늘 잃어 두고 읽었다. 그래서 법 전(典)자는 닥자 위에 책을 잃어 둔 모습이다. 어떤 경우 책(冊)자 좌우에 손을 나타내는 글자를 쓰고 그 아래에 두 이(二)자를 쓴 형태도 있다. 경전은 책상 위에서 두 손으로 받들어 읽는 책인 까닭이다.

책 책(冊)   법 전(典)

여(女)자의 옛 글꼴을 보면 바닥에 꿇어앉아 두 손을 다소곳이 모으고 있는 모습이다. 아마 집 안에서 여성의 역할과 관련된 동작인 듯하다.

어미 모(母)자는 지금 글꼴로 보면 여(女)자와 조금도 비슷하지 않지만, 옛날의 글꼴로 보면 여(女)자에 점 두 개를 찍은 모습이다. 두 개의 점은 유방을 뜻한다. 어머니는 자식을 품에 안고 젖을 먹이는 존재이다.

계집 녀(女)   어미 모(母)

며느리 부(婦)자도 재미있다. 이 글자는 여(女)와 빗자루 추(帚)자를 합한 글자이다. 여자가 빗자루를 들고 있는 모양이다. 실제 청동기에 새겨진 부(婦)자의 모양을 보면, 빗자루를 들고 있는 여자의 모습이 뚜렷하다.

청동기에 새겨진 부(婦)

좋을 호(好)자는 남자와 여자가 함께 있어서 좋은 것이 아니다. 글자 모양을 보면 여자가 자식을 품에 안고 어르는 모습이다. 자식을 품에 안은 엄마보다 기쁘고 보기 좋은 모습이 또 있겠는가?

좋을 호(好)

여(旅)는 여행(旅行)이나 여관(旅館) 등에서 보듯 나그네라는 뜻이 있다. 원래는 500명을 단위로 하는 고대의 군대 조직을 가리키는 말이었다. 지금도 군대 조직에 여단(旅團)이 있다. 여단은 사단(師團)보다는 작고 연대(聯隊)보다는 큰 단위이다. 청동기에 새겨진 여(旅)는 몇 개를 봐도 모두 사람이 큰 깃발을 붙들고 서 있는 모습이다.

아(亞)자 안에 닭 계(鷄)자와 고기 어 (魚)자를 썼다. 닭의 머리에는 벼슬을 그렸다.

옮길 반(般)이다. 아래쪽에 배[舟]가 있고, 위에는 상앗대를 손으로 젓는 모양을 본떴다. 남쪽 지역에서는 주로 배로 물건을 운반하였기 때문에 이런 글자가 나왔다.

청동기(靑銅器)에 새긴 글자

지킬 위(衛)자다. 네모난 방 안에 손에 든 책[册]이 있다. 그리고 사방을 사람 발자국이 맴돈다. 무엇인가 중요한 문서를 지키고 있는 모습이다.

쏠 사(射)자다. 말할 것도 없이 활 시위를 힘껏 당기고 있는 모습이다.

청동기에 새겨진 여(旅)

깃발 유(斿)자도 비슷한 모양이다. 군대는 전쟁을 위해 먼 곳으로 나가기 때문에 여기서 논다는 뜻이 나왔다. 놀 유(遊)가 그것이다. 예전 군대에서는 깃발로 전쟁을 지휘하였다. 군대에서 깃발은 지휘권을 나타내는 상징이다. 깃발이 쓰러지거나 깃발을 적에게 빼앗기면 전쟁에 진 것과 같았으므로, 깃발을 붙들고 물러서지 않는 모양으로 군대의 뜻을 담았다. 후기로 가면 깃발 아래 수레가 보태지는데, 춘추 시대 말기로 가면서 전쟁이 수레 싸움의 양상으로 발전하였음을 알 수 있다.

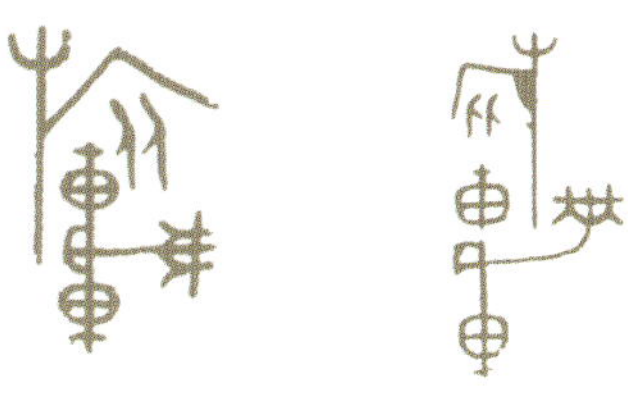

깃발 유(斿)

아침 단(旦)자는 대지 위로 해[日]가 떠오르는 모양을 본떴다. 글자의 모양을 보면 아래쪽의 검은 대지에서 해가 아직 위로 떨어지지 않은 상태를 보여 준다. 해가 채 뜨지 않은 것이 아침이다. 중국은 들이 넓어 중국 사람들은 아침마다 지평선 위로 떠오르는 해를 보았다. 산이 많은 우리 나라 사람들이 이 글자를 만들었다면 아마도 산(山) 위에 날 일(日)자를 얹은 모양으로 만들었을 것이다.

아침 단(旦)

해가 대지 위로
막 떠오르는 모양이다.

태양이 태산 위에 솟아 있는 모습을 나타낸 문자

중국 태산 산자락 아래 대문구에서 발견된 신석기 시대
토기에 새겨진 글자이다.

이렇게 설명하자면 한도 없겠지만, 한자의 옛 글꼴을 보면, 낱낱의 한자가 어떤 과정을 거쳐서 만들어졌는지 알 수 있다. 한자 하나하나마다 옛 사람들의 삶과 생활이 담겨 있다. 한자를 천천히 음미해 보면 그 시대의 문화까지도 알 수가 있다.

| 한자의 여러 글꼴 |

한자는 시대에 따라 글꼴이 계속 변해 왔다. 전서(篆書)·예서(隷書)·해서(楷書)·행서(行書)·초서(草書) 등 다섯 가지 글꼴을 한자의 5체라 한다. 이 밖에도 가장 오래 된 갑골문(甲骨文)과 청동기에 새겨진 금문(金文) 등이 있다. 전서는 좌우가 대칭이 되는 방정(方正)하고 길쭉한 모양의 글자체이다. 예서는 한나라 이후 죽간(竹簡)과 비단 등에 쓰여진 예술적인 글자체이다. 해서는 또박또박 쓰는 정자체이고, 행서는 반흘림체, 초서는 휘갈겨 쓴 흘림체이다.

같은 내용도 다른 글꼴로 써 놓으면 전혀 다른 느낌이 든다. 글자의 형성 과정이 각기 다른 몇 글자를 글꼴별로 나누어 살펴보자. 서체의 다양한 변화 속에 문화의 변화와 교체를 느낄 수 있다.

	갑골문	금문	전서	예서	해서	행서	초서
雨 (우)							
水 (수)							
明 (명)							
鹿 (록)							
室 (실)							
首 (수)							
卿 (경)							

갑골문(甲骨文)

선사 시대 암각화(岩刻畵)

경남 울주군 대곡리 암각화

문자가 없던 시절 고대인들은 기록을 어떻게 남겼을까? 또 자신의 생각을 어떻게 표현하였을까? 그들이 바위에 사물의 모습을 본떠 새긴 그림을 보면 문자가 만들어지기 이전 고대인들이 어떻게 생활하였는지, 그들의 일상과 그들을 둘러싼 세계에 대한 태도, 주요 관심사 등을 헤아려 볼 수가 있다.

내몽고 지역 암각화에 그려진 신의 얼굴들

옆면의 사진은 경상 남도 울주군 언양면 대곡리 계곡의 바위에 새겨진 암각화(岩刻畵)이다. 그림의 왼편에는 각종 고래와 거북이 보이고 물개와 사람도 그려져 있다. 중간에는 이들을 잡기 위해 바다에 설치한 그물과 나무 울타리 같은 무늬도 보인다. 오른편에는 호랑이와 사자, 토끼와 같은 여러 동물들이 그려져 있다. 왼쪽 맨 위의 고래는 등에 새끼를 업고 있는 모습이다.

선사(先史) 시대에 이 지역에 살았던 사람들은 고래와 거북, 그리고 바닷가에 무리 지어 살던 물개를 잡아 식량으로 삼았음을 보여 준다. 그 밖에 그물과 창을 이용하여 동물을 사냥하였고, 바다에 울타리를 쳐서 고래를 몰아 사냥하였던 것으로 짐작된다.

이런 선사 시대의 암각화는 중국의 내몽고 지역에서도 매우 많이 발견된다. 내몽고 지역의 암각화에는 양과 사슴 그림이 많고, 창을 들고 이를 사냥하는 사람들의 모습이 매우 역동적으로 그려져 있다.

처음에는 이렇게 자신의 생각을 그림으로 그려서 표현한 것이 마침내 상형 문자로 발전하였다. 그 후 사람들의 지혜가 늘어나면서 뜻이 담긴 글자가 만들어져, 오늘의 문자로 발전해 온 것이다.

수렵 장면을 그린 중국 내몽고 지역의 암각화

一 생활 속의 한자

한자는 알게 모르게 우리 주변을 둘러싸고 있다. 날마다 무심코 쓰는 말을 자세히 살펴보면 뜻밖에 많은 한자말과 만나게 된다. 원래는 특별한 의미를 지녔지만 차츰 성어(成語)가 되어 본래의 뜻이 잊힌 말이 있고, 역사적 유래를 알고 나면 훨씬 더 가깝게 다가오는 말도 있다. 자주 쓰면서도 무슨 뜻인지 모르고 쓰는 말이 있고, 아예 다른 뜻으로 잘못 알고 쓰는 말도 적지 않다. 이렇게 자주 쓰면서도 정작 본래의 의미는 잘 알지 못했던 한자말을 살펴보는 것으로 공부를 시작해 보자.

1 의미가 담긴 말

시치미 떼지 마!
나 원, 어처구니가 없어서!
마땅한 사람이 있는지 물색해 보게.
그런 일이 생길 줄은 짐작도 못 했어.

우리는 일상 속에서 위와 같은 표현들을 자주 접한다. 그런데 막상 '시치미'나 '어처구니', '물색'과 '짐작' 같은 단어들이 원래 어떤 뜻인지, 혹은 어디서 나온 말인지는 잘 알지 못한다. 이런 말들은 처음에는 특별한 의미를 지녔는데, 관습적으로 써 오는 동안 원래의 뜻은 까맣게 잊혀지고 관용적인 의미만 남게 되었다.

처음에는 특수하게 쓰이던 말들이 어떻게 성어(成語)로 변하게 되는지를 위의 예를 가지고 살펴보기로 하자. 본격적인 한자 공부에 앞서 '시치미'와 '어처구니'와 같이 자주 쓰는 우리말의 본래 뜻을 알아보는 것으로 시작해 보자.

| 사냥매의 꼬리표, 시치미 |

매사냥은 아주 오랜 옛날부터 널리 행해져 왔다. 고구려 고분 벽화 속에 이미 매사냥 장면이 나온다. 매는 새끼 때 산에서 잡아 와 길들인다. 사냥매는 사냥 도중에 달아나 다른 사람의 집으로 날아드는 수가 종종 있었다. 그 때를 위해서 주인이 누구라는 것을 알리기 위한

표지를 매단다. 다리에는 방울을 달고, 꽁지에는
화려한 장식을 단다.

시치미란 이 때 매의 꽁지에 다는 장식을 말한
다. 매가 남의 집에 날아들면 그 집 주인은 시치
미를 보고 매의 주인을 찾아 되돌려 준다. 하지
만 제 발로 들어온 매이므로 가끔 시치미를 뚝
떼고서 제 매인 양하기도 하였다. 시치미를 뗀다
는 말은 여기서 나왔다. 옆의 그림을 보면 깃대
위에 앉은 흰매의 꽁지에 새 깃으로 만든 화려한
시치미가 달려 있는 것을 볼 수 있다.

이런 원래의 의미는 차츰 사람들에게 잊히고,
지금에 와서 ‘시치미를 뗀다’는 말은 어떤 일을
해 놓고도 마치 안 한 것처럼 딱 잡아떼는 행동
을 나타내는 숙어로 쓰인다. 성어(成語)란 원래
이런 속성이 있다.

매사냥은 원래 몽고에서 들어왔다. 그래서 매
와 관련된 용어에는 몽고말에서 온 것이 많다.
매를 잡는 사람은 ‘시파치’라고 하였다. 매 가운
데 가장 용맹하다는 송골매도 원래는 ‘송고르’
라는 몽고말에서 나왔다. 시치미도 몽고말이다.

|어처구니가 없으면?|

어떤 일을 겪고 나서 도저히 납득할 수 없을
때 우리는 ‘어처구니가 없다’ 또는 ‘어이가 없
다’는 말을 한다. 어처구니가 없으면 어떻게 될

청나라 때 이탈리아 선교사인 낭세녕이 그린
〈시치미를 매단 흰매〉

꽁지에 새 깃으로 만든 화려한 시치미를 달았다. 자세히 보면
다리에도 방울을 매단 줄이 보인다.

까? 어처구니는 명사이니까 없어서는 안 될 꼭 필요한 물건을 가리키는 듯한데, 정확히 무엇을 말하는지 알 수가 없다.

문헌적 근거로는 확인할 수 없지만, 이런 주장이 있다. 맷돌은 아래와 위의 두 돌이 맞물려 돌아가면서 위쪽에 난 구멍으로 콩을 넣으면 맞물린 두 돌의 틈으로 콩이 빠져 나오면서 갈리게 된다. 그런데 아래와 위의 돌이 꽉 맞물려 있지 않으면 헛돌거나 어긋나게 된다. 그래서 아래쪽 돌의 가운데 부분에 물림 장치를 해서 위쪽 돌의 구멍과 맞물리게 한다. 어처구니란 바로 맷돌의 아래위를 연결시켜 주는 장치를 가리킨다.

트집과 뚱딴지

트집을 잡는다

트집은 옻나무에서 옻을 채취할 때, 나무껍질에 생채기를 내는 것을 말한다. 그러면 거기서 진액이 흘러나오는데, 그것을 받아 옻칠의 원료를 만든다. 살아 있는 나무에 트집을 잡으므로 생트집이라고 한다. 그래서 까닭도 없이 시비를 거는 것을 두고 트집을 잡는다고 한다. 옆의 사진은 생트집을 잡은 흔적이 즐비한 옻나무이다.

뚱딴지 같다

뚱딴지는 애자(碍子)이다. 장구 비슷하게 생긴 사기(砂器)로 전기를 통하지 않게 해주는 절연체(絕緣體)이다. 애자, 즉 뚱딴지를 달면 전기가 통하지 않게 되므로 도무지 말이 통하지 않는 멍청한 사람을 가리키는 말이 되었다. 오래된 말 같지만 사실은 전기가 들어온 뒤에 생긴 말이다.

어처구니가 있어야 맷돌의 위쪽 돌과 아래쪽 돌이 서로 맞물려서 맷돌의 기능을 할 수 있으므로, 어처구니는 없어서는 안 된다. 여기서 '어처구니가 없다'는 말이 나왔다는 것이다.

이 밖에 어처구니가 '맷돌의 손잡이'를 가리킨다거나, 암키와와 수키와를 맞물리게 하는 부분을 가리킨다는 주장도 있다. 이렇듯 어처구니란 말은 지금에 와서 그 정확한 어원을 밝힐 수 없는 말이 되었다. 어처구니는 어떤 물건이 제 기능을 발휘하기 위해 꼭 필요한, 없어서는 안 될 요긴한 부분을 가리킨다.

우리가 늘상 쓰는 말 중에는 이렇게 원래 의미는 잊히고 관용적인 의미만 남은 말들이 적지 않다. "터무니 없는 소리 그만 좀 하게!"라고 할 때 '터무니'는 무엇을 말하는가? "도무지 영문을 모르겠어!"라고 할 때 '영문'도 이제는 영문 모를 말이 되고 말았다. 갈피를 못 잡겠다고 할 때 '갈피'나, 부산을 떤다고 할 때 '부산'도 모두 과거 조상들의 생활과 관계된 일에서 만들어진 말들인데, 이제는 원래 의미를 알 수 없거나 분명하지 않게 되었다.

어처구니

맷돌이 제 기능을 하려면 어처구니가 꼭 있어야 한다. 아래는 백년 전 맷돌을 돌리는 모습이다.

| 신랑감 물색(物色) |

물색(物色)은 한자말이다. 글자 뜻 그대로 풀이하면 '물건의 빛깔'일 듯하나, 그런 뜻이 아니다. 물색이란 말은 본래 옛날 네 마리 말이 끄는 수레[駟馬(사마)]에서 나왔다.

영화 〈벤허〉를 보면 유명한 마차 경주 장면이 나온다. 벤허가 몬 수레는 흰 말 네 마리가 끌고, 멧살라가 몬 수레는 검은 말 네 마리가 끌었다. 이렇게 한 수레를 끄는 네 마리 말은 빛깔이 같아야 하였다. 만일 검은 말 한 마리, 누런 말 한 마리, 흰 말 한 마리, 점박이 말 한 마리가 뒤섞여 마차를 몬다면 영 보기에 흉할 것이다. 또 네 마리 말

物色

영화 〈벤허〉(1959)의 마차 경주 장면(왼쪽)과 진시황의 무덤에서 출토된 청동수레(오른쪽)

두 그림과 같이 빛깔이 같고 힘도 비슷한 말을 고르는 것을 물색(物色)한다고 한다.

중에 세 마리는 힘이 펄펄 넘치는 젊은 말인데, 한 마리는 늙어 힘없는 말이라면 수레는 그 한 마리 말 때문에 얼마 못 가서 뒤집히고 말 것이다.

따라서 수레를 모는 사람은 무엇보다 빛깔도 같고 힘도 비슷한 말 네 마리를 찾아야만 한다. 이 때 빛깔이 같은 말을 '색마(色馬)'라 하고, 힘이 같은 말을 '물마(物馬)'라고 하였다. 그러니까 물색이란 말은 힘도 비슷하고 빛깔도 같은 네 마리 말을 고르는 것을 말한다. 그런데 그게 그렇게 쉽지가 않았다. 오늘날에는 '많은 것 중에서 꼭 알맞은 물건 또는 사람을 고른다'는 뜻으로 사용한다.

| 짐작(斟酌)을 잘해야 |

짐작(斟酌)도 한자말이다. 대개 어림으로 따져 헤아려 보는 것을 나타낸다. 그런데 짐작(斟酌)이란 글자는 술을 따르는 행동에서 나왔다. 짐(斟)은 술잔에 넘치지 않게 따르는 것을 말하고, 작(酌)은 흘러넘치도록 많이 따른 것을 가리키는 말이었다. 가장 좋은 것은 넘치지도 않고 부족하지도 않도록 알맞게 따르는 것이다. 여기서 어떤 일을 할 때 되풀이해서 따져 보고 꼼꼼히 살펴서 가장 알맞은 것을 골라 결정하는 것을 두고 '짐작'이라고 하게 되었다. 또는, 짐(斟)을 속이 보이지 않는 술병으로 보아 술을 따를 때 도대체 얼마나 남았는지 알 수 없는 것을 나타내는 뜻으로 보기도 한다.

"그런 일이 있을 줄은 짐작도 못 했어!"
"내 짐작에 그는 지금쯤 집에 도착했을 거야."

위의 예문에서 보듯, 짐작이란 말은 부족하거나 넘치지 않는지 살펴 따져 본다는 원래 의미와는 조금 다르게 쓰인다. '생각'이란 말과 거의 비슷한 의미로 쓰고 있다. 성어가 세월 속에서 원래 의미가 잊히면서 관용적으로 쓰이다 보면, 이렇게 뜻이 달라지는 경우가 적지 않다.

우리말이건 한자말이건 처음 생겨날 때는 특수한 상황이나 특정한 사물을 가리키는 말이었으나, 나중에는 본래의 의미가 희미해져서 잊히고 마는 경우가 적지 않다. 우리 주변에는 이런 말들이 굉장히 많다. 이런 어휘들을 하나둘씩 익혀 가다 보면 상식도 풍부해지겠지만, 날마다 생각 없이 쓰는 말 속에 담긴 옛 선인들의 깊은 뜻을 이해할 수 있다.

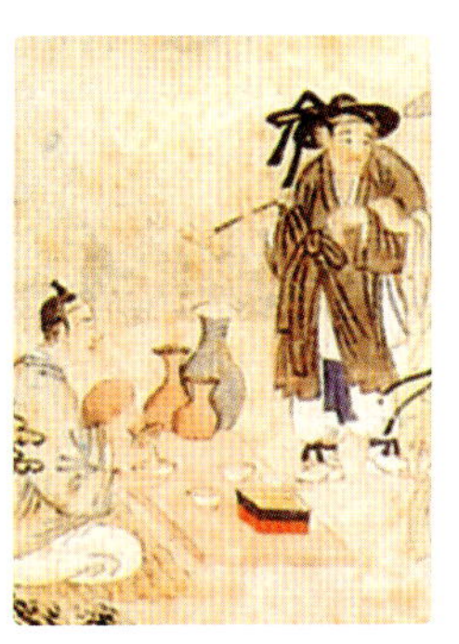

술 따르는 그림

술을 알맞게 따르듯, 가장 적절한 것을 골라 결정하는 것이 짐작이다.

2 유래가 있는 말

삼수갑산을 가더라도 먹고나 보자.
흥청망청 쓰다 보니 남은 것이 없다.
어영부영하다가 시간만 지나갔다.
이비! 아가, 큰일 날라!

▌삼수갑산(三水甲山)과 산수갑산(山水甲山)▐

길을 가다 보면 '산수갑산(山水甲山)'이라고 쓰인 음식점 간판이 심심찮게 눈에 띈다. 아마도 경치가 가장 좋은 곳이라는 뜻으로 알고 쓴 듯하다. 하지만 삼수갑산이라야 옳다.

삼수갑산(三水甲山)은 아름다운 곳이 아니다. 함경도 맨 꼭대기, 백두산 아래쪽에 있는 삼수와 갑산이라는 고장으로, 조선 시대에 큰 죄를 지은 죄인을 귀양 보내던 아주 춥고 험난한 곳이다. 삼수(三水)는 함경도 북서쪽에 있는 지역으로, 날씨가 우리 나라에서 가장 춥다. 매우 구석지고 험해서 귀양 갔던 많은 사람들이 추위에 얼어 죽거나 범에게 물려 죽었다. 갑산(甲山)도 삼수 못지않게 춥고 궁벽한 곳이었다. 두 곳 모두 한번 들어가면 살아서 돌아오기가 힘들었다.

그러니까 "삼수갑산을 가더라도 먹고나 보자."는 말은 죽을 때 죽더라도 일단 배를 채우고 보자는 뜻이다. 옛날에는 죄인을 귀양 보낼 때, 죄의 무겁고 가벼움에 따라 귀양지를 다르게 했다. 삼수나 갑산, 또는 제주도나 남쪽의 섬은 무거운 죄를 지은 사람들이 갔다. 이런 곳에 귀양 간 사람들은 많은 경우 살아서 돌아오지 못했다.

'산수갑산(山水甲山)'이라는
간판을 내건 음식점

三水甲山

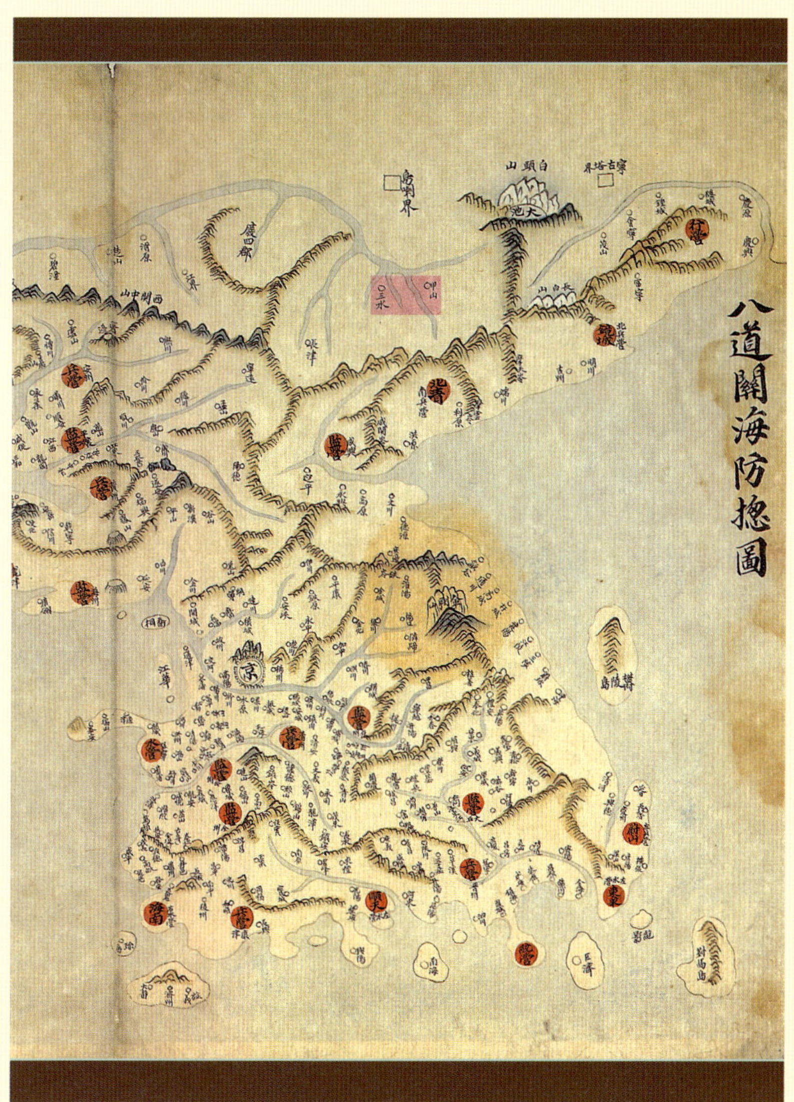

팔도관해방총도(八道關海防摠圖)

지도의 맨 꼭대기 백두산 아래 부분에 춥고
험난하기로 이름난 삼수(三水)와 갑산(甲山)이 있다.

興清亡清

| 흥청망청(興淸亡淸)의 결과 |

흥청망청 쓴다고 하면 이것저것 가릴 것 없이 마구 낭비하는 것을 두고 하는 말이다. 흥청망청(興淸亡淸)이란 말은 연산군 때 생겼다. 연산군은 자신을 낳고 궁궐에서 쫓겨난 폐비 윤씨의 죽음을 애통해하면서 여기에 관련된 사람을 잡아다가 무자비하게 죽였다.

연산군은 날이 갈수록 난폭해져 툭하면 사람을 죽이고 나쁜 짓을 서슴지 않았다. 그리고 대신들을 팔도에 내려보내 예쁜 여자들을 뽑아오게 하여 궁궐에 살게 하였다. 그 숫자가 무려 만 명에 가까웠다. 이들 중에서도 특히 용모가 예쁘고 노래 잘 부르고 춤 잘 추는 여자들을 가려 뽑아 '흥청(興淸)'이라고 불렀다. 어이없게도 맑은 기운을 일으킨다는 뜻이었다.

연산군은 거의 천 명에 가까운 흥청을 매일 불러 놓고 떠들썩하게 잔치를 베풀었다. '흥청거린다'는 말이 여기서 나왔다. 연산군은 이렇게 임금으로서 해서는 안 될 일을 일삼다 결국 중종반정(中宗反正)[*]으로 쫓겨나 강화도에서 죽었다.

흥청망청은 흥청 때문에 연산군이 망했다 해서 별 뜻 없이 한데 어울러 쓴 것이, 사람들의 입에 자주 오르내리다 보니 성어로 굳어지게 되었다. 사람은 늘 뜻을 곧게 세우고 몸가짐을 바르게 해야 한다. 지닌 것도 없이 흥청망청 낭비하게 되면 마침내 패가망신(敗家亡身), 즉 집안을 망치고 제 몸을 망치는 결과를 빚게 된다.

| 어영부영하다 보니 |

아무 생각 없이 되는 대로 행동할 때 어영부영이란 말을 쓴다. 어영부영이란 원래 조선 시대 군영(軍營)인 어영청(御營廳)에서 나온

중종반정(中宗反正)

조선 연산군 12년(1506)에 성희안, 박원종 등이 연산군을 몰아내고 성종의 둘째 아들인 진성대군(晉城大君), 곧 중종을 왕으로 추대한 사건.

御營非營

임오군란 당시 구식 군대(왼쪽)와 신식 군대(오른쪽)

'어영부영'은 조선 말기 어영군의 군기가 풀어져 어영청은 군대도 아니라는
뜻으로 말한 어영비영(御營非營)에서 나왔다.

말이다. 어영청은 조선 시대 삼군문(三軍門)˙의 하나로 군대의 기강
이 엄격한 정예 부대였다. 그런데 조선 말기로 오면서 이 어영군의
군기(軍紀)가 풀어져서 형편 없는 오합지졸(烏合之卒)에 불과하게 되
었다.

　이를 본 사람들이 어영청은 군대도 아니라는 뜻으로 어영비영(御
營非營)이라고 쑥덕쑥덕한 데서 이 말이 나왔다는 것이다. 어영비영
이 뒤에 의미가 불분명하게 되면서 발음의 편리를 따르다 보니 어영
부영으로 바뀌었다.

삼군문(三軍門)

훈련도감·금위영·어영청의 세
군문. 삼영문(三營門)이라고도
한다.

임오군란(壬午軍亂)

군제(軍制) 개혁으로 대우가 나빠진 옛 육영(六營)과 훈련도감 소속의 군졸들이 열악한 대우에 불만을 품고 일으킨 병란이다.

코무덤

임진왜란 때 가져간 조선 사람의 코를 묻은 코무덤이다. 교토 도요쿠니[豊國] 신사 앞에 있다.

실제로 고종 때에는 어영청을 비롯한 군졸들의 군기가 문란히고 병기마저 너무 낡아 도저히 군대라고 할 수 없을 지경이 되었다. 여기에 1881년(고종 18) 4월에 일본의 도움을 받아 신식 군대를 조직하면서 이들은 후한 대우를 받고 구식 군대는 봉급조차 받지 못하자, 이듬해인 1882년 6월에 구식 군대의 군인들이 봉기하여 임오군란(壬午軍亂)*을 일으켰다.

울면 이비야(耳鼻爺)가 잡아간다

어린아이가 울면 어른들은 "이비야가 잡아간다"는 말로 겁을 준다. 어린아이가 위험한 행동을 못 하게 할 때도 '이비!' 또는 '애비!'라는 말을 많이 쓴다. '이비' 또는 '이비야'는 임진왜란 때 만들어진 말이다. 그냥 생각하듯 아버지가 무섭게 야단친다는 뜻이 아니다.

임진왜란 때 전라도 남원성과 전주성 전투가 치열하였다. 당시 왜

병들은 자신들의 전공(戰功)을 뽐내기 위하여 조선 사람만 보면 코를 베고 귀를 잘라갔다. 그래서 수천 수만 조선 사람의 코와 귀를 베어 소금에 절여서 상자에 담아 일본에 가져갔다. 지금도 일본에는 그 때 가져갔던 조선 사람의 코와 귀를 묻은 코무덤과 귀무덤이 남아 있다.

왜병들은 죽은 사람의 코뿐만 아니라 산 사람의 코까지 베어 가는 잔인한 짓을 서슴지 않았다. 심지어는 아이를 갓 낳은 집에 금줄을 끊고 들어가 산부의 코는 물론이고 갓난아이의 코까지 잘라간 일까지 있었다. 그래서 당시 전라도 사람들은 왜병을 '코 베어 가고 귀 떼어 가는 사람'이라는 뜻으로 '이비야(耳鼻爺)'라고 불렀다. 이(耳)는 귀, 비(鼻)는 코, 야(爺)는 남자를 가리키는 말이다. 그래서 '이비야가 온다'고만 하면 울던 아이도 무서워서 울음을 뚝 그쳤다. 이후로 이비야는 가장 무시무시한 존재를 나타내는 뜻이 되었다.

이비야 이야기는 임진왜란 당시 조선에 온 일본 승려 케이넨(慶念)이 쓴 일기 《조선일일기(朝鮮日日記)》에 나온다. 일제 강점기에도 일본 순경을 '이비야'라고 하였고, 일본 순경이 오면 '이비야가 잡으러 온다'고 하였다. 지금은 뜻 모르고 쓰는 말이 되었지만, 가슴 아픈 역사의 한 자락을 떠올리게 해 주는 말이다.

《조선일일기》

《조선일일기(朝鮮日日記)》는 임진왜란 당시 전라도 전투에 종군하였던 일본 승려 케이넨(慶念)이 1년 동안 목격한 전쟁 상황을 기록한 일기이다. 왜병이 조선 사람의 코를 베어 가는 등 임진왜란의 참상이 상세히 적혀 있다. 다음은 그중 한 대목이다.

들도 산도 섬도 죄다 불태우고, 사람마저 쳐 죽인다. 산 사람은 쇠줄과 대나무로 목을 묶어서 끌고 간다. 어버이는 자식 걱정에 발을 구르고 자식은 부모를 찾아 헤매는 비참한 모습을 난생 처음 보게 되었다.

들도 산도 불지르는 데 혈안이 된 무사들의 소리가 시끄러워 마치 아수라장을 방불케 하는 비참한 광경이구나.

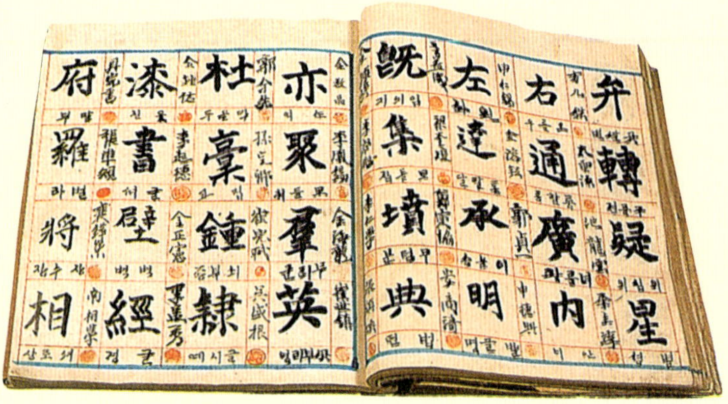

한 사람이 한 글자씩 써서 만든 천인천자문(千人千字文)

매 글자마다 옆에 글씨를 쓴 사람의 이름과 도장이 찍혀 있다.

천자문(千字文) 이야기

천자문은 중국의 주홍사(周興嗣)라는 사람이 황제의 명을 받아, 죄를 용서 받는 대가로 하룻밤 사이에 지었다는 글이다. 어찌나 심혈을 쏟았던지 짓고 나서 하룻밤 만에 거짓말처럼 머리가 하얗게 변하였다 하여 백수문(白首文)이라고도 한다. 천자문은 천 개의 한자를 한 번도 중복해서 쓰지 않고, 네 글자씩 의미가 이어지도록 엮은 책이다.

예전에 귀한 자식을 낳아 첫돌을 맞으면 아버지는 천 사람에게 각각 한 글자씩 써 달라고 부탁해서 말 그대로 천인천자문(千人千字文)으로 엮어 돌상에 올려놓기도 하였다. 그렇게 하면 그 많은 사람의 지혜가 고스란히 책 속에 담겨져, 사랑하는 자식에게 옮겨질 것으로 믿었다. 위의 천인천자문 사진을 보면 한 사람이 한 글자씩 쓰고, 그 글자 옆에는 쓴 사람이 자기 이름을 쓰고 도장까지 찍어 놓은 것을 볼 수 있다. 그 아래에는 한글로 뜻과 음을 달아 놓았다. 보통의 정성으로는 할 수 없는 일이다.

돌상에 놓인 천자문

〈평생도〉 중 '돌그림'의 부분이다.

　　이 음과 훈 때문에 생긴 재미있는 일도 많았다. 천자문은 처음에 '하늘 천(天) 따 지(地) 검을 현(玄) 누를 황(黃)'으로 시작된다. 이렇게 읽고 나서, '하늘은 검고 땅은 누르다'며 뜻을 새겼다. 그런데 처음부터 아이들은 고개를 갸우뚱거렸다. 하늘은 아무리 봐도 파란데, 하늘이 검다고 하니 이상하였기 때문이다. 선생님에게 물어 보아도 신통한 대답 없이 야단만 쳤다.

　　도저히 이해가 되지 않으니까 엉뚱한 생각도 하였다. 〈춘향전〉에 보면 방자가 이 도령 앞에서 자기도 천자문을 읽을 줄 안다고 뽐내는 대목이 나온다. 이 도령이 읽어 보라고 하자 방자는 "높고 높은 하늘 천, 깊고 깊은 따 지, 홰홰친친 감을 현, 불타졌다 누를 황"이라고 읽었다. '검다'를 '감다'로, '누렇다'를 '누르다'로 제멋대로 해석한 것이다.

　　그래서 조선 후기에 정약용 선생 같은 분은 이 천자문을 어린이들에게 가르쳐서는 안 된다고 주장하여, 어린이들을 위한 한자 교과서인《아학편(兒學編)》을 새로 엮기도 하였다. 하지만 천자문은 조선 시대 어느 집에나 한 권쯤 다 가지고 있던 책이다. 예전 왕실에서 왕자들을 가르치기 위하여 엮은 천자문은 여러 빛깔의 색종이로 화려하게 만들기도 하였다.

각종 천자문(千字文)

3 모르고 쓰는 말

창피해 죽겠어.
이젠 그만 미련을 버려야지.
일이 그만 중도에 흐지부지되고 말았어.
잠깐 나갔다 올 테니 가게 좀 봐 주게.

昌披

| 창피(昌披)한 이유 |

조선 후기의 실학자 이덕무가 지은 《사소절(士小節)》이라는 책에 "옷고름이나 치마끈을 풀어 놓고 죄어 매지 않은 것을 '창피(昌披)'라 한다."는 말이 보인다. 창(昌)은 '연다'는 뜻이다. 피(披)에도 풀어 헤친다는 뜻이 있다. 옷고름을 매지 않거나 치마끈이 풀어지면 속곳이 다 보인다. 그야말로 창피한 일이 생기게 된다. 혹 창피(猖披)나 창피(裮被)로 쓰기도 한다. 창피(裮被)로 쓸 경우, 창(裮)은 '옷을 입고 허리띠를 안 맨 상태'를 뜻하고, 피(被)는 상의를 어깨에 걸친 모습을 말한다. 어느 경우이든 예의를 갖추지 않은 모습이다.

한복은 옷매무새를 단정히 갖추지 않으면 보기가 흉하다. 무심코 대님이 풀어지거나, 옷고름을 매는 것을 깜빡 잊는 수가 있다. 한복 입는 것이 익숙지 않을 경우 허리띠가 풀어진 줄도 모르고 그냥 일어서다가 바지가 홀렁 벗겨지기도 한다.

창피란 그러니까 허리띠가 풀어져 속옷이 다 보이거나, 웃옷의 옷

이교익의 풍속도 〈진두과객(津頭過客)〉 부분

한 선비가 허리끈은 풀어지고 옷매무새도 흐트러진 채 갓은 아예 벗어 손에 들었다.
술에 엉망으로 취해 게슴츠레한 눈빛으로 비틀비틀 걸어가고 있다.

고름을 풀어 헤친 채로 다니는 것을 말한다. 남들이 그 모습을 보면
웃고 손가락질을 하니 부끄럽다. 그래서 창피하다는 말은 부끄럽다
는 말과 같은 뜻이 되었다.

| 미련(未練)을 못 버리는 까닭 |

미련(未練)도 한자말인데, 상례(喪禮)에서 나왔다. 연(練)은 소상
(小祥) 때 입는 상복(喪服)을 말한다. 소상이란 사람이 죽은 지 1년이
되었을 때 지내는 제사이다. 미(未)는 '아직 ~이 아니다'라는 뜻이
다. 그러니까 미련(未練)은 사람이 세상을 뜬 지 만 1년이 지나지 않
아 아직 연복(練服)을 입을 때가 되지 않았다는 말이다.

예전에는 부모님이 돌아가시면 3년 동안 상복을 입었다. 만 1년이
지나면 그 때부터 연복을 입게 되는데, 미련(未練), 즉 아직 1년도 되
지 않았다면 죽은 분에 대한 그리운 생각이 가시지 않고 남아 있는 상

未練

구한말의 상례(喪禮) 모습

병풍 대신 처마 끝에 발을 쳐서
빈소를 차려 문상을 받고 있다.

태이다. 엄연히 돌아가신 것을 알면서도 막상 그 사실이 믿어지지 않고, 믿고 싶지도 않은 것이다. 아직 돌아가신 분에 대한 아름다운 기억 때문에 미련이 남아, 선뜻 죽음 자체를 인정할 수가 없기 때문이다.

그런데 미련이라는 말은 '둔하다', '미욱하다'는 뜻으로 쓰이기도 한다. "저런 미련 곰퉁이 같은 녀석을 보았나!"라고 할 때의 미련하다는 표현도 사실은 같은 말에서 나왔다. 엄연히 세상을 떠서 다시 만날 수 없는데도 그 돌이킬 수 없는 사실을 인정하려 들지 않으니, 그 고집스런 생각을 '미련하다'고 한 것이다.

흐지부지되고 나면?

諱之秘之

일의 옳고 그름을 분명히 가리지 않고 어영부영 넘어가거나, 거창하게 시작한 일이 하는 둥 마는 둥 끝날 때 '흐지부지' 되었다고 표현한다. 순 우리말 같지만 실은 '휘지비지(諱之秘之)'가 변한 말이다. 휘(諱)는 꺼린다는 뜻이다. 죽은 사람이나 높은 이의 이름을 가리키기도 하였다. 비(秘)는 비밀로 감추어 숨긴다는 뜻이다. 그러니까 휘지비지는 자꾸 입에 오르내리는 것이 꺼려져서 드러나지 않도록 감춘다는 의미이다. 휘지비지는 소리내기가 쉽지 않으므로 쉽게 소리나는 대로 적다 보니 '흐지부지'가 되었다. 원래의 의미도 흐지부지되어 잊혀졌다.

예전에는 부모의 이름자를 함부로 입에 올리지 않았다. 임금의 이름자도 절대로 쓸 수가 없었다. 이런 것을 기휘(忌諱)라고 한다. 기(忌)는 '꺼린다'는 뜻이니, 기휘는 돌아가신 조상이나 높은 사람의 이름을 입에 올리는 것을 꺼린다는 말이다. 어쩔 수 없이 이름자를 입에 올릴 때에는 반드시 "무슨 자 무슨 자를 쓰십니다."라고 말하였다. 그런데 성씨 다음에는 '자'를 붙이지 않는다. 예를 들어 아버지의 이름자가 홍길동이면 흔히 "제 아버님우 홍 자 길 자 동 자를 쓰십니다."라고 하는데, 이것은 옳지 않다. "제 아버님은 홍, 길 자 동 자를 쓰십니다."라고 대답하는 것이 옳다. 자기보다 지위가 높은 분의 이름을 말할 때는 이렇게 말하는 것이 예의이다. 이런 것들은 예전에는 누구나 다 잘 알던 것인데, 세월이 지나면서 잊혀 흐지부지되고 말았다.

| 가게는 임시로 지은 집 |

가게는 물건을 파는 집을 가리키는 말이다. 우리말인 것 같지만, 원래는 한자말인 가가(假家)에서 나왔다. 가가는 글자 그대로 풀면 가짜[假] 집[家]이다. 정식 건물이 아니라 길가나 장터 같은 데에서 물건을 벌여 놓고 팔기 위하여 임시로 지은 집이다. 요즘 식으로 말하면 길가의 가판대나 포장 마차 같은 것에 해당한다. 이 가가가 발음이 불편하여서 편한 대로 말하다 보니 가게로 바뀌었다. 다른 말로는 전방(廛房)이라고도 한다.

假家

1890년대 운종가(현재의 종로)

큰 길가 아래쪽에 나무로 얼기설기 골격을 얽어 놓은 것이 가게이다.

우리말 속담에 '가게 기둥에 입춘방'이라는 말이 있다. 예진에는 입춘(立春)이 되면 집 대문에 입춘대길(立春大吉)과 같은 입춘방(立春榜)을 써붙였는데, 제대로 된 집도 아닌 가게 기둥에 입춘방을 써붙이니 제격에 맞지 않다고 비웃어 이런 말을 하였다.

장사치에는 물건을 지고 이곳저곳 다니면서 파는 사람과 가게를 차려 놓고 한자리에서 파는 사람이 있다. 상인(商人)은 행상(行商)이나 보부상(褓負商)이라는 말에서 보듯 이곳저곳 다니면서 물건을 파는 사람을 가리키고, 고인(賈人)은 좌판을 벌이거나 가게를 차려 한곳에서 물건을 파는 사람을 가리킨다.

앞의 사진은 1890년대 종로의 풍경이다. 갓을 쓰고 나귀를 탄 사람들이 오가고 있고, 길 양편으로 기와집들이 즐비하게 늘어섰다. 큰 길가 아래쪽에 보면 나무로 얼기설기 골격을 얽어 놓은 가게가 보인다. 그 위쪽으로도 길 양쪽에 임시로 가설한 가게들이 보인다. 불과 백여 년 전 종로 거리의 모습이 이러하였다.

보부상(褓負商)

봇짐 장수와 등짐 장수. 보상(褓商)은 포대기 같은 것에 물건을 싸서 이 마을 저 마을 다니며 파는 봇짐 장수이고, 부상(負商)은 지게 같은 것에 물건을 싣고 등에 지고 다니면서 파는 등짐 장수이다. 일제 강점기에는 보부상들이 전국적인 조직을 갖추어 상품의 유통에 중요한 역할을 하기도 하였다.

등짐 장수

우리말로 귀화(歸化)한 한자말

썰매―雪馬 _{설마} 미끄러운 눈 위를 말처럼 달리는 기구.

얌체―廉恥 _{염치} 염치는 부끄러움을 아는 마음이다. 염치의 작은말이 얌치이고, 얌치가 얌체로 변하면서 염치가 없는 사람을 가리키게 되었다.

미욱―迷惑 _{미혹} 어리석어 올바로 판단하지 못함.

아둔―愚鈍 _{우둔} 어리석어 몹시 둔함.

성냥―石硫黃 _{석류황} 유황을 돌처럼 굳혀 불을 붙이는 물건. '석류황'을 빨리 발음하여 '성냥'이 되었다.

장난―作亂 _{작란} 어지러운 짓을 함.

숭늉―熟冷 _{숙랭} 밥 끓인 물을 식힌 것.

배추―白菜 _{백채} 흰 빛깔이 나는 채소.

김치―沈菜 _{침채} 배추를 소금물에 담궈[沈] 절인 것.

서랍―舌盒 _{설합} 숨어 있다가 혀[舌]처럼 쏙 내미는 그릇.

4   잘못 알고 쓰는 말

날씨도 더운데 영계 백숙이나 먹지.
저런 숙맥을 보았나!
그 사람은 너무 주책없어서 탈이야.
하룻밤을 자도 만리장성을 쌓는다는데……

軟鷄

| 삼계탕과 영계 백숙 |

삼계탕(蔘鷄湯)은 인삼과 찹쌀, 대추 등을 닭의 뱃속에 넣고 실로 꿰매 푹 고은 것이다. 옛날부터 한여름의 무더위를 이기는 건강 식품으로 인기가 높았다. 백숙(白熟)이란 다른 양념을 하지 않고 그냥 푹 고은 것을 말한다.

영계는 원래 연계(軟鷄)에서 나왔다. 연(軟)은 부드럽고 연하다는 뜻이다. 그러니까 연계(軟鷄)는 병아리보다 조금 큰, 살이 연하고 부드러운 중간 크기의 닭을 가리키는 말이다. 오늘날 영계는 나이 어린 남녀를 가리키는 비속어(卑俗語)로 쓰여, 좋지 않은 뜻을 나타낼 때가 많다. 비속어(卑俗語)는 낮고[卑] 속된[俗] 말이다. 사람을 두고 잡아먹는 닭에 견주어 말하는 것은 옳지 않다.

| 숙맥과 바보 |

세상 물정(物情)을 모르는 어리숙한 사람을 가리킬 때 흔히 '쑥맥'이라고 한다. 이 말은 숙맥(菽麥)으로 써야 옳다. 숙(菽)은 콩이고, 맥

麩麥

(麥)은 보리인데, 숙맥이 어째서 바보 같은 사람을 가리키는 말이 되었을까?

숙맥의 원말은 숙맥불변(菽麥不辨)이었다. 변(辨)은 변별하다 또는 구별하다는 뜻이므로, 숙맥불변은 글자 그대로 풀이하면 '콩과 보리를 구별하지 못한다'는 의미이다. 콩인지 보리인지는 어린아이가 봐도 금세 알 수 있는 것인데, 그 쉬운 것도 분간하지 못하니 바보가 아니고 무엇이겠는가?

이 숙맥불변을 다 말하기 번거로워 '숙맥'으로 줄이게 되었고, 이것을 남을 놀리는 어투로 말하다 보니 숙맥의 '숙'을 된소리로 발음하여 '쑥맥'이 되었다.

곡식 이름을 한자로 쓰면

쌀 : 도(稌, 찹쌀), 도(稻, 쌀)

보리 : 맥(麥), 모(牟). 맥주(麥酒)는 보리로 담근 술이다.

수수 : 촉서(蜀黍), 고량(高粱). 수수로 담근 술이 고량주(高粱酒)이다.

옥수수 : 옥촉서(玉蜀黍), 옥고량(玉高粱)

콩 : 대두(大豆), 숙(菽)

팥 : 소두(小豆)

녹두 : 녹두(綠豆)

강낭콩 : 완두(豌豆), 융숙(戎菽).

밀 : 소맥(小麥)

메밀 : 교맥(蕎麥)

조 : 속(粟)

율무 : 의이(薏苡)

들깨 : 계임(桂荏), 명유(明油)

참깨 : 지마(芝麻), 유마(油麻)

여러 가지 곡식을 파는 곡물상(穀物商)

主着

| 주책은 술의 책임? |

해야 할 일과 해서는 안 될 일을 가리지 못해 실수를 범할 때 주책 맞다거나 주책스럽다고 말한다. 실수를 거듭하는 사람에게는 주책 바가지라고 놀린다. 술 취해 실수할 때 주책스럽다는 말을 많이 쓰므로 주책을 주책(酒責), 즉 술의 책임이라고 잘못 생각하기 쉽다.

주책은 주착(主着)에서 나온 말이다. 주착은 일정한 주견(主見)이나 뚜렷한 주장이 있는 것을 말한다. 그러니 '주책맞다'나 '주책스럽다'는 바른 표현이 아니다. 원래는 '주책없다'고 해야 맞다. 사람은 주책이 있어야 한다. 주책없이 그저 남 하자는 대로 하고, 남 가는 대로 가다 보면 남 좋은 일만 하게 되고 자기의 실속은 아무것도 없게 된다.

세상에는 든 사람과 된 사람과 난 사람이 있다. 든 사람은 아는 것이 많고, 된 사람은 마음씀이 훌륭하다. 난 사람은 못 하는 일이 없다. 머릿속에 든 것이 없으면 주책이 생기지 않고, 된 사람이 아니면 잘못된 주책으로 남을 괴롭게 한다. 이런 사람은 훌륭한 일을 이룰 수가 없다. 사람은 주책이 있어야 한다.

| 하룻밤에 쌓은 만리장성? |

만리장성(萬里長城)은 진시황이 북쪽의 흉노족을 막기 위해 쌓은 성이다. 이렇게 엄청난 성을 어떻게 하룻밤에 쌓을 수가 있을까? "하룻밤을 자도 만리장성을 쌓는다."라는 속담은 하룻밤의 짧은 인연으로도 깊은 정을 맺을 수 있다는 의미로 많이 쓰인다.

그런데 조선 시대에 우리 나라 속담을 소개한 책에는 이것을 전혀 다르게 설명하고 있다. 《이담속찬(耳談續纂)》에서는 "비록 잠시 머문다 해도 마땅히 대비가 없어서는 안 된다는 말" 이라고 풀이하였고, 《송남

《이담속찬(耳談續纂)》

조선 순조 20년(1820)에 정약용이 중국 명나라의 왕동체가 지은 '이담(耳談)'에 우리의 속담을 한문으로 실어 엮은 책이다.

주책과 관련된 四字成語
사 자 성 어

牛耳讀經
우 이 독 경

우리말로 하면 쇠귀에 경 읽기다. 소의 귀에 대고 훌륭한 경전의 말씀을 아무리 읽어 준들 소가 알아들을 리 없겠기에 하는 말이다. 이와 비슷한 말로 대우탄금(對牛彈琴)이 있다. 소를 마주 보고[對] 거문고를 연주[彈]한다는 것이니, 해 봤자 소용없는 짓을 두고 하는 말이다.

獨不將軍
독 불 장 군

자기만 옳다고 생각해서 무슨 일이든 자기 생각대로만 하려 드는 사람을 가리키는 말이다. 홀로 독(獨), 아니 불(不)자를 쓴다. 본래는 "혼자서는 장군이 못 된다."는 뜻이다. 귀를 막아 남의 말은 안 듣고, 남더러 제 말만 들으라고 하는 사람이다. 이런 사람은 주착(主着)이 너무 강해서 자기 생각에만 집착(執着)하기 때문에, 결국 다른 사람들에게 따돌림을 당하게 된다.

眼下無人
안 하 무 인

눈 아래 사람이 없는 것 같다는 뜻으로, 눈에 보이는 것이 없는 듯 건방지게 행동하는 것을 말한다. 저만 잘났다고 생각하는 독불장군들의 안하무인하는 태도처럼 보기 싫은 것이 없다. 이와 비슷한 말에 방약무인(傍若無人)이 있다. 방(傍)은 '곁', 약(若)은 '마치 ～처럼'이란 뜻이다. 방약무인은 곁에 사람이 없는 것처럼 거리낌 없이 함부로 행동함을 말한다.

馬耳東風
마 이 동 풍

말의 귀로 봄바람이 스쳐 지나간다는 뜻으로, 남의 의견이나 충고를 귀담아듣지 않고 흘려 버림을 비유하는 말이다. 동풍은 봄바람이다. 봄바람은 따스하니까 말의 귀를 스쳐 불어도 말은 꿈쩍도 하지 않는다. 하지만 매서운 북풍이 분다면 사정이 달라진다. 누가 무슨 말을 해도 조금도 들을 생각도 하지 않을 때 이 말을 쓴다.

잡지(松南雜識)》에서는 좀더 자세하게 다음과 같이 설명하고 있다.

지금은 남녀가 하룻밤을 자고 인연을 맺은 것을 두고 하는 말이다. 일본군이 우리 나라에 쳐들어왔을 때, 비록 단 하룻밤을 자고 가더라도 반드시 성을 쌓았다. 지금도 그 때 쌓은 성이 산 위에 남아 있다. 적을 막기 위해서이다.

이 두 곳의 풀이를 살펴보면, 임진왜란 때 우리 나라에 쳐들어온 일본군들이 단 하룻밤을 주둔해도 반드시 성을 쌓아, 뜻하지 않은 적의 침입에 대비하였다는 뜻으로 이해하였다. 그래서 학자들은 이 속담이 원래는 "하룻밤을 자도 만인(蠻人)은 성을 쌓는다."인데, 잘못 전해져서 "하룻밤을 자도 만리장성을 쌓는다."로 바뀐 것으로 본다.

만인(蠻人)은 야만스러운 사람이라는 뜻이다. 일본인을 얕잡아보아 한 말이다. 하지만 언제 어디서든 만약의 사태에 대비하는 일본인의 유비무환(有備無患)의 자세만큼은 본받아야 하겠다. 유비무환은 대비가 있으면 근심이 없다는 뜻이다. 거안사위(居安思危)라는 말도 있다. 편안하게 지낼 때도 늘 위태로운 때를 생각한다는 말이다. 미리미리 대비해 두면 무슨 일이 생겨도 아무 걱정이 없다. 평소에는 놀기만 하다가 시험 때에 닥쳐서 허둥대서는 결코 성적이 오를 수 없다.

중국의 만리장성(萬里長城)

계란유골(鷄卵有骨)의 유래

황희(黃喜, 1363~1452)

조선 시대의 명신(名臣)으로, 어질고 깨끗한 관리의 표본이다.

계란유골(鷄卵有骨)을 글자대로 풀면 '계란에도 뼈가 있다'는 뜻이다. 계란(鷄卵)은 닭 알, 즉 달걀이다. 달걀에 무슨 뼈가 있겠는가? 그래서 흔히 이 말은 계란처럼 약하고 깨지기 쉬운 것에도 뼈가 있을 수 있다는 뜻으로 잘못 알고 있는 경우가 많다. 이와 비슷하게 언중유골(言中有骨)이라는 말이 있다. 말 속에 뼈가 있다는 뜻이다. 무슨 말을 하는데 그 속에 감춰 둔 뜻이 느껴질 때 이 말을 쓴다. 계란유골도 이 말이 주는 느낌 때문에 혼동되어 쓰인 듯하다.

여기에는 재미난 이야기가 있다. 세종 때 이름난 재상인 황희 정승은 청렴한 성품을 지닌 분이었다. 지위가 높았지만 집이 가난하여 먹을 것이 없었다. 이것을 안타깝게 여긴 임금께서 하루는 이런 명령을 내렸다. "오늘 하룻동안 남대문으로 들어오는 물건을 모두 황희 대감께 드리도록 하여라." 그런데 마침 그 날 하루 종일 큰 비가 내렸다. 사람들의 발길이 뚝 끊겨서 남대문으로는 온종일 아무것도 들어오지 않았다. 저녁때가 다 되어서야 겨우 계란 한 꾸러미가 들어왔다. 그래서 그것이라도 삶아 먹으려고 하였더니 그나마 모두 곯(骨)아서 먹을 수가 없었다.

곯았다는 것은 상하였다는 말인데, 이것을 한문으로 옮기면서 마땅한 표현이 없어 '유골(有骨)', 즉 '골이 있다'로 적었다. 그러니까 '계란유골'은 '계란이 곯았다'는 말로, 늘 운수 나쁜 사람이 모처럼 좋은 기회를 만나도 역시 일이 잘 안 됨을 이른다.

황희 정승의 이야기는 후대에 만든 이야기이겠지만, 청렴하고 바른 몸가짐을 지니고 살았던 옛 선인들의 아름다운 자세를 엿볼 수 있다.

거북 껍데기에 쓴 글자, 갑골문(甲骨文)

갑골문은 거북 배딱지와 소의 어깻죽지 뼈에 새긴 글자이다. 그래서 거북 배딱지를 나타내는 갑(甲)과 소뼈의 골(骨)을 합쳐 갑골문이라 한다. 갑골문의 존재가 알려진 것은 뜻밖에도 20세기에 들어와서의 일이다. 갑골문을 처음 발견한 사람은 유악(劉鶚, 1857~1909)이라는 학자이다. 당시 갑골(甲骨)은 용골(龍骨)이라 하여 귀한 한약재로 쓰였다. 친구를 위해 약을 짓던 유악은 거기에 이상한 글자가 새겨져 있는 것을 보았다. 깜짝 놀란 그는 이 뼛조각을 모아 여기에 새겨진 글자를 연구하였다. 놀랍게도 이 글자는 지금부터 3천 년도 더 옛날인 은(殷)나라 때의 것이었다.

은나라 초기 전쟁 토벌 기사가 실린
거북 배에 새겨진 갑골문

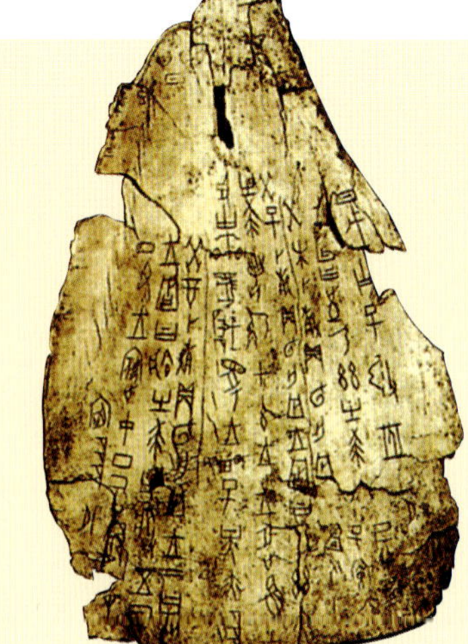

은나라 말기 소 어깨뼈에 새겨진 갑골문

　이것이 가장 오래 된 한자인 갑골문(甲骨文)이다. 은나라의 남은 터에서 발견되었다고 해서 은허(殷墟) 문자라고도 말한다. 여기에 새긴 글은 복사(卜辭), 즉 점을 친 후 그 결과를 적은 것이었다. 고대에는 점을 칠 때 신에게 묻는 내용을 큰 소리로 말하면서 거북의 배딱지나 소의 어깻죽지 뼈에 인두로 지져 구멍을 뚫었다. 그러면 갑골이 열을 못 이겨 쩍쩍 갈라지면서 소리를 냈다. 점치는 사람은 갈라진 금을 보고 하늘의 응답을 읽었다. 그러고 나서는 갑골 위에 점칠 때 하늘에 물은 내용과 응답을 칼로 새겨 보관하였다.

　갑골문의 내용은 제사와 농사, 전쟁과 수렵에 관한 것이 가장 많고, 그 밖에 왕의 통치나 질병, 재앙에 관한 질문도 있다. 이후 20만 개에 가까운 갑골이 더 발견되어 무려 4천 자에 해당하는 글자를 확인할 수 있게 되었다.

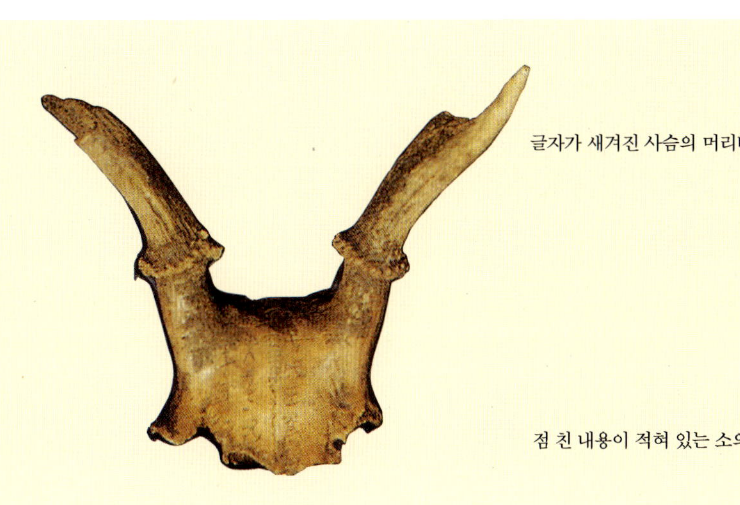

글자가 새겨진 사슴의 머리뼈

점 친 내용이 적혀 있는 소의 어깨뼈

二 말 말 말

발 없는 말이 천 리를 간다는 속담이 있다. 발 없는 말은 말[馬]이 아니라 말[言]이다. 뜻없이 한 말이 걷잡을 수 없이 번진다. 장난으로 한 말이 큰 상처를 남긴다. 그저 해 본 소리가 사실로 둔갑한다. 그런가 하면 말 한 마디로 천 냥 빚을 갚기도 한다. 황금보다 더 귀한 가르침을 담은 말씀도 있다. 우리는 어떤 말을 하여야 옳을까?

사람[人]이 하는 말[言]은 믿음[信]이 있어야 한다. 그런데 말에 믿음이 사라지고 보니, 거짓이 난무하고 온갖 술수(術數)가 거리낌없이 행하여진다. 이 장에서는 말과 관련된 한자말을 살펴보기로 하겠다.

1 말의 종류와 무게

그 사람은 **식언**을 일삼으니 도무지 믿을 수가 없어!
선생님 말씀을 인생의 **잠언**으로 새기고 싶다.
나는 그의 **감언**에 그만 넘어가고 말았다.
야! 그 말도 안 되는 **궤변** 좀 늘어놓지 마라.

| 식언(食言), 뱉은 말을 삼키다 |

食言

　한번 뱉은 말은 삼킬 수가 없다. 그런데 자기가 한 말을 다시 꿀꺽 먹어치우는 사람이 있다. 분명히 자기가 말하여 놓고, 내가 언제 그랬냐고 시치미를 뚝 떼거나, 기억나지 않는다며 고개를 갸웃한다. 이런 것을 두고 식언(食言)을 일삼는다고 한다. 말은 밥이 아니지만, 자꾸 먹어 대면 사람이 탐욕스럽게 된다.

　'식언' 하면 생각나는 사람은 고구려 제25대 평원왕(平原王)의 딸인 평강 공주(平岡公主)이다. 공주가 하도 잘 우니까 왕은 공주를 굻려 주려고 늘 이렇게 말하였다. "네 울음소리 때문에 내가 시끄러워서 못 살겠다. 너는 나중에 크면 바보 온달에게나 시집 보내야겠다." 울보 공주는 울 때마다 부왕에게 그런 말을 들었다.

　어느덧 공주가 자라 시집갈 나이가 되었다. 왕은 가문 좋은 귀족 집안에 공주를 시집 보내려 하였다. 그러자 공주가 정색(正色)을 하고 왕에게 이렇게 말하였다. "왕께서 언제나 저더러 바보 온달에게 시집 보내겠다고 하시더니, 어째서 말을 바꾸십니까? 평범한 사람도 식언하지 않는 법인데, 하물며 지존(至尊)이신 임금이야 어떻겠습니까? 저는 아바마마의 명을 따르지 못하겠습니다."

왕은 농담으로 한 말을 곧이 듣고 온달에게 시집을 가겠다는 공주의 말을 듣고 기가 막혔다. 어르기도 하고 겁도 주었지만 공주는 끝까지 고집(固執)을 꺾지 않았다. 왕이 벌컥 화를 내자, 공주는 궁궐을 나와 직접 온달을 찾아가 그에게 시집을 갔다.

공주가 가출(家出)을 해서까지 굳이 온달에게 시집을 갔던 것은, 얼굴도 본 적 없는 온달이 좋아서라기보다는 임금은 헛소리, 즉 식언을 해서는 절대로 안 된다는 신념 때문이었다. 다행히 온달은 바보가 아니었다. 다만 집안이 가난한데다 눈 먼 어머니를 봉양하기 위해 구걸을 다니다 보니 사람들의 놀림거리가 되었을 뿐이었다.

공주의 도움으로 학문과 무예를 익혀 훌륭한 장수가 된 온달은 나라를 위하여 공을 많이 세웠다. 영양왕(嬰陽王) 때 온달은 신라군과 싸우러 나가면서 신라에게 빼앗긴 땅을 되찾지 않고는 죽어도 돌아오지 않겠다고 맹세하였다. 불행히 그는 신라군과 접전을 벌이다 화살을 맞아 길에서 죽었다. 그런데 온달의 시신(屍身)을 담은 관을 들어 옮기려 하니 관이 꼼짝도 하지 않았다. 빼앗긴 땅을 되찾지 않고

온달 산성

고구려의 장수 온달이 신라군의 침입 때 이 성을 쌓고 싸우다가 전사하였다는 전설이 있는 옛 석성(石城)이다. 충북 단양군 영춘면 하리에 있다.

는 결코 돌아오지 않겠다는 맹세를 죽어시까지 지키려 하였던 것이다. 그의 관은 공주가 와서 달랜 뒤에야 겨우 옮길 수 있었다.

공주와 온달의 이야기에는 말의 신의(信義)가 얼마나 중요한지 잘 나타나 있다. 공주는 식언하지 않으려고, 부귀영화를 버리고 바보에게 시집 갔다. 온달도 식언하지 않으려고, 죽은 뒤에 관이 움직이지 않았다. 고구려 사람들은 이런 정신으로 온갖 역경과 시련을 굳세게 헤쳐 나갔다. 말의 무게를 새삼 생각하게 하는 이야기이다.

| 지혜가 담긴 말, 잠언(箴言) |

"정말 중요한 것은 눈에 보이지 않는다."
"친구가 된다는 것은 서로를 길들이는 것이지."

생텍쥐페리의 《어린 왕자》에 나오는 말이다. 이처럼 깊은 교훈이 담긴 짤막한 말, 늘 가까이 두고 새기고 싶은 말을 잠언(箴言)이라고 한다. 때로는 짤막한 한 줄의 잠언이 긴 가르침보다 훨씬 더 큰 깨달음을 주기도 한다.

잠언(箴言)의 잠(箴)자는 대나무 죽(竹)자와 모두 함(咸)자를 합한 글자이다. 함(咸)에는 봉하다, 갇히다는 뜻이 있다. 옛날에는 떨어진 옷을 깁거나 자루를 꿰맬 때 대나무로 만든 바늘을 썼다. 이 대바늘이 바로 잠(箴)이다. 사람도 낡아 해지거나 구멍난 곳이 있으면 끊임없이 자신의 잘못을 깁고, 터진 곳을 꿰매야 한다. 그래서 잠(箴)에는 경계한다는 뜻이 담기게 되었다.

잠언(箴言)은 일깨움을 주고 경계를 주는 말이다. 바른 삶을 살도록 일깨워 주는 잠언을 마음 속에 간직하는 것은 금은보화를 쌓아 두는 일보다 더 가치가 있다.

대바늘
잠언(箴言)의 잠(箴)자는 대바늘을 의미한다.

고려(高麗)와 코리아

　한자는 같은 글자도 여러 가지로 소리가 난다. 옛날에는 고구려를 '고구리'로 읽었다. 곱다는 뜻의 '려(麗)'를 '리'로도 읽었다. 《용비어천가(龍飛御天歌)》에도 고구려는 고구리로 읽어야 한다고 분명히 적혀 있다. 고려는 고구려를 계승하였다는 뜻으로 나라 이름을 고려라고 하였다. 물론 고려도 당시에는 '고리'로 읽었다.

　"옛날 옛날 고리 적에"로 시작하는 옛날 이야기에서 '고리 적'은 '고려 시절'이라는 뜻이다. 조선 사람들이 고려 시대를 생각하면 아득한 옛날로 여겨졌기 때문에 '고리 적'이란 아주 먼 옛날이라는 뜻이 되었다.

　한편, 조선 후기의 학자인 이덕무는 고구려가 개구리에서 나왔다고 주장하였다. 유화 부인을 거두어 준 금와왕(金蛙王)의 와(蛙)자가 개구리를 뜻하기 때문에, 고구리는 개구리에서 나온 말이라고 생각하였다. 개구리를 신성시(神聖視)하는 부족 토템과 관련된다고 본 것이다.

　우리 나라 이름을 영어로 'Korea'라고 부른다. 영어에서 접미사 '-a'는 'land', 즉 나라를 뜻한다. 그러니까 '코리아'는 'Kori(고리)+-a'가 결합된 말이다. 우리말로 하면 '고려 나라'라는 말이다. 중국은 영어로 'China'라고 하는데, 진(秦)나라를 나타내는 'Chin'에 나라를 뜻하는 '-a'가 결합되어 만들어졌다. 한자로는 지나(支那)라고 쓴다.

　'고린내'는 고려 사람의 냄새라는 뜻이다. 고려 사람들은 마늘을 즐겨 먹으므로 입에서 고약한 냄새가 났다. 이 냄새를 괴롭게 여긴 중국 사람들은 고려취(高麗臭)라고 불렀다. 취(臭)는 나쁜 냄새를 뜻하는 말이다. 고려취를 곧 '고리내'라고 하였고, 여기에 발음이 편하도록 'ㄴ'이 보태져서 '고린내'가 되었다.

돌 위에 새긴 잠언(箴言)

學然後知不足
학 연 후 지 부 족

배운 뒤에야 부족함을 안다.

아무것도 하지 않으면 자신이 부족한 것을 모른다. 배우면 배울수록 부족함을 알아 더 배우려는 노력을 기울이게 된다. 부족함을 모르고는 훌륭한 사람이 될 수 없다.

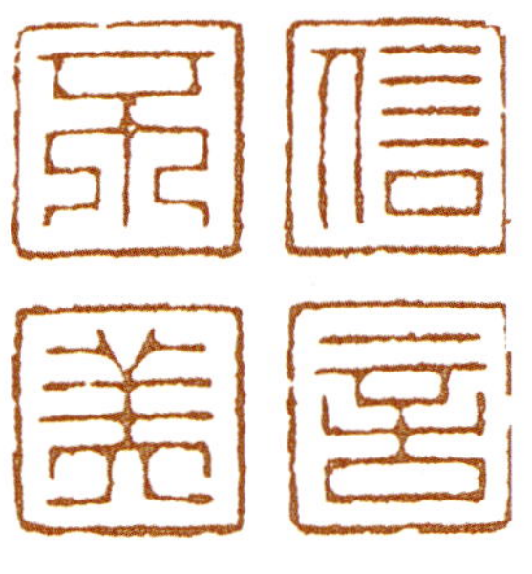

信言不美
신 언 불 미

믿음직한 말은 꾸미지 않는다.

글자 그대로 풀이하면 '믿음직한 말은 아름답지가 않다'는 말이다. 믿음이 가는 말은 겉으로 번드레하지 않다. 번드르르한 말, 듣기에 달콤한 말, 그럴듯해 보이는 말은 위험하다.

옛 사람들은 이런 좋은 잠언들을 잊어버리지 않으려고 아예 도장에다 새겨, 자신들이 늘 가까이 두고 읽는 책이나 그림에 찍기도 하였다.

| 감언(甘言), 꿀처럼 달콤한 말 |

세상에는 참 여러 가지 맛이 있다. 이 가운데 맵고, 시고, 짜고, 쓰고, 단 다섯 가지 맛을 오미(五味)라고 한다. 한자로는 신(辛 : 맵다)·산(酸 : 시다)·함(鹹 : 짜다)·고(苦 : 쓰다)·감(甘 : 달다)자를 쓴다.

이 중에서 가장 먹기 좋은 것은 단맛이 나는 음식이다. 매운 국물은 혀가 얼얼하고, 신 김치는 생각만 해도 침이 고인다. 짠 음식은 물만 들이켜게 하고, 쓴 나물은 먹기가 괴롭다. 하지만 달콤한 사탕은 먹을수록 자꾸 더 먹고 싶다.

그런데 왜 다섯 가지 맛 중에 단맛을 맨 나중에 놓았을까? 단것은 먹을 때는 좋지만, 많이 먹으면 건강을 해치기 때문이다. 단 음식을 많이 먹으면 치아(齒牙)가 썩어 충치(蟲齒)가 생긴다. 또한 몸이 뚱뚱해지고 위장 장애가 일어나기도 한다.

감언(甘言)은 말 중에 단맛이 나는 말이다. 감(甘)은 입 안에 맛있는 무언가를 물고 있는 모습을 표현한 글자이다. 듣기에 달콤한 말, 아첨하는 말, 기분을 좋게 해 주기 위해 하는 말이 감언이다. 단맛이 치아를 썩게 하듯이, 감언(甘言) 즉 단말은 마음을 썩게 한다.

단말의 반대는 쓴말이다. 한자로는 고언(苦言)이라고 한다. 정말 친구를 사랑한다면, 친구가 잘못을 저질렀을 때 감언으로 덮어 주지 말고 고언을 하여서 잘못을 지적해 주어야 한다. 들을 때는 기분이 나쁘지만 지나고 나면 정말 고마운 말이 고언(苦言)이고, 들을 때는 좋아도 나중에는 해로운 말이 감언(甘言)이다.

말과 관련된 잠언(箴言)에 이런 것이 있다.

양약(良藥)은 고구(苦口)나 이어병(利於病)하고,
충언(忠言)은 역이(逆耳)나 이어행(利於行)이라.

달 감(甘)
입 안에 맛있는 무언가를
물고 있는 모습이다.

뜻은 이렇다. "좋은 약[良藥]은 입에 쓰지만[苦口] 병에는 이롭고[利於病], 충성스러운 말[忠言]은 귀에 거슬리지만[逆耳] 행동에는 이롭다[利於行]."

달콤한 말로 남을 꼬드기는 것을 감언이설(甘言利說)이라고도 한다. 감언이설에 속아서 그릇된 길로 빠져드는 사람들이 세상에는 참 많다.

| 그럴듯한 말, 궤변(詭辯) |

궤(詭)는 말을 나타내는 언(言)과 위험하다는 뜻의 위(危)를 합한 글자이다. 궤(詭)에는 '속이다', '기만하다'는 뜻이 있고, '어그러지다'나 '헐뜯는다'는 뜻도 있다. 속임수가 있는 말은 위태롭고 위험하다. 그럴듯하게 들린다고 무조건 믿어서는 안 된다.

변(辯)은 두 명의 죄수[辛]가 자신이 죄가 없다는 것을 증명하려고 이리저리 따져 말하는[言] 모습을 담은 글자이다. 말로 일의 옳고 그름을 따져서 가리는 것을 말한다. 변(辯)에는 '말 잘한다' 또는 '바로잡는다'는 뜻이 있다.

궤변(詭辯)은 얼핏 들으면 그럴듯하지만 따져 보면 이치에 맞지 않는 억지스러운 말이다. 어떤 사람이 남의 소를 훔쳐 갔다. 관가에서 그를 잡아다가 왜 남의 소를 훔쳐 갔느냐고 신문(訊問)하였다. 그 사람이 대답하였다. "제가 길을 가는데, 길에 웬 쓸 만한 노끈이 떨어져 있었습니다. 그래서 그 노끈을 주워 가지고 집으로 간 것뿐입니다. 소는 잘 모릅니다." 길에 떨어진 노끈을 주웠는데, 노끈에 소가 매어져 있는 줄은 몰랐다. 그러니까 소를 훔치려 한 것이 아니고 소를 못 본 것뿐이니, 죄가 없다고 주장한 것이다. 이런 말도 안 되는 억지 주장이 궤변이다.

　　예전 중국 고대의 춘추 전국 시대에는 수많은 학자들이 많은 학파(學派)를 이루고 있었다. 이 가운데 명가(名家)로 불리는 사람들이 있었는데, 이들은 교묘한 궤변으로 이름을 날렸다. 그들의 궤변은 이런 식이었다. 여러 가지 색깔을 사람들에게 보여 준 뒤, 흰색은 색이 아니라고 하자, 사람들이 고개를 끄덕였다. 그러자 그들이 말했다. "자! 여러분의 말대로 흰색은 색이 아닙니다. 그렇다면 흰말은 말이라 할 수가 없습니다." 이것이 유명한 '흰말은 말이 아니다[白馬非馬].'라는 명제이다. 서양의 철학자들 중에도 이런 종류의 궤변을 일삼은 사람들이 있다. 소피스트*가 그 예이다. 그들은 교묘한 논리를 갖추고서, 일반 사람들이 이해하기 힘든 이야기를 가지고 사람들의 정신을 어지럽게 하였다.

　　옛날의 궤변론자들은 논리에 바탕을 둔 궤변을 펼쳤다. 그리하여 궤변이 삶을 돌아보는 지혜를 일깨워 주기도 하는가 하면, 궤변의 논리적 모순을 깨뜨리기 위해 논리학이 발달하기도 하였다. 하지만 요즘의 궤변은 논리가 없다. 큰 소리로 제 주장을 우기기만 한다. 그럴듯하게 꾸며서 멀쩡한 사람들을 나쁜 길로 이끈다.

소피스트(sophist)

기원전 5세기경, 주로 아테네에서 변론술을 가르치는 것을 업으로 삼던 사람들이다. 진위(眞僞)에는 상관없이 자기에게 유리하도록 변론하는 재능을 중시했다. 그래서 지혜로운 사람이라는 원래 뜻보다 궤변론자라는 의미로 쓰이게 되었다.

라파엘로의
〈아테네 학당〉 부분

매울 신(辛)

고대에 죄수에게 형벌을
줄 때 쓰던 칼의 모양이다.

辨明　변명　따져서 밝힘.

辨說　변설　분별하여 설명함.

辨別　변별　따져서 구별함.

辯論　변론　변명하여 언쟁함.

辯護　변호　변명하여 지켜 줌.

辯舌　변설　말 잘하는 재주

변(辨)과 변(辯)

　변(辨)과 변(辯)은 두 글자 모두 양 옆에 매울 신(辛)자가 있다. 신(辛)은 '맵다'는 뜻으로, 라면의 상표로도 쓰여 비교적 익숙한 글자이다. 신고(辛苦)는 매운맛과 쓴맛을 말하는데, 힘들고 괴로운 일을 나타낼 때 쓴다. 신랄(辛辣)은 두 글자 모두 맵다는 뜻이다. 인정사정 봐주지 않고 매섭게 나무랄 때 이 말을 쓴다.

　그런데 원래 신(辛)자는 고대에 죄수의 이마에 문신(文身)을 새기거나 코를 자르던 형벌을 줄 때 쓰던 칼의 모양을 본떠 만든 글자다. 칼끝이 살을 파고들 때 몹시 따갑고 아팠기 때문에 '맵다'는 뜻을 갖게 되었다.

　변(辨)은 죄 또는 죄인을 나타내는 두 개의 신(辛)자 사이에 칼 도(刂)자를, 변(辯)은 말씀 언(言)자를 썼다. 변(辨)은 칼로 자르듯 어느 쪽이 죄가 있는지를 따져서 형벌을 준다는 뜻이다. 그러자면 바르게 판단해야 하므로, 변(辨)은 '나누다', '분별하다'는 뜻을 갖게 되었다.

　변(辯)은 칼이 아니라 말로 따져서 옳고 그름을 살피는 것이다. 그래서 잘못된 것을 '바로잡는다'는 뜻과, 혼란스러운 것을 '갈라 나눈다'는 뜻이 있다. 따진 결과가 다른 사람에게 설득력이 있으려면 말을 잘해야 하므로 '말 잘한다'는 뜻도 있다.

말[言]과 관련된 四字成語
사 자 성 어

巧言令色 교 언 영 색	교언(巧言)은 그럴듯하게 들리는 교묘한 말이고, 영색(令色)은 착해 보이는 얼굴빛이다. 다른 사람의 환심을 사려고 아첨하며 마음에 없는 말을 하는 것을 말한다. 《논어》에서 "말을 잘하고 낯빛을 착한 듯이 하면서 어진 사람은 드물다."고 한 데서 나왔다.
口蜜腹劍 구 밀 복 검	입에는 꿀[蜜]을 바르고 배[腹]에는 칼을 품고 있다는 뜻으로, 겉으로는 친한 척 말은 정답게 하나 속으로는 해칠 생각을 지닌 것을 말한다. 이와 비슷한 말에 소리장도(笑裏藏刀)가 있다. 웃음[笑] 속[裏]에 칼[刀]을 감추었다[藏]는 뜻이다.
訥言敏行 눌 언 민 행	말은 어눌한 듯 더디지만, 행동은 민첩하다는 뜻이다. 군자(君子)의 행동은 이래야 한다. 소인(小人)은 이와 반대로 말만 앞세우고 행동에 옮기는 것은 더디다. 실천은 없이 말뿐인 것을 구두선(口頭禪)이라고도 한다.
道聽塗說 도 청 도 설	길에서 듣고 길에서 말한다는 뜻으로, 길거리에 퍼져 떠도는 뜬소문을 말한다. 도(道)와 도(塗)는 모두 길을 뜻한다. 길에서 주고받는 말은 근거 없고 허황된 말이 많으니 함부로 떠들면서 남에게 퍼뜨려서는 안 된다.
朝三暮四 조 삼 모 사	같은 것을 두고 간사한 꾀로 속여 남을 농락하는 것을 일컫는다. 송나라 때 저공(狙公)이 자신이 키우는 원숭이들에게 도토리를 아침에 세 개, 저녁에 네 개 주겠다고 하자 원숭이들이 화를 벌컥 냈다. 그래서 반대로 아침에 네 개, 저녁에 세 개씩 준다고 하자 원숭이들이 좋아했다는 데서 나온 말이다.

경복궁 교태전 입구에
새겨진 글자

만수무강(萬壽無疆)　　　　　　　천세만세(千世萬歲)

담장 위에 새긴 글자

옛 건축물의 담장을 보면 담 위에 문양처럼 도안한 글자를 새겨 넣은 것을 쉽게 볼 수 있다. 주로 수복부귀(壽福富貴)나 강녕(康寧) 같은 상서로운 의미를 담은 문자를 새겨 넣었다. 대궐의 담장이나 맞배지붕의 측면 벽 같은 곳에 이런 문자를 새겨, 임금의 무병장수(無病長壽)와 나라의 복을 빌었던 것이다.

위의 사진은 경복궁 근정전 뒤, 왕비의 처소인 교태전(交泰殿) 입구 문 옆에 새겨진 글자이다. 워낙에 글자 획을 빙빙 돌려 놓아서, 언뜻 보아서는 무슨 글자인지 도무지 알 수가 없다. 하지만 찬찬히 살펴보면, 오른쪽

경복궁 전각 벽면의 녕(寧)자 도안

은 '천세만세(千世萬歲)'라고 썼고, 왼쪽은 '만수무강(萬壽無疆)'이라
고 썼다. 천 년 만 년 긴 세월 늘 병 없이 건강하시라는 바람을 이렇게
담았다. 그런가 하면 위의 사진처럼 벽면의 아름다운 무늬 속에 편안
할 '녕(寧)'자를 새겨 넣거나 쌍희 '희(囍)'자를 써 넣기도 하였다. 이
것 역시 임금의 강녕(康寧)하심과 나라의 복을 빈 것이다.

　옛 사람들은 글자 속에 신비한 힘이 깃들여 있어서, 이를 새겨 두고
늘상 바라보며 빌면 소원대로 이루어질 것이라고 믿었다. 그래서 무
심코 하는 말도 좋은 말만 가려서 했고, 나쁜 말이나 부정적인 표현은
삼가서 함부로 말하지 않았다.

　우리 속담에 '말이 씨가 된다'는 말이 있다. 뜻 없이 한 말이 빌미가
되어 그대로 이루어지는 것을 두고 하는 말이다. 습관적인 "나는 안
돼! 되는 일이 없어!"라고 말하는 사람은 실제로도 그렇게 된다. 한자
성어로는 농가성진(弄假成眞)이라 한다. 농담으로 장난삼아 한 말이
진짜 그대로 이루어진다는 뜻이다. 좋은 일이면 모르겠으되, 그렇지
않은 경우가 더 많으니, 말을 결코 함부로 해서는 안 된다.

2　세 치 혀의 무서움

그러다가 공연히 **구설수**에 오를라.
그의 **장광설**은 도무지 끝이 없구나.
횡설수설하지 말고 똑바로 말해.
인터넷 상에서는 **유언비어**가 금세 퍼진다.

口舌數

혀 설(舌)
입[口]에서 혀가 튀어나온
모양[千]이다.

| 남의 입에 오르는 구설수(口舌數) |

　우리말 속담에 '세 치 헛바닥이 몸을 베는 칼'이라는 말이 있다. 혀는 그 길이가 삼 촌(三寸), 즉 세 치(약 10센티미터)에 지나지 않지만, 이 혀를 잘못 놀려서 큰 일을 그르치는 경우가 없지 않다. 혀는 가장 짧으면서 가장 위험한 무기이다. 혀를 잘 놀려 말 한 마디로 천 냥 빚을 갚는가 하면, 혀를 잘못 놀려 힘들게 쌓아 올린 공든 탑이 하루아침에 무너지기도 한다.

　구설수(口舌數)는 말을 잘못해서 어려운 일을 겪는 것을 말한다. 수(數)는 여기서는 '운수'라는 뜻이다. 글은 잘못 쓰면 고치면 되지만, 말은 뱉고 나면 다시 주워 담을 수가 없다. 쓸데없는 한 마디 말로 인해 오랫동안 여러 사람의 입방아에 오르내리는 것은 정말 괴로운 일이다. 말이 많다 보면 실언(失言), 즉 말실수를 하게 마련이다. 쓸데없는 구설에 오르지 않으려면 말을 아껴야 한다.

　혀 설(舌)자는 입[口]에서 혀가 튀어나온 모양[千]을 나타낸 글자이다. 풍도(馮道)라는 사람은 당나라가 망하고 송나라가 들어서기 전인 오대(五代) 시절에 무려 다섯 왕조에 여덟 성씨, 열한 명의 천자를 잇따라 섬기면서 도탄(塗炭)에 빠진 백성을 건졌던 이름난 재상이다. 그는 어지러운 시대를 살면서 누구보다 말의 위력(威力)을 잘 알았다. 그래서 그는 혀를 가지고 다음과 같은 시를 남겼다.

입은 재앙이 들어오는 문이고
혀는 제 몸을 베는 칼이다.
입을 닫고 혀를 깊이 감추어 두면
가는 곳마다 몸이 편안하리라.

口是禍之門(구시화지문) 舌是斬身刀(설시참신도)
閉口深藏舌(폐구심장설) 安身處處宇(안신처처우)

남의 구설(口舌)에 오르내리는 것, 즉 말조심을 당부하는 내용이다. 사람이 살면서 말을 하지 않고서야 살 수 없겠지만, 공연히 안 해도 될 쓸데없는 말로 남의 원한(怨恨)을 사거나 원망(怨望)을 부르는 일이 있어서는 안 되겠기에 한 말이다. '폐구장설(閉口藏舌)', 즉 입을 닫고[閉] 혀를 간직해 두라[藏]는 시 속의 말을 마음에 깊이 새겨 두어야 하겠다.

옛 선조들이 즐겨 부르던 노래인 시조(時調)를 모은 《청구영언(靑丘永言)》*이란 책에는 지은이를 알 수 없는 이런 시조가 올라 있다.

말하기 좋다 하고 남의 말 하는 것이
남의 말 내가 하면 남도 내 말 하는 것이
말로써 말이 많으니 말 말을까 하노라.

내가 남의 말을 하니 남도 내 말을 한다. 말이 말을 낳아 말 때문에 말이 많으니 말을 말아야겠다는 내용이다.

《청구영언(靑丘永言)》

조선 영조 때의 가인(歌人) 남파(南坡) 김천택(金天澤)이 고려 말엽부터 편찬 당시까지의 여러 사람의 시조를 모아 1728년(영조 4)에 엮은 고시조집이다.

口(구)—입

사람이 입 벌린 모습을 본떴다. 말하거나 먹는 행위와 관련된다. 가로 왈(曰)자는 입[口]에다 말하고 있다는 표시인 짧은 선을 그어 말하는 모양을 나타냈다.

合(합)—합하다

합(合)자의 윗부분은 세 방면의 것이 모여 있는 모습이다. 여러 사람 입[口]에서 나오는 말이 한데 합쳐지므로 합하다는 뜻이 되었다.

味(미)—맛, 맛보다

음의 역할을 하는 아닐 미(未)자의 원래 뜻은 나무 목(木)에 잎[―]을 그린 글자이다. 잘 익은 맛있는 과일을 입으로 먹어 맛본다는 뜻이다.

구(口)와 관련된 한자

含(함)—머금다

윗부분의 금(今)자는 소리와 관계된다. 입에 지금 무엇인가를 머금고 있음을 나타낸다. 뒤에 포함(包含)한다는 뜻도 지니게 되었다.

吉(길)—길하다

윗부분에 선비 사(士)자를 썼다. 선비는 선하고 좋은 말만 하므로 길하다는 뜻이 나왔다.

呑(탄)—삼키다

하늘 천(天)은 소리의 역할을 한다. 입으로 삼키는 모양을 표현하였다.

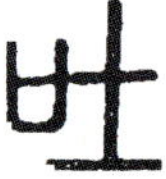

吐(토)—토하다

흙 토(土)가 음의 구실을 한다. 흙에서 사물이 나오듯 입에서 말을 토해 낸다는 뜻이다.

古(고)—옛날

열[十]과 입[口]의 뜻을 합쳤다. 십(十)은 많은 숫자를 나타낸다. 입에서 입을 거쳐 많은 세대가 지나면 옛날이 된다.

問(문)—묻다

문 문(門)은 음을 나타낸다. 문 밖에 나가 손님에게 안부를 묻는 모양에서 나왔다.

| 장광설(長廣舌), 길게 늘어놓는 말 |

　석가모니에게는 보통 사람들과는 다른 32가지의 신체적 특징이 있었다고 한다. 그 특징 가운데 하나가 보통 사람들보다 훨씬 길고 넓은 혀였다. 그의 혀는 길고도 넓은데다 한없이 부드러워서 혀를 길게 내밀면 혀끝이 머리카락까지 닿았다고 한다. 부처님 이전에도 내밀면 코를 덮을 정도로 긴 혀를 가진 사람들이 많았는데 이들은 모두 거짓말을 하지 못했다고 한다. 그러니 머리카락까지 닿는 혀를 지닌 석가모니야말로 진실하고 알찬 말만 했을 것이 분명하다.

長廣舌

인도 아잔타(Ajanta)에 있는 열반(涅槃)에 든 석가모니의 모습

석가모니는 길고 넓은 혀를 가지고 있어 진실하고 훌륭한 가르침을 남겼다고 한다.

횡説竪説

　장광설(長廣舌)이란 '길고[長] 넓은[廣] 혀[舌]'라는 뜻이다. 말은 입속에 있는 혀를 움직여서 소리가 되어 나오므로, 혀는 곧 말과 같은 뜻으로 쓰인다. 개구리가 아닌 이상 사람의 혀가 머리카락까지 닿을 수는 없었을 테고, 혀가 길고 넓었다는 말은 훌륭한 가르침의 말씀을 많이 남겼다는 뜻일 뿐이다.

　장광설은 이렇게 처음엔 거짓 없는 진실한 말을 하는 사람을 가리키는 말이었다. 그런데 오늘날에는 한번 말을 했다 하면 사람들이 지루해지도록 끝도 없이 길게 하는 말을 가리키는 뜻으로 쓴다. 사람들은 너무 바빠서 남의 말을 귀담아들을 여유가 없기 때문에 오랫동안 길게 말하는 것을 달가워하지 않게 된 것이다. 언제 어디서든 요령 있게 할 말만 할 줄 아는 지혜가 필요하다.

이랬다저랬다 하는 횡설수설(橫說竪說)

　횡설수설(橫說竪說)은 도무지 알아들을 수 없게 정신없이 떠드는 말이다. 횡(橫)은 가로를 나타내고, 수(竪)는 세로를 뜻한다. 하지만 본래 횡설수설은 종횡무진(縱橫無盡)으로 왔다갔다하면서도 이치에 조금도 어긋나지 않는, 조리(條理)가 정연(整然)한 말을 뜻하였다. 되풀이해 이야기해 주어 듣는 사람들이 충분히 이해할 수 있도록 하는 말이 횡설수설의 본래 의미였다.

　장광설(長廣舌)이 후대로 오면서 좋지 않은 뜻으로 바뀐 것처럼, 횡설수설도 지금에는 이 소리 하다가 느닷없이 저 소리를 해서 도대체 무슨 말을 하고 있는지 알 수 없을 때 쓰는 말이 되었다. 이렇게 말뜻이 달라지게 된 것은 횡(橫)자가 지닌 여러 가지 뜻 때문이다. 횡(橫)은 '가로'라는 뜻이 있지만, 동시에 '멋대로, 함부로'라는 뜻도 있다. 횡인(橫人)은 제멋대로 구는 버릇없는 사람을 말하고, 비명횡

사(非命橫死)는 제 명에 죽지 못하고 뜻밖의 사고를 당해 죽는 것을 말한다. 횡설(橫說)도 따로 떼어서 말하면 어거지로 우기는 이야기라는 뜻이 있다.

여러 사람이 있는 데서 이야기할 때에는 자기 주장만 내세우는 횡설(橫說)이 아니라, 꼼꼼히 따지고 헤아려 횡설수설(橫說竪說)을 해야 한다. 도대체 무슨 말인지 갈피를 잡을 수 없게 횡설수설해서는 안 된다.

유언비어(流言蜚語), 날아다니는 말

세상이 어지러우면 온갖 뜬소문이 떠돌아다니게 마련이다. 이 중에는 아무 근거도 없이 남을 해코지하거나 비방하고 헐뜯는 말도 많다. 나중에 알고 보면 누가 나쁜 생각으로 없는 말을 만들어 떠든 것이 마치 진실인 것처럼 여기저기로 퍼진 것이 대부분이다. 하지만 막상 그런 말을 들은 당사자(當事者)는 여간 괴로운 것이 아니다.

정보화 사회일수록 정보를 판단하는 힘을 길러 유언비어가 떠도는 것을 막아야 할 것이다.

流言蜚語

이렇게 근거도 없이 떠돌아다니는 나쁜 소문을 유언비어(流言蜚語)라고 한다. 유언(流言)은 글자 그대로 떠돌아다니는 말 또는 흘러다니는 말이라는 뜻이고, 비어(蜚語)는 비어(飛語)와 같은 뜻으로 날아다니는 말을 의미한다. 비(蜚)는 원래 냄새가 고약한 바퀴벌레를 뜻하는 한자이지만, 날 비(飛)자와 발음이 같기 때문에 예전에는 흔히 같은 뜻으로 썼다. 결국 유언(流言)과 비어(蜚語)는 같은 말이다.

유언과 비어는 공통점이 있다. 발 없는 말[言]이 천리를 간다는 속담처럼, 순식간에 퍼진다. 그리고 그 말을 들은 사람들은 사실을 확인해 보지도 않은 채 덮어놓고 사실이라고 믿는다. 나중에 사실이 아닌 것이 밝혀져도 아무도 책임지는 사람이 없다. 또한 그 내용은 사람들이 누구나 관심 있어하는 것들이다.

여기저기 유언비어가 떠돌아다니는 사회는 건강한 사회가 아니다. 사실을 알고 싶은데 말해 주지 않으니 유언비어가 떠돈다. 때로는 유언비어로 떠돌던 이야기가 뒤늦게 사실로 판명(判明)되는 경우도 적지 않다. 요즘은 인터넷이 널리 보급되면서, 일부러 나쁜 마음을 먹고 거짓 정보를 퍼뜨려 다른 사람에게 피해를 입히기도 한다. 정보화(情報化) 사회일수록 올바르고 정확한 정보를 판단하는 힘을 기를 필요가 있다.

言(언)—말씀

나팔 모양의 악기를 불고 있는 모양에서 나왔다는 설과 매울 신(辛)과 입 구(口)가 결합한 글자라는 주장이 있다. 내민 혀와 입을 나타낸 글자로 보기도 한다.

計(계)—계산하다

언(言)과 열 십(十)이 합쳐진 글자다. 하나, 둘에서 열까지 숫자를 헤아리는 모양이다.

訂(정)—바로잡다

고무래 정(丁)은 음의 역할을 한다. 잘못된 점을 말로 타이른다는 의미이다. 잘못을 고친다는 뜻도 있다.

말[言]과 관련된 한자

訓(훈)—훈계하다

내 천(川)이 뜻을 나타낸다. 냇물이 아래로 흘러가듯 순리에 맞게 말로 일깨운다는 뜻이다.

討(토)—토론하다

촌(寸)은 원래 팔꿈치[肘]라는 뜻을 지녔다. 말과 손으로 죄인을 신문하는 모양에서 논의하다, 토론하다는 뜻이 나왔다.

認(인)—인정하다

언(言)과 참을 인(忍)자를 합친 글자이다. 남의 말을 잘 참고 들어 상대방의 말을 이해하고 인정한다는 뜻이다.

誠(성)—정성, 성실하다

이룰 성(成)이 음의 구실을 한다. 말한 바를 이루도록 노력한다는 뜻이다.

談(담)—이야기하다

불꽃 염(炎)이 음을 표시한다. 화롯가(불꽃)에 둘러앉아 도란도란 이야기하는 모습을 말한다.

話(화)—말하다

혀 설(舌)자가 뜻을 나타낸다. 혀를 놀려서 거침없이 말하는 모습이다.

3 욕설에 담긴 뜻

저런 경을 칠 놈 같으니라구!
급살 맞아 뒈져라.
에이! 이 염병할 놈아.
아주 병신 육갑하고 앉았네!

| 경(黥)을 칠 놈 |

사회의 의식 수준이 낮을수록 욕설(辱說)과 비속어(卑俗語)가 많다고 한다. 사람들이 쓰는 말만 보아도 그 사회의 전반적인 분위기를 알 수 있다. 욕설은 대개 좌절감이나 분노의 감정에서 나온다. 욕설을 많이 쓰는 사회는 그만큼 부조리하고 불합리한 일이 많다. 그런데 욕과 관련된 말을 통하여 우리는 뜻밖에 옛 사람의 사회 문화나 의식 세계를 엿볼 수도 있다.

욕은 한자로는 욕(辱)이라 쓴다. 예전 농기구로 쓰인 조개 껍데기를 뜻하는 진(辰)과 손을 나타내는 촌(寸)을 합하여 만들었다. 즉, 농기구를 손에 든 모습이다. 《설문해자(說文解字)》*에서는 경작 시기를 놓치게 되면 그 지역에서 욕을 당하기 때문에 '부끄럽다'는 의미가 나왔다고 한다. 또 농기구로 김을 매면 쉽게 옷이 더러워지기 때문에 이름이나 명예를 더럽힌다는 뜻으로 쓰게 되었다는 주장도 있다. 어쨌거나 욕설은 남을 욕되게 하는 말, 부끄럽게 만드는 말이다.

욕 중에는 예전 형벌 제도와 관련된 말이 많다. 예전에는 버릇없이 나쁜 행동을 하는 사람을 나무랄 때 '경을 칠 놈'이란 말을 하였다.

《설문해자(說文解字)》

후한(後漢)의 허신(許愼)이 편찬한 최고(最高)의 자전(字典). 한자 9,353자를 수집, 540부로 분류하여 자형과 뜻을 설명하였다. 문(文, 상형자와 지사자)을 설명하고, 자(字, 형성자와 회의자)를 해석한다는 뜻으로 '설문해자(說文解字)'라 한다.

경(黥)은 고대의 형벌 가운데 하나로, 먹물로 이마나 뺨, 팔뚝 등에 글자를 새겨 넣는 형벌을 말한다. 도둑질을 하면 이마에 도둑질할 '도(盜)'자를 새겨 넣었고, 간통을 하면 간통할 '간(姦)'자를 새겼다.

경형(黥刑)은 먹물로 글자를 새겨 넣는다고 해서 묵형(墨刑)이라고도 하였다. 경(黥)은 뜻을 담은 검을 흑(黑)과 음을 나타내는 경(京)을 합한 글자이다. 이마에 글자를 새기고서야 부끄러워서 낯을 들고 바깥으로 나다닐 수가 없다. 말하자면 경형은 사회적으로 매장(埋葬)시키는 형벌인 셈이다. 육체적으로 가하는 형벌보다 더 잔인하다 하여, 우리 나라에서는 영조 임금 이후로 폐지되었다. 경을 칠 놈이라는 말은 이런 형벌 제도에서 나왔다.

이와 비슷한 말에 '육시(戮屍)랄 놈'이라는 욕도 있다. 육(戮)은 갈기갈기 찢는다는 뜻이고, 시(屍)는 죽은 사람의 시신이다. 곧, 육시(戮屍)란 이미 죽은 사람의 시신을 꺼내어 찢어 죽이는 형벌이다. 일설에는 사람을 여섯 토막으로 찢어 죽인 후 소금을 뿌리는 형벌이라고도 한다. '육시랄 놈'은 '육시(戮屍)를 할 놈'을 줄여 쓴 말이다. 죽은 뒤에 다시 찢어 죽일 놈이라는 뜻이니 잔인한 욕이다.

경면(黥面)

얼굴에 문신을 한 고대인의 얼굴

예전에는 부모에게 받은 육체를 소중히 생각하였다. 그러니까 자신의 잘못으로 육체에 손상이 오게 되면 가장 큰 불효로 여겼다. 그래서 고대의 형벌은 주로 죄를 범한 정도에 따라 육체를 손상시키는 것으로 행하여졌다.

│ 급살(急煞)을 맞으면 │

急煞

살(煞)은 죽을 살(殺)자와 같은 뜻을 지닌 말이다. 살(煞)이란 사람이나 물건을 해치는 아주 독하고도 모진 나쁜 기운을 뜻한다. 원인 모를 병이 들거나, 까닭 없이 억울한 일을 당하면 살이 들었다거나 살이 끼었다고 말한다. 몸에 나쁜 기운이 들어와 몸이 으스스하면 '몸살'이 들었다고 한다.

살(煞)은 귀신이 사람에게 씌우는 나쁜 기운이다. 살에도 여러 가지가 있다. 한 곳에 정착하여 뿌리내리지 못하고, 끊임없이 이리저리 떠도는 사람은 역마살(驛魔煞)이 끼었다고 한다. 역마(驛魔)는 떠돌이 귀신이다. 살(煞) 중에서 가장 나쁘고 고약한 것이 급살(急煞)이다. 급살을 맞으면, 멀쩡하던 사람이 손 한번 써 볼 겨를도 없이 죽고 만다. 그러니 '급살 맞을 놈'이란 욕은 보통 무시무시한 욕이 아니다.

살풀이 춤

무당이 원한을 품은 귀신(鬼神)을 불러내어 살(煞)을 풀어 주기 위해 추는 춤이다.

 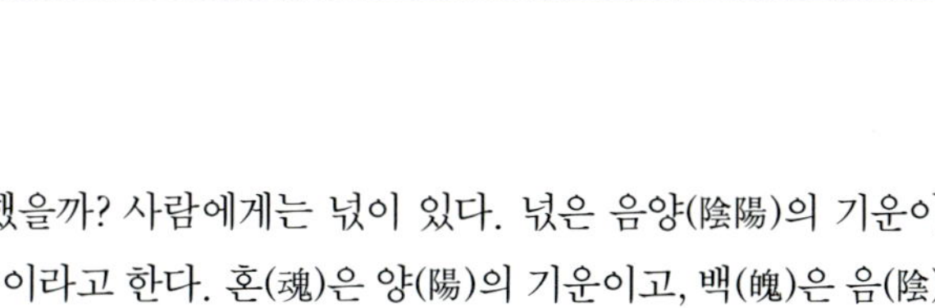

죽음에 대한 옛 사람의 생각

옛 사람들은 죽음을 어떻게 생각했을까? 사람에게는 넋이 있다. 넋은 음양(陰陽)의 기운이 뭉쳐진 것이다. 이를 달리 혼백(魂魄)이라고 한다. 혼(魂)은 양(陽)의 기운이고, 백(魄)은 음(陰)의 기운이다. 사람이 죽으면 혼백이 육체를 떠난다. 이 때 양의 기운인 혼은 하늘로 올라가고, 땅의 기운인 백은 땅으로 흩어진다. 이렇게 혼이 하늘로 날아가고[飛], 백이 땅으로 흩어진[散] 것을 혼비백산(魂飛魄散)이라고 한다. 너무 놀랐다는 뜻으로 흔히 쓰는 혼비백산이란 말은 사실은 '죽을 뻔하였다'는 말이다.

그런데 사람이 비정상적으로 원한(怨恨)을 품고 죽으면 혼백이 분리되지 않은 채로 한데 뭉쳐서 돌아다니는데 그것이 귀(鬼), 즉 귀신(鬼神)이다. 이 귀신은 구천(九天)을 맴돌면서 자신의 원한을 다른 사람에게 덮어씌운다. 그래야만 혼백이 분리되어 저승으로 편안히 건너갈 수 있기 때문이다. 귀신이 이렇게 다른 사람에게 덮어씌우는 나쁜 기운이 살(煞)이다.

살을 맞아 죽으면 또 귀신이 되어 다른 사람을 해코지한다. 이런 악순환을 멈추게 하려면 맺힌 살(煞)을 풀어야 한다. 이것을 풀 수 있는 사람은 무당(巫堂)뿐이다. 무당은 굿판을 벌여 귀신을 불러 내어 살을 풀어 주는 살풀이 춤을 춤으로써 원한을 품은 넋이 편안하게 저승으로 건너갈 수 있도록 도와 준다. 옛 사람들은 이렇게 생각했기 때문에 굿을 많이 하였다.

귀신 중에 '물귀신'은 물에 빠져 죽은 귀신이다. 사람이 물에 빠져 죽으면 넋이 빠져 죽은 곳을 벗어나지 못한다. 벗어나는 유일한 방법은 다른 사람을 하나 빠져 죽게 하는 수밖에 없다. 그래서 사람이 빠져 죽은 곳에는 해마다 어김없이 사람이 빠져 죽는다. '물귀신 작전'이란 저만 망하지 않고 다른 사람까지 끌어들여 함께 망하자는 행동을 두고 하는 말인데, 그 원래 연원이 여기서 나왔다. 이런 생각은 우리 나라뿐 아니라 중국, 일본에서 공통적으로 발견된다.

染病

| 염병(染病)은 장티푸스 |

평안도 지방의 배송굿

천연두를 앓은 뒤 13일 만에 마마신을 전송하기 위해 벌이던 굿이다. 이 때 개를 말로 가정하여 마마신을 태워 보낸다. 예전에는 천연두, 즉 마마도 무서운 전염병의 하나였기에 이런 굿을 했다.

예전에 사람들의 목숨을 위협하는 것은 전쟁과 돌림병이었다. 특히 돌림병은 한번 돌기만 하면 온 마을 사람들이 다 죽어 나가는 끔찍한 결과를 가져왔다. 위생 관념이 철저하지 못했던 탓이기도 하였고, 수리 시설이 갖추어져 있지 않아 조금만 비가 많이 와도 홍수가 나고, 조금만 가물면 가뭄이 들었다. 홍수나 가뭄이 들면 먹을 것이 부족하게 되고, 병균이 퍼져서 전염병(傳染病)이 돌았다.

전염병 가운데 가장 끔찍한 것이 온역(瘟疫)으로 불리는 장티푸스였다. 한 사람만 걸려도 걷잡을 수 없이 퍼져서 순식간에 온 마을에 돌아 사람들이 죽어 나갔다. 이 병은 삽시간에 높은 열을 일으키고 설사를 하다 죽게 만든다. 그래서 뜨겁다는 뜻의 온(溫)자를 써서 온

역(瘟疫)이라고도 하였다. 또한 전염성이 워낙 강하였기 때문에 옮긴다는 뜻의 염(染)자를 써서 '염병(染病)'이라고도 하였다.

흔히 욕설로 많이 쓰는 '이런 염병할' 또는 '염병할 놈'은 바로 장티푸스에 걸려 죽을 놈이라는 고약한 말이다. 염병에 걸리는 것은 생각하기조차 싫은 끔찍한 일이었던 것을 생각한다면, 왜 이 말이 욕설 속에 들어가게 되었는지 짐작할 수 있을 것이다.

| 병신(病身)이 육갑(六甲)한다? |

욕 가운데 해서는 안 될 가장 야비한 것이 신체적 결함을 빗대어 하는 말이다. 우리말 속담에 '장님 단청 구경하듯'이란 말이 있다. 장님은 아무것도 보지 못하는데, 절에 와서 울긋불긋한 단청(丹靑) 구경을 한다고 하니, 실제는 아무것도 볼 수 없으면서 보는 시늉만 하는 것을 놀려 하는 말이다. 눈이 멀어 보지 못하는 것만도 서러운데, 이런 식으로 비유를 만들어 놀리는 것은 차마 할 짓이 못 된다.

病身六甲

甲子(갑자)	乙丑(을축)	丙寅(병인)	丁卯(정묘)	戊辰(무진)	己巳(기사)	庚午(경오)	辛未(신미)	壬申(임신)	癸酉(계유)
甲戌(갑술)	乙亥(을해)	丙子(병자)	丁丑(정축)	戊寅(무인)	己卯(기묘)	庚辰(경진)	辛巳(신사)	壬午(임오)	癸未(계미)
甲申(갑신)	乙酉(을유)	丙戌(병술)	丁亥(정해)	戊子(무자)	己丑(기축)	庚寅(경인)	辛卯(신묘)	壬辰(임진)	癸巳(계사)
甲午(갑오)	乙未(을미)	丙申(병신)	丁酉(정유)	戊戌(무술)	己亥(기해)	庚子(경자)	辛丑(신축)	壬寅(임인)	癸卯(계묘)
甲辰(갑진)	乙巳(을사)	丙午(병오)	丁未(정미)	戊申(무신)	己酉(기유)	庚戌(경술)	辛亥(신해)	壬子(임자)	癸丑(계축)
甲寅(갑인)	乙卯(을묘)	丙辰(병진)	丁巳(정사)	戊午(무오)	己未(기미)	庚申(경신)	辛酉(신유)	壬戌(임술)	癸亥(계해)

육십 갑자표

육십 갑자는 정상적인 사람도 다 외우기가 쉽지 않으니, 멍청한 사람에게는 몹시 어려운 일이 아닐 수 없었다. 그래서 능력도 안 되는 사람이 자꾸 나설 때, 이것을 조롱하는 말로 병신 육갑한다고 하였다.

등신(等神)

등신은 형상만 사람일 뿐 아무것
도 할 수 없으므로 어리석은 사
람을 가리킨다.

흔히 터무니없는 엉뚱한 짓을 할 때 조롱하는 말로 병신(病身)이 육갑(六甲)한다고 한다. 병신(病身)은 말 그대로 병든 몸, 즉 장애인을 가리킨다. 이 말에는 조롱(嘲弄)하는 뜻이 담겨 있다. 육갑은 육십 갑자(六十甲子)의 줄임말이다. 육십 갑자는 '갑을병정무기경신임계(甲乙丙丁戊己庚辛壬癸)'의 십천간(十天干)과 '자축인묘진사오미신유술해(子丑寅卯辰巳午未申酉戌亥)'의 십이지지(十二地支)를 결합하여 '갑자(甲子), 을축(乙丑), 병인(丙寅)……'으로 이어지는 60년 단위의 명칭을 가리킨다.

예전에는 이 육갑을 순서대로 줄줄 외웠다. 그런데 육갑은 서로 비슷비슷하여 정상적인 사람도 이것을 다 외우기가 쉽지 않았다. 그러니 멍청한 사람이 육갑을 외우기란 몹시 어려운 일이 아닐 수 없었다. 그래서 능력도 안 되는 사람이 자꾸 나설 때, 이것을 조롱하는 말로 병신 육갑한다고 하였다.

어리석은 행동을 하는 사람을 가리켜 등신(等神)이라고 한다. 등(等)은 같다는 말이다. 수학에서 '＝'을 등호(等號)라 하는 것만 보아도 알 수 있다. 그러니까 등신(等神)은 신(神)과 같다는 뜻이다. 얼핏 들으면 좋은 말 같지만, 이 때 신(神)은 귀신이나 영혼이 아니라, 사람 모양으로 만든 신상(神像), 즉 짚이나 흙 등으로 만든 사람 모양의 형상을 가리킨다. 짚으로 사람 모양을 만들어 놓아 봤자 형상만 사람일 뿐 아무것도 할 수 없다. 그래서 정신이 나간, 어리석은 사람을 가리키는 뜻으로 썼다.

100년 전의 회갑 잔치

예전에는 회갑만 지나도 오래 살았다고 하여 온 집안이 모여 축하 잔치를 열었다.

회갑(回甲) 또는 환갑(還甲)의 의미

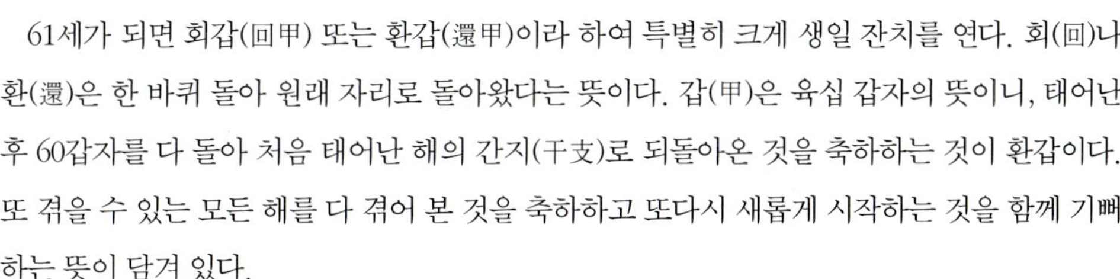

61세가 되면 회갑(回甲) 또는 환갑(還甲)이라 하여 특별히 크게 생일 잔치를 연다. 회(回)나 환(還)은 한 바퀴 돌아 원래 자리로 돌아왔다는 뜻이다. 갑(甲)은 육십 갑자의 뜻이니, 태어난 후 60갑자를 다 돌아 처음 태어난 해의 간지(干支)로 되돌아온 것을 축하하는 것이 환갑이다. 또 겪을 수 있는 모든 해를 다 겪어 본 것을 축하하고 또다시 새롭게 시작하는 것을 함께 기뻐하는 뜻이 담겨 있다.

예전에는 질병과 전쟁 등으로 평균 수명이 길지 않았으므로, 환갑만 지나도 오래 살았다고 여겨 온 집안이 모여 잔치를 열고 함께 기뻐하였다.

청동기에 새긴 금문(金文)

고대에 청동기(青銅器)는 권력과 권위를 상징하는 귀한 물건이었다. 이 그릇들은 일상에서 쓰기 위해서가 아니라 대부분 신성한 제사나 장례 의식에 사용하기 위한 제기(祭器)로 만들어졌다. 청동으로 주조된 그릇들 바깥쪽에는 온갖 화려한 문양과 귀신의 얼굴, 동물의 모습을 새겨 넣었다. 그리고 그릇의 안쪽에는 그릇의 용도나 주술적 의미를 담은 글을 새겨 놓았다.

가장 아름다운 서체를 자랑하는 서주 시대 산씨반(散氏盤)과 거기에 새겨진 글자. 주나라 때 경계를 마주하고 있던 시(矢)나라와 산(散)나라 사이에 일어난 토지 분쟁과 그에 따른 배상을 서약한 내용이 담겨 있다.

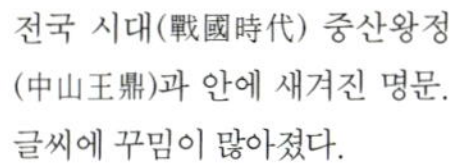

전국 시대(戰國時代) 중산왕정
(中山王鼎)과 안에 새겨진 명문.
글씨에 꾸밈이 많아졌다.

청동기의 제작은 기원전 3천 년경부터 시작된다. 먼저 밀랍으로 모형을 만든 뒤 흙으로 거푸집을 씌워 밀랍을 녹인다. 이어 밀랍이 녹은 빈 공간에 쇳물을 부어 만들었다. 초기의 청동기에는 간단한 그림이나 기호만 새겨져 있었다. 뒤에 서주(西周) 시대로 접어들면서 문자가 새겨지기 시작했다. 청동기에 새겨진 금문(金文) 중에 걸작으로 꼽히는 산씨반(散氏盤)과 모공정(毛公鼎)의 경우 수백 자의 아름다운 글자가 새겨져 있다.

서주(西周) 시대 모공정(毛公鼎)과 내부에 새겨진 명문 탁본.
이 솥은 높이가 53.8cm에 지름이 47.9cm나 된다.

한자와 문화 3
와당(瓦當)의 표정

문자 여행 4
돌에 새긴 전서(篆書)

몸에 대한 관심이 날로 높아만 가고 있다. 건강한 정신은 건강한 육체 속에 깃들인다. 한자에는 사람의 몸과 관련된 말들이 아주 많다. 신체(身體) 각 부위의 명칭을 한자로는 어떻게 쓸까? 신체와 관련되어 만들어진 한자어에는 어떤 것들이 있는가? 그리고 여기에는 어떤 과학적 근거가 담겨져 있을까? 이번에는 우리 몸과 관련된 말들에 대해 알아보고, 거기에 담긴 속뜻을 살펴보기로 하겠다.

1 얼굴 위의 한자

네 **진면목**을 보여 다오.
그를 너무 **백안시**하지 마라.
이별 장면이야말로 〈춘향전〉의 **백미**라 할 수 있다.
우리 나라 유학의 **비조**는 최치원이다.

面
目

얼굴 면(面)

얼굴[口] 안에 눈[目]을
그려넣은 글자이다.

눈 목(目)

사람이 눈을 옆으로 돌리고
있는 모습이다.

| 면목(面目) 없는 일 |

면(面)은 얼굴이고, 목(目)은 눈이다. 얼굴만 봐도 그 사람됨을 어느 정도 알 수가 있다. 눈은 마음의 창이다. 눈빛만 보면 그 사람을 알 수 있다. 실제로 얼굴 면(面)자는 얼굴[口] 안에 눈[目]을 그려넣어 만든 글자이다. 목(目)은 사람이 눈을 옆으로 돌리고 있는 모습이다. 이 둘을 합친 면목(面目)은 사람 됨됨이를 뜻한다. 어떤 일의 성과가 기대보다 보잘것 없을 때 '면목 없습니다'라고 말한다. 이 때 면목은 체면(體面)이나 염치(廉恥)와도 같은 뜻이다.

면목이 없으면 얼굴을 들 수가 없다. 텔레비전을 보면 범죄자들이 카메라 앞에서 필사적으로 얼굴을 가리는 모습을 볼 수 있다. 부끄러워 얼굴을 못 드는 것은 최소한 인간으로서의 자존심(自尊心)이 있기 때문이다. 옛말에 양반은 얼어 죽어도 겻불은 안 쬔다고 하였다. 물에 빠져도 개헤엄은 안 친다고도 하였다. 면목이 서지 않아서이다. 그러니까 옛 사람들은 면목을 세우기 위해서라면 목숨마저도 버릴 각오가 되어 있었던 것이다.

중국 초나라의 항우(項羽)는 사면초가(四面楚歌)의 위기를 탈출하

사면초가(四面楚歌)

사면초가는 사방에서 들려오는 초나라 노래란 뜻이다. 예전 초나라 항우(項羽)의 군대가 한나라 유방(劉邦)의 군대에 포위되었을 때, 유방은 자기 진영에 있던 초나라 출신 군사들에게 초나라의 노래를 부르게 하였다. 초나라 군사들은 오랜 전쟁에 지칠 대로 지친데다 까맣게 잊었던 고향 노래가 사방에서 들려오자 두고 온 가족 생각에 눈물을 줄줄 흘렸다. 한나라로 투항하여 항복하는 자들도 있었다. 말하자면 유방은 고도(高度)의 심리전(心理戰)을 썼던 것이다.

이후로 사면초가(四面楚歌)는 고립되어 누구의 도움도 기대할 수 없는 절망적인 상태를 뜻하는 말이 되었다. 설상가상(雪上加霜)이나 '엎친 데 덮친 격'이란 속담과 의미가 비슷하다. 설상가상(雪上加霜)은 눈이 내린 위에 서리가 더 온 것을 말한다.

여 가까스로 양자강 기슭에 이르렀다. 강을 건너기만 하면 한나라의 추격병을 뿌리치고 고향으로 돌아가 훗날을 도모할 수 있었다. 부하들이 빨리 건널 것을 재촉하자, 그가 말하였다. "내가 강동(江東)의 수많은 젊은이를 이끌고 이 강을 건넜는데, 이제 나 혼자 빈손으로 돌아간다 한들 무슨 면목으로 강동의 부로(父老)들을 대하겠는가?" 그러고는 한나라 군대와 맞서 싸우다 스스로 목을 찔러 죽었다. 그는 자기 목숨 아까운 것보다 백성들 대할 면목 없는 것이 더 견딜 수 없었던 것이다.

지금도 어떤 일을 잘해 면목이 서면 얼굴값을 했다고 말한다. 그 반대의 경우에는 얼굴에 먹칠을 했다거나 얼굴을 들 수 없다고 말한다. 면목이 서지 않는 짓을 하고도 전혀 부끄러워하지 않는 사람을 두고는 철면피(鐵面皮) 또는 후안무치(厚顔無恥)라고 욕을 한다. 철면피는 얼굴에 철판을 깔았다는 뜻이고, 후안무치란 낯[顔]이 두꺼워[厚] 부끄러움[恥]을 모른다[無]는 말이다. 어떤 사람은 평상시에는 전

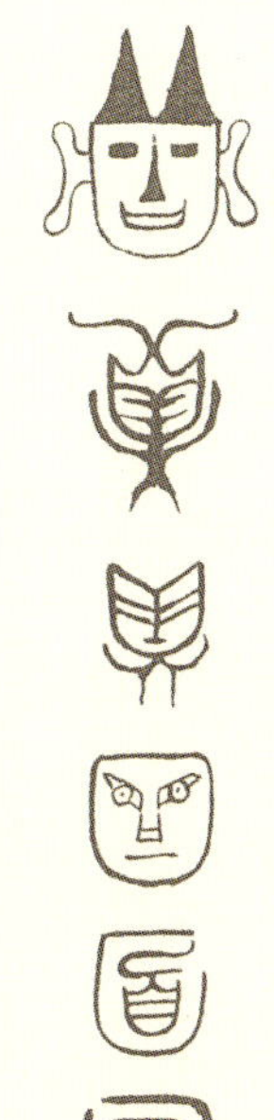

고대 도형 속의 얼굴 형상

얼굴과 관련되어 만들어진 한자들

혀 두각(頭角)을 드러내지 않다가, 위급한 일을 당하면 감추어 두었던 진면목(眞面目)을 유감 없이 발휘하기도 한다.

| 째려보는 백안시(白眼視) |

白眼視

눈을 나타내는 한자에 목(目)자와 안(眼)자가 있다. 안(眼)은 목(目)과 간(艮)을 합친 글자다. 간(艮)은 본래 사람의 머리에 눈만 그린 형태로, '보다'는 뜻을 지녔다. 고대에는 볼 견(見)과 같이 썼다. 눈은 얼굴을 대표한다.

진(晉)나라 때 죽림칠현(竹林七賢)의 한 사람이었던 완적(阮籍)은 세속의 예의범절을 우습게 보는 뜻높은 선비였다. 어느 날 친한 벗인 혜강(嵇康)을 찾아갔는데, 그는 없고 그의 형인 혜희(嵇喜)가 완적을 맞았다. 평소 완적은 혜희의 사람됨을 싫어하였으므로 그를 백안시(白眼視)하고 그냥 돌아왔다. 나중에 혜강이 그를 찾아가자 다시 반갑게 맞았다.

여기서 백안시(白眼視)라는 말이 나왔다. 백안시는 백안(白眼)으로 본다[視]는 말이다. 백안은 글자 그대로 흰 눈이다. 눈동자 없이 흰자위로만 째려보는 것을 말한다. 그래서 백안시는 남을 무시하거나 업신여기는 태도를 가리키는 말이 되었다. 백안의 반대말은 청안(靑眼)이다. 푸른 눈으로 본다는 것은 반갑게 맞이한다는 뜻이다.

남을 백안시하는 것은 남에게 모욕을 주는 거만한 태도이다. 덕으로 포용(包容)해서 감싸안는 것만 못하다. 또 백안시당한 사람은 상대방에게 원한을 품게 되고, 해코지할 기회만 엿보게 될 터이니, 한때 기분이야 통쾌하겠지만 치러야 할 대가(代價)가 크다.

눈 안(眼)

볼 견(見)

보는 데도 수준이 있다?

본다는 뜻을 지닌 한자는 꽤 많다. 가장 많이 쓰는 것은 견(見)·간(看)·시(視)·관(觀)·람(覽) 등이다. 견(見)은 보긴 보는데 눈 뜨고 있으니 보이는 것이다. 영어로 치면 'see'에 해당한다. 간(看)은 글자 모양을 보면 눈 목(目)자 위에 손 수(手)자를 얹었으니, 눈 위에 손을 대고 바라보는 것이다. 영어의 'look'에 가깝다. 시(視)나 관(觀)은 저게 무언가 싶어 꼼꼼히 살펴보는 것이다. 영어로는 'watch'다. 그래서 시찰(視察)이나 관찰(觀察)이란 말은 있어도 견찰(見察)이나 간찰(看察)이란 말은 쓰지 않는다. 시인(視人)은 꼼꼼히 살피는 사람이다. 예전에는 남의 나라에 보내 그 곳의 사정을 염탐하는 스파이를 시인(視人)이라고 하였다.

그냥 대충 보아 넘기는 것은 간과(看過)한다고 한다. 람(覽)은 살펴보고 견줘 보는 것이다. 미술 전람회(展覽會)나 도서 열람실(閱覽室)의 람(覽)이 이 뜻이다. 이 밖에 본다는 뜻을 지닌 한자에 도(覩)·도(睹)·사(覗)·첨(覘)·한(矙) 등의 글자가 있다. 도(覩)나 도(睹)는 눈으로 직접 본다는 뜻이 있고, 사(覗)·첨(覘)·한(矙) 등의 글자는 모두 엿본다는 의미로 쓰인다.

이렇게 보는 데도 다양한 층위가 있다. 눈뜨고 본다고 해서 다 보는 것이 아니다. 건성건성 보아 넘기지 말고 꼼꼼히 보고, 따져서 보고, 찬찬히 살펴서 보는 습관을 길러야 한다.

김은호의 〈죽림칠현도〉

죽림칠현(竹林七賢)은 어떤 사람들인가?

　죽림칠현(竹林七賢)은 진(晉)나라 때 어지러운 정치 현실을 떠나 대나무 숲에서 청담(淸談), 즉 맑은 이야기를 주고받으며 우정을 나누었던 완적과 혜강 등 일곱 명의 어진 사람을 가리키는 말이다. 이 때는 천하가 몹시 어지러웠다. 그래서 이들은 현실을 멀리하고, 예교(禮敎)의 구속에 얽매이지 않는 자유로운 삶을 추구(追求)하였다. 이들은 모두 훌륭한 시인들이었고, 백안시(白眼視)를 비롯해 수많은 고사(故事)를 만들어 낸 주인공이기도 하였다. 역대로 중국 사람들의 사랑을 받아 회화 속에 자주 등장하였다. 완적과 혜강은 죽림칠현을 이끌었던 대표적인 인물이다.

見(견)—보다

눈 아래에 사람[人]을 붙였다. 사람이 멀리 내다보는 모습이다.

盲(맹)—소경, 눈멀다

잃을 망(亡)이 음의 역할을 한다. 눈을 잃어버렸으므로 장님이 되었다.

省(성)—살피다

사물을 자세히 보려고 눈을 가늘게[少] 뜬 모습이다. 적을 소(少)와 눈 목(目)의 뜻을 합친 회의자(會意字)이다.

눈[目]과 관련된 한자

冒(모)—무릅쓰다

눈[目] 위에 투구를 얹은 모양이다. 투구를 쓰면 위험한 일도 능히 해내므로 무릅쓰다의 의미가 더해졌다.

相(상)—서로, 살피다

나무[木]가 자라는 모습을 눈으로 살핀다는 의미이다. 후에 '돕다', '서로'라는 뜻으로도 쓰게 되었다.

眉(미)—눈썹

눈과 눈 위에 있는 눈썹을 그린 형태이다.

看(간)—보다

위의 글자는 손 수(手)이다. 눈 위에 손을 대고 멀리 보는 모양이다.

直(직)—곧다

열 십(十)과 눈 목(目), 숨을 은(乚, 隱의 옛 글자)을 합쳤다. 여러 사람이 보면 숨김없이 볼 수 있는 데서 곧다, 바르다의 뜻이 나왔다.

眼(안)—눈

그칠 간(艮)이 음과 뜻의 역할을 한다. 눈으로 볼 수 있는 범위는 한정되어 있다는 데서 눈의 의미가 되었다.

白眉

눈썹 미(眉)

눈 위에 털이 나 있는 모습이다.

| 흰 눈썹, 백미(白眉) |

미(眉)는 눈썹이다. 글자 모양으로는 눈[目] 위에 털이 나 있는 모습이다. 미인의 아름다운 눈썹을 아미(蛾眉)라고 한다. 나방[蛾] 모양으로 동그랗게 그린 눈썹이란 뜻이다. 여성들은 화장할 때 눈썹에 유난히 신경을 쓴다. 눈썹은 그 사람의 인상에 큰 영향을 주기 때문이다.

흔히 쓰는 말에 초미(焦眉)가 있다. 초미의 관심사는 아주 다급하고 중요한 관심사라는 뜻이다. 초미(焦眉)는 눈썹[眉]에 불이 붙었다[焦]는 뜻이다. 눈썹에 불이 붙었으니 얼마나 화급(火急)하겠는가.

백미(白眉)는 흰 눈썹을 말한다. 이 말은 여러 사람 가운데 가장 뛰어난 인물을 가리키는 뜻으로 자주 쓴다. 삼국 시대 촉한(蜀漢) 사람 마량(馬良)은 형제가 다섯이었다. 이들은 모두 재주와 학문이 뛰어나 명성이 자자하였다. 당시 사람들은 이 다섯 형제를 두고 "마씨의 다섯 아들이 모두 뛰어나지만 그 중에서도 백미(白眉)가 가장 훌륭하다."라고 하였다. 마량의 재주가 가장 뛰어난데다 그가 흰 눈썹을 지녔기 때문에 한 말이었다. 이 때부터 같은 또래나 같은 계통 중에서 가장 뛰어난 사람을 백미라 불렀다. 지금은 뛰어난 작품이나 어떤 사물의 가장 정채(精彩)로운 부분을 가리키는 말로도 쓴다.

| 비조(鼻祖), 최초의 시작 |

다급해서 다른 곳에 신경을 쓸 겨를이 없을 때 '내 코가 석 자'라고 말한다. 피노키오도 아니고, 실제로 코가 석 자나 된다면 도무지 어찌해 볼 수가 없을 것이다. 원래 이 말은 내 콧물이 석 자나 될 만큼 늘어졌다는 말이다. 그러니 거기에 신경이 쓰여서 딴 데 정신을 팔 틈이 없다.

코 비(鼻)자는 스스로 자(自)자에 줄 비(畀)자를 합쳐 만들었다. 자(自)는 본래 사람의 코 모양을 본떠 만든 글자였다. 뒤에 자(自)를 '스스로'라는 뜻으로 쓰자, 여기에 다시 비(畀)자를 보태 코를 뜻하는 글자를 따로 만든 것이다. 두 손으로 물체를 들고 있는 모양인 비(畀)는 발음의 역할만 한다.

비조(鼻祖)란 말은 사물의 시초(始初), 즉 처음이라는 뜻으로 쓰인다. 어머니의 뱃속에서 아기의 모습이 만들어질 적에 얼굴 중에서는 코가 제일 먼저 형태를 이루기 시작한다. 그래서 옛사람들은 사람의 형상이 코부터 만들어진다는 점에 주목해서, 비(鼻)란 말에 만물의 첫 출발이라는 의미를 부여하였다. 중국 화가들은 인물화를 그릴 때 항상 코부터 그린다. 맏아들도 비자(鼻子)라고 부른다.

鼻祖

황하의 큰 흐름도 처음엔 이렇듯 작은 물줄기에서 시작된다.

시초(始初)를 뜻하는 표현

元祖
원 조

비슷한 종류의 음식점이 모인 곳에 가면 간판마다 원조(元祖)란 말이 적혀 있다. 저마다 자신이 원조라고 목청을 높인다. 원(元)은 으뜸이라는 뜻이다. 조(祖)는 조상이니, 원조는 으뜸가는 조상이라는 말이다.

濫觴
남 상

남(濫)은 범람(汎濫)이란 말에서 보듯이 차서 넘치는 것을 말한다. 행동이 정도에 넘치면 외람(猥濫)되다고 말한다. 상(觴)은 뿔로 만든 술잔이다. 그러니까 남상(濫觴)이란 술잔이 넘친다는 뜻이다. 중국의 양자강 같은 대하(大河)도 그 기원은 겨우 술잔에 넘칠 정도의 작은 샘물에 불과하다는 비유에서 사물의 맨 처음을 의미한다.

嚆矢
효 시

효시(嚆矢)는 전투의 시작을 알리는 소리 나는[嚆] 화살[矢]이다. 전투를 시작할 때 끝이 뭉툭하고 구멍이 뚫린 이 효시(嚆矢)를 쏘아 올리면, 화살은 휘파람 소리를 길게 내면서 적진을 향해 날아간다. 군대는 이 소리를 신호로 진격을 시작하였다. 그래서 효시란 말도 처음의 뜻을 담게 되었다.

破天荒
파 천 황

예전에 중국의 당나라 형주(荊州) 지방에는 중앙의 과거 시험 합격자가 없어 '천지가 개벽(開闢)하기 전의 혼돈(混沌) 상태' 라는 뜻으로 천황(天荒)이라 불렸다. 그러다가 마침내 유태(劉蛻)란 사람이 처음으로 급제하였다. 사람들은 그가 천황(天荒)을 깨뜨렸다고 해서 파천황(破天荒)이라고 불렀다. 후에는 어떤 일을 최초로 해낸 사람을 가리키는 말이 되었다.

얼굴 각 부위의 한자 이름

얼굴 : 안(顔) · 용(容) · 면(面)
정수리 : 정(頂)
골 : 뇌(腦)
머리 : 두(頭)
머리털 : 발(髮)
이마 : 액(額)
눈썹 : 미(眉)
광대뼈 : 관(顴)
눈 : 목(目)
눈동자 : 정(睛)
귀 : 이(耳)
코 : 비(鼻)
뺨 : 협(頰)
입 : 구(口)
귀밑털 : 빈(鬢)
입술 : 순(脣)
수염 : 수(鬚)
턱 : 이(頤) · 함(頷)
잇몸 : 악(齶)
혀 : 설(舌)
목구멍 : 인(咽) · 후(喉)
이 : 치(齒)
목 : 항(項)

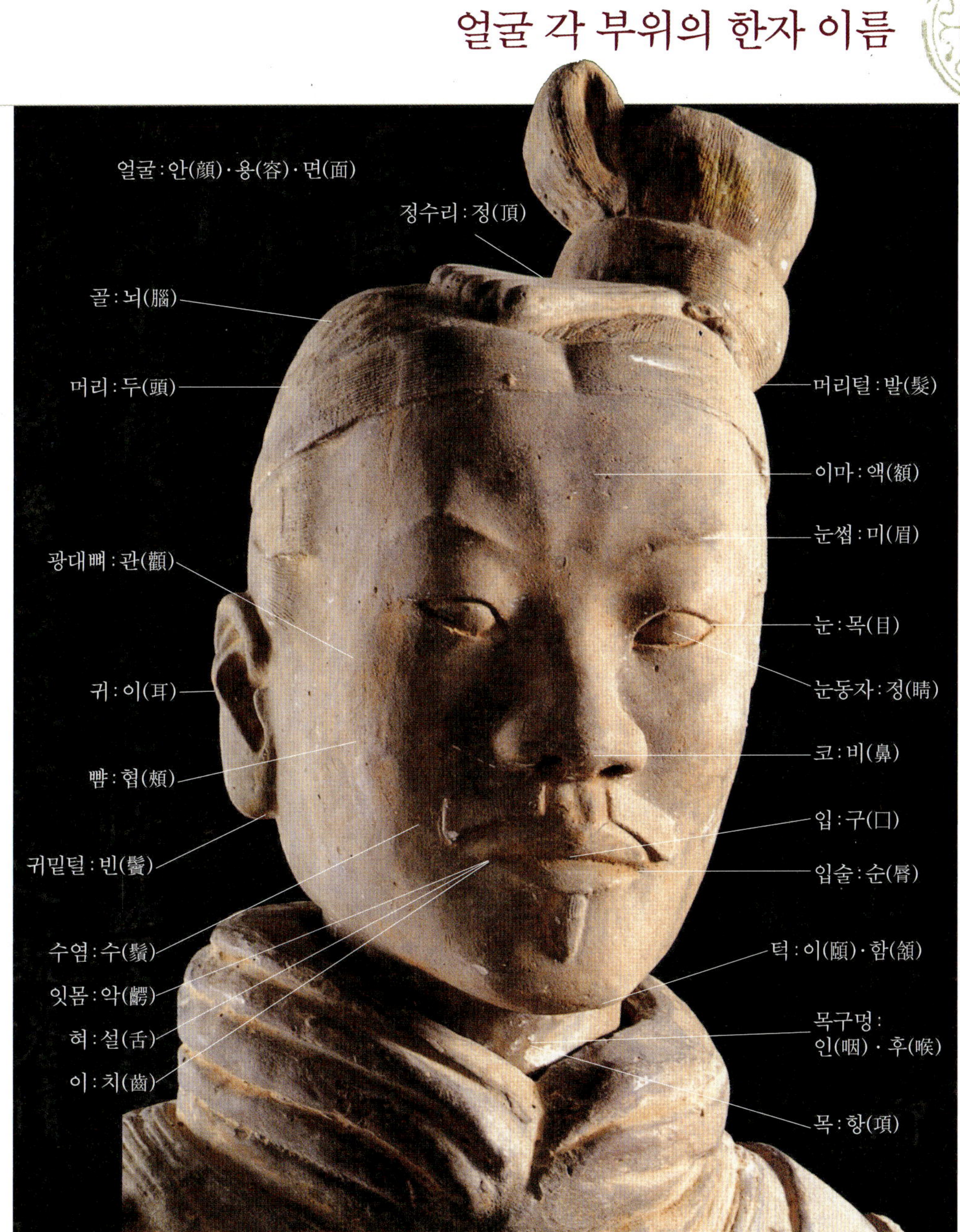

와당(瓦當)의 표정

와당(瓦當)은 우리말로는 수막새라고 부른다. 한옥의 지붕을 보면 넓적하게 아래쪽을 받치고 있는 암키와와 암키와를 맞물려 끼워 둥글게 솟아 기와등을 이루는 수키와로 덮여 있다. 와당은 수키와의 끝부분을 막음하는 장식이다. 처음에는 그냥 진흙이나 석회로 막았던 것을 장식성을 살려, 여기에 특별한 문양이나 글자를 새겨 넣으면서 와당 예술이 옛 건축 문화에서 화려한 꽃을 피웠다. 보통은 동물 무늬나 기하학적 무늬를 사용하지만 특별한 바람이나 소망을 담은 글귀를 써서 넣기도 하였다.

아래는 중국 한나라 때 사용된 와당이다. '장무상망(長毋相忘)'이란 넉 자가 적혀 있다. 여기에 쓰인 글자는 가장 오랜 글자체의 하나인 전서(篆書)체이다. 의미는 '길이 서로 잊지 말자'는 뜻이다. 그들은 도대체 무엇을 잊지 않고 기억하려 하였던 걸까? 이 아름다운 글귀가 지붕 기왓골마다 새겨져 있었을 것을 생각하면 절로 기분이 좋아진다.

백호문(白虎紋)

흰호랑이 무늬의 와당.
중국 서안 장안성 터에서 출토.

장무상망(長毋相忘)

'길이 서로 잊지 말자'는 뜻이다.
중국 섬서성 순화에서 출토.

기왓골의 끝에 막음 처리된 와당의 모습

아래의 왼쪽 와당 또한 한나라 때의 것이다. 여기에 쓰인 글씨는 예서(隷書)체이다. '도와자사(盜瓦者死)'란 넉 자가 새겨져 있다. '기와를 훔친 놈은 죽는다'는 뜻이다. 예쁜 와당으로 지붕을 꾸며 놓으면 자꾸 도둑이 들어 훔쳐 갔던 모양이다. 그래서 아예 도둑을 겁주는 말을 새겨 놓았다. 기왓골마다 죽인다고 하였으니 도둑이 섬뜩했을 것 같다.

바탕에 희미하게 깔린 와당에는 모자 쓴 사람이 너울너울 춤을 추는 모습이 새겨져 있다. 가운데 둥근 점 때문에 마치 골문을 향해 질주하는 축구 선수처럼 보인다. 한편, 많은 경우 와당에 새겨진 글귀를 보면 그 건물이 어떤 기능을 맡고 있었는지도 알 수 있다. 아예 건물의 이름을 새기기도 하였다. 아래 오른쪽의 관(關)자를 새겨 넣은 와당은 성을 드나드는 관문(關門) 지붕에 얹혀 있던 것이다.

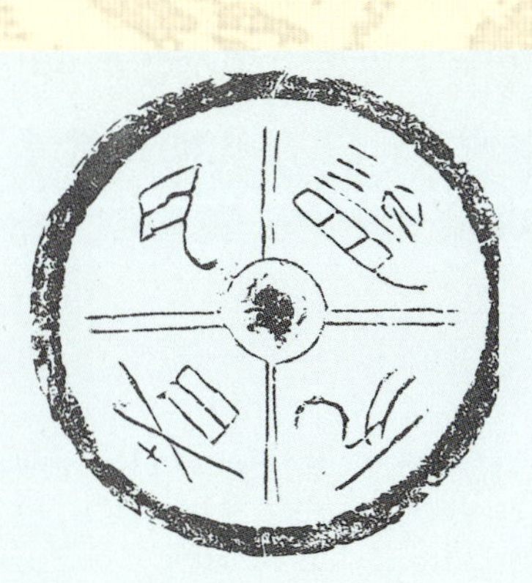

도와자사(盜瓦者死)

'기와를 훔쳐 가는 자는 죽는다'는 의미이다.

관(關)

성문 위를 덮은 기와이다. 중국 하남성 함곡관에서 출토.

2 신체와 한자

부모님이 주신 **신체**를 소중히 하는 것이 효이다.
그는 정말 **고수**임이 틀림없다.
그와 **비견**할 만한 사람은 아무도 없다.
네 **복안**이 무엇인지 말해 봐.

| 소중한 신체(身體) |

身體

《효경(孝經)》에는 "신체(身體)와 머리카락, 피부는 부모에게서 받은 것이다. 감히 다치지 않게 하는 것이 효의 시작이다"라고 하였다. 증자(曾子)는 세상을 뜰 때 자신의 손발과 온몸을 살펴보고 부모님께 받은 몸을 손상하지 않고 돌아갈 수 있게 된 것을 기뻐하였다.

조선 말 1895년 상투를 자르라는 단발령(斷髮令)이 내렸다. 선비들은 "내 목을 자를 수는 있어도 부모에게 받은 머리카락에 칼을 댈 수 없다" 하면서 항거(抗拒)하였다.

동양에서는 전통적으로 몸을 중요하게 여겼다. 몸을 생명과 같은 의미로 생각할 정도였다. 남을 위해 자신의 목숨을 희생하는 행위를 살신(殺身)이라 하였고, 뜻을 세워 세상에 자신의 존재를 드러내는 일을 입신(立身)이라고 하였다.

신(身)은 사람이 옆으로 서 있는 모습을 그린 상형 문자이다. 임신한 여자의 모습이라는 주장도 있다. 체(體)는 뼈 골(骨)과 풍성할 풍(豊)이 결합된 글자이다. 풍(豊)은 제사

단발령 실시

을미사변(명성왕후 시해, 1895) 이후 성립된 친일 정권에 의해 단발령이 내리자 선비들은 부모에게 받은 머리카락을 지키기 위해 목숨을 걸고 항거하였다.

그릇 위에 담긴 제물의 모습을 나타낸 모양이다. '풍성하다', '두루 갖추다'는 뜻이 있다. 체(體)는 '골격이 두루 갖추어졌다'는 뜻이다.

오늘날도 사람들은 누구나 아름다운 육체를 동경(憧憬)한다. 날씬하고 멋진 몸매를 가꾸기 위해 다이어트를 하고, 헬스 클럽을 찾는다. 날씬한 몸매도 좋고, 근육질의 남성미도 좋지만, 더 중요한 것은 그 안에 어떤 정신이 깃들게 할 것인가이다. 건강한 신체에 건강한 정신이 깃든다고 한다. 더 정확하게 말한다면, 건강한 정신은 건강한 신체와 함께 한다.

| 뛰어난 솜씨, 고수(高手) |

손 수(手)자는 다섯 손가락을 펼친 모양을 본뜬 글자이다. 물건은 손으로 만든다. 그래서 수(手)에는 솜씨란 뜻이 담겨 있다. 음식 솜씨는 손끝에서 나온다고 한다. 손과 솜씨의 관계가 밀접함을 알 수 있다. 그 사람을 보려면 손부터 보라는 말도 있을 만큼 손은 인간 관계에서 중요한 상징을 갖는다. 처음 만나는 사람과는 악수(握手), 즉 손을 꽉 잡는다. 악(握)은 '파악(把握)'이란 말에서 보듯 꽉 쥔다는 뜻이다.

손을 어떻게 놀리느냐에 따라 그 사람의 일생이 달라진다. 남보다 노력해서 맡은 일을 솜씨 있게 해내면 고수(高手)가 된다. 고수는 솜씨나 실력이 우수한 사람을 일컫는 말이다. 반대말은 하수(下手)다. 또 손을 잘못 놀리면 실수(失手)를 한다. 일을 시작하는 것은 착수(着手)고, '저요!' 하고 손을 드는 것은 거수(擧手)다. 일을 하지 않고 빈둥거리는 것은 백수(白手)다.

손을 오므려 주먹을 쥔 것은 권(拳)이다. 권법(拳法)은 그러니까 주먹을 쓰는 법이다. 가진 것이 아무것도 없는 사람을 적수공권(赤手空拳)이라 한다. 적수(赤手)는 맨손이고 공권(空拳)은 빈 주먹이다.

몸 신(身)
사람이 옆으로 서 있는
모습이다.

高手

손 수(手)
다섯 손가락을 펼친
모양이다.

손과 관련된 한자말

손바닥을 뜻하는 글자에는 장(掌)이 있다. 장풍(掌風)은 손바닥에서 일어나는 바람이다. 장악(掌握)한다는 말은 손바닥으로 꽉 잡는다는 뜻이다. 고장난명(孤掌難鳴)이란 말이 있다. 손바닥 하나로는 소리가 나기 어렵다는 뜻이다. 무슨 일을 하는 데 손발이 잘 맞지 않아 일을 이룰 수 없을 때 이 말을 쓴다. 손바닥은 마주 쳐야 소리가 난다. 손바닥이 맞닿아 나는 소리가 손뼉이다. 손바닥 뒤집기보다 쉬운 일은 여반장(如反掌)이다. 반(反)은 뒤집는다는 말이다.

손가락은 지(指)다. 손가락 끝에는 누구나 무늬[紋]가 있는데 이것을 지문(指紋)이라 한다. 손가락으로 물건을 가리키므로 지(指)에는 지시(指示)하다, 가리키다는 뜻도 있다. 손금을 보고 그 사람의 운명을 알 수 있다는 생각도 널리 퍼져 있다.

그런데 정말 아름다운 손은 희고 곱고 매끄러운 손이 아니다. 농사

일로 평생을 보낸 늙은 농부의 투박한 손, 가족을 위해 손에서 물 마를 날이 없는 어머니의 거친 손, 맡은 자리에서 늘 최선을 다하는 기름 때 묻은 노동자의 옹이 박힌 손이 오히려 아름답다.

| 비견(比肩), 어깨를 견주다 |

比肩

어깨 견(肩)은 왼쪽 어깨[戶]와 몸[肉(月)]이 합쳐진 글자이다. 어깨는 몸통과 팔을 이어 준다. 사람의 첫인상이 이 어깨에 좌우되는 수가 많다. 어깨가 축 처지면 그만큼 자신감(自信感)이 없고, 주눅이 든 사람이다. 어른들은 젊은이들에게 어깨를 쫙 펴라는 말을 자주 한다. 어깨를 당당하게 펴면 가슴이 뒤로 젖혀진다. 심호흡(深呼吸)을 한 번 하고 나면 속에서 자신감이 저절로 생겨난다. 자신감은 자기 자신을 믿는 마음이다. '나는 할 수 있어!', '아무 문제 없어!' 하는 마음이 자신감이다. 이 자신감이 어깨에서 생겨난다.

실력이 엇비슷하여 우열(優劣)을 가리기 어려운 것을 두고 어깨를 나란히 한다고 말한다. 한자로는 비견(比肩)이다. 비(比)는 나란하다

비견(比肩)과 즐비(櫛比)

비견은 어깨를 나란히 한다는 말이다. 이와 비슷한 표현에 즐비(櫛比)가 있다. 즐비(櫛比)는 나란히 열지어 서 있는 모양이다. 즐(櫛)은 빗이다. 빗질을 하면 빗살을 따라 가지런히 머리가 빗겨진다. 빗살무늬 토기는 한자로 즐문(櫛紋) 토기라 한다.

빗살무늬 토기

견장(肩章)

는 뜻이다. 제복을 입은 군인이나 경찰관의 이깨 위에는 계급장(階級章)이 붙어 있는데, 이를 달리 견장(肩章)이라 한다. 견장을 달면 어깨가 무겁다. 어깨가 무겁다는 말은 맡은 일에 책임감을 느낀다는 뜻이다.

50대가 되면 어깨의 통증이 심해져 팔을 들기가 어렵다. 이것을 오십견(五十肩)이라 한다. 어깨와 팔뚝이 빠질 듯 아픈 것은 견비통(肩臂痛)이다.

| 품은 생각, 복안(腹案) |

腹案

복안(腹案)은 뱃속에 품은 생각이다. 복(腹)은 배다. 뜻 부분인 육(肉)과 소리를 나타내는 복(復)으로 구성되었다. 어떤 일이 닥쳤을 때 복안이 있으면 큰 염려가 없다. 하지만 복안도 없이 어떻게 되겠지 하다간 큰 코 다친다. 한편, 자기 생각을 감추고 드러내지 않는 엉큼한 사람을 두고 '뱃속에 능구렁이가 들어앉았다'고 한다. 복안(腹案)을 좀체 꺼내 보이지 않을 때는 '뱃속이 검다'고 말한다. 그 속을 알 수 없기에 하는 말이다.

겉으로는 가깝게 따르는 척하면서 마음 속으로 두고 보자고 벼르는 것을 면종복배(面從腹背)라고 한다. 이런 사람일수록 평소에는 더 없이 잘해 주다가, 막상 어려운 일이 생겼을 때 차갑게 배신(背信)한다. 지혜로운 사람은 상대방의 복안(腹案)을 잘 헤아려 한 발 앞서 대비(對備)하므로 큰 근심이 없다. 정말 가까이에 두고 믿을 수 있는 사람은 심복지인(心腹之人)이다. 줄여서 심복(心腹)이라고 한다. 심장(心臟)과 배[腹]처럼 중요한 사람이다.

큰일을 앞두고는 배가 든든해야 뱃심이 생겨 일을 잘 해낼 수가 있다. 어려운 일을 앞에 두고도 여유(餘裕)가 만만한 사람을 배포가 크

다거나 배짱이 두둑하다고 한다. 배꼽 밑 아랫배에 단전(丹田)이 있
다. 옛 사람들은 이 단전에서 모든 힘이 나온다고 믿었다. 그래서 무
슨 일을 시작할 때면 아랫배에 힘을 주고 하라고 했다. 오늘날도 단
전 호흡은 건강을 지키기 위한 운동으로 많은 사람들의 사랑을 받고
있다.

　예전에는 먹을 것이 늘 부족해 뱃가죽이 등 뒤에 가서 붙었다는 말
을 하곤 했다. 오늘날은 먹을 것이 너무 풍족하여 영양 상태가 좋다
보니 자꾸 뱃살이 나온다. 뱃살을 빼서 날씬한 몸매를 유지하려고 위
험하게 지방(脂肪) 흡입술(吸入術)을 받기도 한다. 비만(肥滿)이 되는
것은 먹기만 하고 운동(運動)은 하지 않기 때문이다. 찬찬히 복안(腹
案)을 세워 규칙적인 운동을 함으로써 날씬한 몸매를 유지하는 것이
가장 훌륭한 다이어트 방법이다.

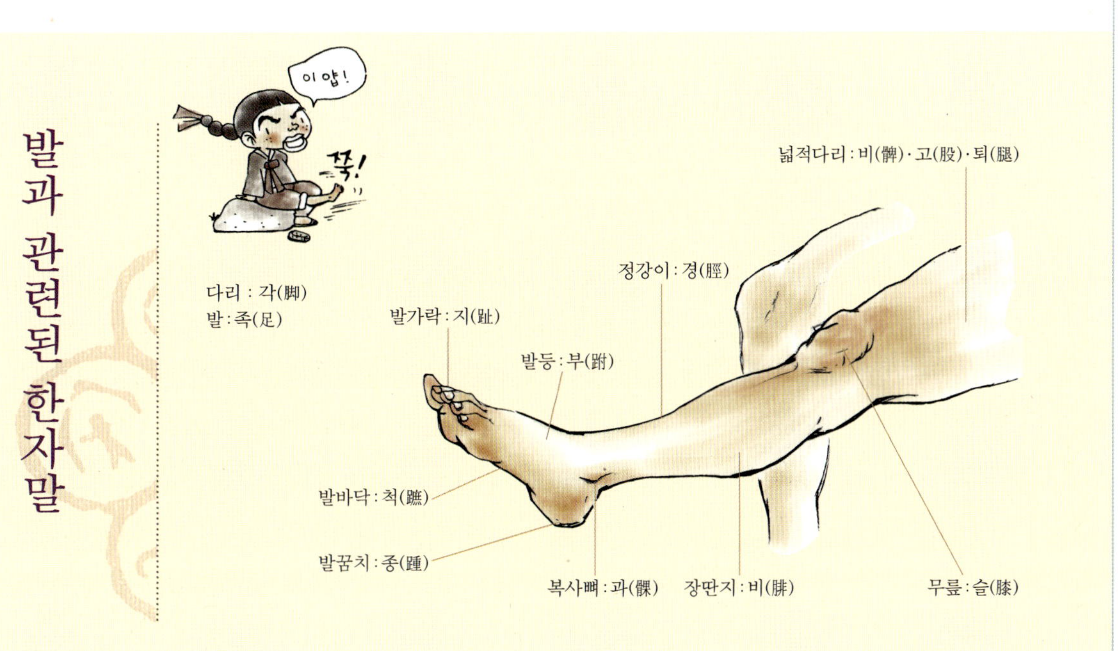

3 신체 내부 기관과 한자

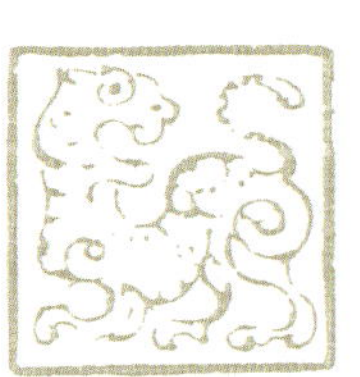

안타까운 원망은 **골수**에 사무칩니다.
그는 그만 **간담**이 서늘해졌다.
이런 **한심**한 인간을 보았나.
그녀는 **단장**의 슬픔을 삼켜야만 했다.

骨髓

골수(骨髓)에 사무치다

골(骨)자는 소의 어깨뼈를 본떠 그린 글자인데, 나중에는 모든 동물의 뼈를 뜻하게 되었다. 뼈의 한가운데 부드러운 뇌수(腦髓) 부분을 골수(骨髓)라고 한다. 골수는 뼛속 깊은 곳을 채우고 있다. 말하자면 딱딱한 지표 속에 흐르는 용암(鎔巖)과 같은 것이 골수이다. 두꺼운 살을 지나 딱딱한 뼈를 통과해야만 골수에 다다를 수 있다. 병이 골수에 스미면 더 이상 고칠 수가 없다. 원한이나 원망이 골수에 사무치면 해결할 방법이 없다.

골수에까지 이르지 않고 뼈까지만 이르러도 고통스러운 상황이 아닐 수 없다. 각골명심(刻骨銘心)은 뼈에 새기고 마음에 새겨[銘] 잊지 않겠다고 다짐하는 것이다. 각골난망(刻骨難忘)은 뼈에 새겨도[刻] 잊기[忘] 어려운[難] 은혜이다. 분골쇄신(粉骨碎身)은 뼈를 가루내고[粉] 몸을 바수어[碎] 노력하는 것이다. 이렇듯 극단의 고통, 견디기 힘든 상황, 잊을 수 없는 은혜를 표현할 때 뼈가 자주 등장한다. 살은 눈으로 볼 수가 있지만 뼈는 육안으로는 보이지 않으므로 뼈에 새긴다는 표현은 잊지 않겠다는 의지를 나타내는 말이다.

뼈 골(骨)

노골적(露骨的)이란 말은 숨김없이 드러난 것을 말한다. 노골(露骨)은 뼈가 노출(露出)되었다는 뜻이다. 말 속에 뼈가 있지 않고, 말 밖으로 속뜻이 다 드러났다는 말이다. 노골적인 말에는 여운(餘韻)이 없다. 말은 똑 부러지게 분명히 하는 것이 좋지만, 분명한 것과 노골적인 것은 다르다. 노골적이지 않으면서 제 할 말을 분명히 전달하기란 여간 어렵지가 않다.

| 서늘해진 간담(肝膽) |

무엇인가에 놀라거나 무서운 경험을 하였을 때 간담(肝膽)이 서늘하다는 말을 한다. 간담(肝膽)은 간과 쓸개이다. 흔히 간과 쓸개는 늘 붙어 다닌다. 한의학에서는 오장육부(五臟六腑)를 오행(五行) 이론과 관련지어 설명한다. 간과 쓸개는 모두 오행 중 나무, 즉 목기(木氣)에 속한다. 목(木)의 기운은 봄의 새싹과 같아 밖으로 헤집고 나가려는 속성이 있다. 하지만 찬 기운을 만나면 위축된다. 이것이 놀랐을 때 간담이 서늘해지는 이유이다. 목(木)은 인간의 감정으로는 용기와 배짱, 그리고 결단력에 해당한다.

간(肝)은 옳고 그름을 판단한다. 깜짝 놀라 이 기능이 위축되면 간이 콩알만해진다. 정도가 더하면 간 떨어질 뻔했다고 한다. 간은 우리 몸의 거름망과 같다. 보통 때 같으면 할 수 없는 말이나 행동을 아무렇지도 않게 해치울 때, 간이 부었다거나 간이 배 밖으로 나왔다고 말한다. 간에 기별도 안 간다는 말은 먹은 것이 하도 적어서 소화기를 거쳐 간에까지 전달될 것도 없다는 뜻이다.

담(膽), 즉 쓸개는 어떤 일을 결단하고 판단하는 기능을 맡는다. 옛 사람들은 진정한 용기가 쓸개에서 나온다고 믿었다. 제갈공명의 부하 중에 강유(姜維)라는 사람이 있었다. 사람들은 그를 용맹의 화신

肝
膽

으로 여겼나. 제갈공명이 죽은 뒤 상내국에 항복하였던 그는 반란을 도모하다가 장렬히 전사하였다. 사람들은 그의 쓸개가 얼마나 큰지 궁금하여 배를 갈라 보았는데, 정말 그 크기가 한 말[斗]이나 되었다고 한다. 말 그대로 그는 대담(大膽)한 사람이었던 것이다.

과감하게 밀어붙이면 대담(大膽)하다고 하고, 무서운 것을 모르면 담력(膽力)이 세다고 한다. 반대로 줏대가 없어 결단을 내리지 못하고 이리저리 왔다갔다하는 비겁한 사람을 '쓸개 빠진 사람'이라고 한다. 쓸개는 우리 몸에서 저울추처럼 균형을 잡아 주는 역할을 한다. 자기 중심을 못 잡고 우왕좌왕(右往左往)하는 사람을 간에 붙었다 쓸개에 붙었다 한다고 말한다.

간담이 서늘해질 정도의 용기는 어렵더라도 우리는 대담(大膽)하

오장육부(五臟六腑)

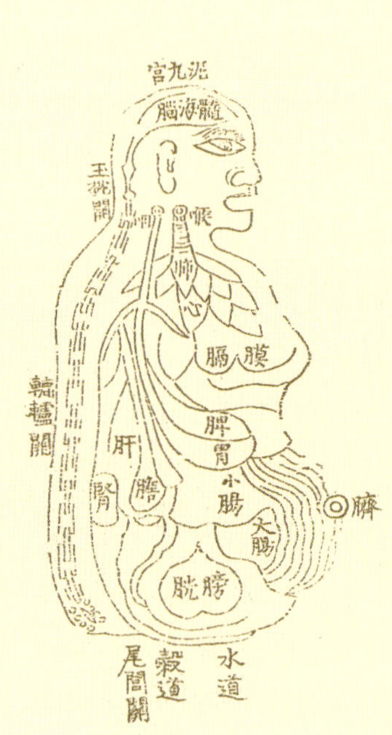

신형도(身形圖)

옆의 그림은 허준(許浚)의 《동의보감(東醫寶鑑)》에 실려 있는 신형도(身形圖)이다. 그가 그린 인체의 오장육부(五臟六腑) 그림은 너무나 거칠고 소략(疏略)하다. 그래서 학자들은 그가 지리산 동굴에서 인체(人體)를 실제로 해부(解剖)하였다는 이야기를 믿지 않는다.

장(臟)은 육달 월(月)과 장(藏)이 합쳐진 글자이다. 장(藏)은 감춘다는 뜻이다. 그러니까 장(臟)은 몸 안에 감추어진 기관이다. 오장(五臟)은 간장(肝臟:간)·심장(心臟:염통)·비장(脾臟:지라)·폐장(肺臟:허파)·신장(腎臟:쓸개)이고, 육부(六腑)는 대장(大腸)·소장(小腸)·담(膽)·위(胃)·방광(膀胱)·삼초(三焦)를 말한다.

게 의로운 길을 향하여 뚜벅뚜벅 걸어가야 하겠다. 주견(主見) 없이 간에 붙었다 쓸개에 붙었다 하는 소인배(小人輩)의 행동은 결코 오래 가지 못한다.

| 한심(寒心), 심장이 차가워지면? |

남이 하는 일이 자기 성에 차지 않을 때, 한심(寒心)하다고 말한다. 한(寒)은 춥다는 뜻이다. 사람이 집 안에서 거적을 덮고 누운 모습을 표현한 글자이다. 밑의 팔(八)은 두 다리를, 아래쪽의 점 두 개는 얼음, 곧 춥다는 뜻을 나타낸다. 발을 내놓고 거적만 덮고 자니 얼마나 춥겠는가.

심(心)은 심장의 모양을 그린 것이다. 옛 사람들은 심장이 인간의 마음을 주관한다고 믿었다. 《열자(列子)》란 책에는 이런 이야기가 나온다. 중국 고대의 전설적인 명의(名醫)인 편작(扁鵲)*이 두 사람의 심장을 바꾸는 수술을 하였다. 그랬더니 각자 집을 바꿔 찾아가고, 자기 가족도 몰라보더라고 하였다. 옛 사람들이 심장의 기능을 어떻게 생각하고 있었는지 잘 보여 주는 이야기다. 심(心)이 심장을 나타내면서 '마음'이란 뜻을 갖게 된 데는 이런 이유가 있다.

심장 속에는 뜨거운 피가 흐른다. 한심(寒心)은 심장이 차다는 뜻이다. 심장이 차가워지는 것은 그만큼 혈액 순환이 느려져서 기능이 저하(低下)되었기 때문이다. 심장이 차니 의욕이 없어질 것은 당연하다. 조금 더 심해지면 기가 막혀 말도 안 나오게 된다. 한심한 사람이나 한심한 일 처리를 보면 도무지 일할 맛이 안 난다. 하지만 희망이나 설렘으로 인해 가슴이 더워지면 심장 박동이 빨라져서 가슴이 벅차게 되고, 진한 감동을 받으면 가슴이 뻐근해지기까지 한다. 무슨 일이든 한심한 태도를 버리고 열심(熱心)히 임해야 한다.

편작(扁鵲)

종래의 주술적(呪術的) 의술을 바꾸어 경험을 토대로 한 치료를 행했고, 환자의 오장(五臟)을 투시하는 경지에까지 이르렀다고 전한다.

마음 심(心)
심장의 모양이다.

| 애끊는 단장(斷腸) |

동진(東晉)의 환온(桓溫)이 장강(長江)의 삼협(三峽)을 지날 때, 한 병사가 장난삼아 새끼 원숭이 한 마리를 잡아 왔다. 어미 원숭이는 슬피 울며 환온이 탄 배를 쫓아 천여 리를 따라왔다. 배가 강가에 다가들자, 어미 원숭이는 배 위로 뛰어올라왔지만, 안타깝고 지친 나머지 그만 죽고 말았다. 배에 있던 자들이 원숭이의 배를 갈라 보니 창자가 마디마디 끊어져 있었다. 단장(斷腸)이란 말이 여기에서 나왔다.

유행가에도 〈단장의 미아리 고개〉란 노래가 있다. 6·25 전쟁 때 인민군에게 끌려간 남편을 애타게 그리워하며 부른 노래이다. 단장(斷腸)이란 말 그대로 창자가 끊어졌다[斷]는 말이다. 창자의 순 우리말은 '애'이다. 단장의 우리말 표현은 '애끊다'이다. 애가 타다, 애가 마르다, 애가 녹다 등도 모두 지극한 슬픔과 안타까움을 나타낼 때 자주 쓰는 표현이다. 실제로 견디기 힘든 스트레스로 장이 파열(破裂)되는 경우가 없지 않다.

명나라 주첨기(朱瞻基)의
〈원숭이 모자(母子)〉

새끼를 사랑스레 안고 있는
어미 원숭이를 그렸다.

감정을 나타내는 신체와 관련된 우리말 표현

만족감 : 입이 벌어지다.
부끄러움 : 귀밑이 빨개지다.
조바심 : 발을 동동 구르다.
흥분 : 손에 땀을 쥐다.
죄의식 : 발이 저리다.
기쁨 : 가슴이 설레다.
슬픔 : 가슴이 아프다.
두려움 : 간이 콩알만해지다. 등골이 오싹하다.
근심 걱정 : 애가 탄다. 애간장이 녹는다. 간이 떨린다.
놀람 : 간이 철렁하다. 간담이 서늘하다.
욕심 : 간이 부었다.

斷腸

　　제정신이 아닌 듯이 하는 행동을 두고 환장(換腸)하였다고 한다. 환장은 창자가 뒤집힌[換] 것을 말한다. 창자는 연동운동(蠕動運動)에 의해 음식물을 아래쪽으로 실어 나른다. 환장을 하게 되면 먹은 음식물이 내려가지 않거나 위쪽으로 올라오거나 하는 바람에 창자가 배배 꼬이게 되어 심한 복통(腹痛)을 일으킨다. 환장을 하게 되면 눈에 보이는 것이 없다.

　　창자는 배 안에 있으므로 '배알' 또는 '밸'이라고도 한다. 환장하였다는 것은 그러니까 배알이 뒤틀리거나 밸이 꼬인다는 말이다. 무엇인가 문제가 생겨 불편할 때도 이런 말을 쓴다. 낮고 더러운 말로는 창자를 똥줄이라고도 한다. 똥줄이 빠져라 도망친다는 것은 창자가 튀어나올 정도로 다급하게 달아난다는 말이다. 몹시 초조하거나 불안하면 똥줄이 탄다고 말하기도 한다.

돌에 새긴 전서(篆書)

진시황(秦始皇)이 천하를 통일하면서 청동기의 제작은 점차 줄어들었다. 진시황은 문자의 통일을 위해 지역마다 다르게 쓰던 글자꼴을 정비하였다. 이렇게 해서 표준 글꼴이 만들어졌는데, 이것이 바로 전서(篆書)이다. 약간 길쭉하면서 좌우 대칭을 이루고 있는 근엄한 모양을 갖춘 글자체였다.

진시황이 천하를 통일한 후 천하를 순행(巡幸)할 때 기념으로 새긴 비석이 태산각석(泰山刻石)과 역산비(嶧山碑) 등이다. 당시 승상이었던 이사(李斯)가 썼다고 전해지는 글씨이다. 여기에 쓰여진 글자를 전서 중에서도 소전(小篆)이라 한다.

청나라 때 서예가 등석여(鄧石如)가 전서로 쓴 《반야심경(般若心經)》의 앞부분. 매 글자 옆에 대조하여 보기 쉽게 해서(楷書)로 써 놓았다.

전(篆)이란 글자는 붓을 끌어당겨서 쓴다는 뜻이다. 전서는 글자의 획이 변화 없이 일정하고 균제미(均齊美)를 추구하여, 장중하고 화려한 맛은 있으나 실제의 쓰임에는 어려움이 많았다. 그래서 문화의 발전과 함께 문자 생활의 기회가 잦아지면서 간편한 예서로 점차 바뀌게 되었다.

후대에도 전서는 많은 서예가들에 의해 작품화되었다. 또 지금도 비석을 세울 때 맨 위에 비석의 이름만은 꼭 전서(篆書)로 쓰고, 이를 비석 머리에 얹은 전서라 하여 두전(頭篆)이라고 하였다. 도장을 팔 때도 꼭 전서체로 쓴다. 그래서 도장을 새기는 것을 전각(篆刻)이라고 한다.

실제로 이 전서체가 오늘날 글씨의 원형이 된다. 글자의 자원(字源)을 이해하려면 이 전서의 형태를 공부하지 않으면 안 된다.

진나라 이사(李斯)가 쓴 태산각석(泰山刻石)의 앞 부분. '사신거질어사(斯臣去疾御史)'란 여섯 글자가 새겨져 있다. 한 글자 한 글자 맞춰 보면 오늘날 쓰는 글자와 그다지 큰 차이가 없음을 느낄 수 있다.

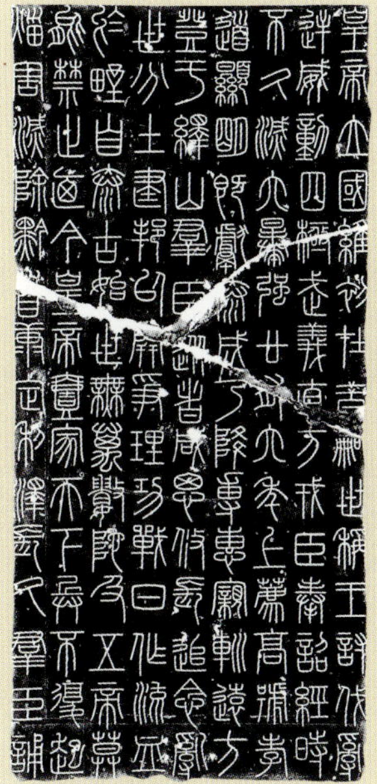

송나라 때인 993년에 다시 새긴 역산비(嶧山碑)의 앞면 탁본. 원래 비석은 기원전 219년에 쓴 것인데 산불로 훼손되었다.

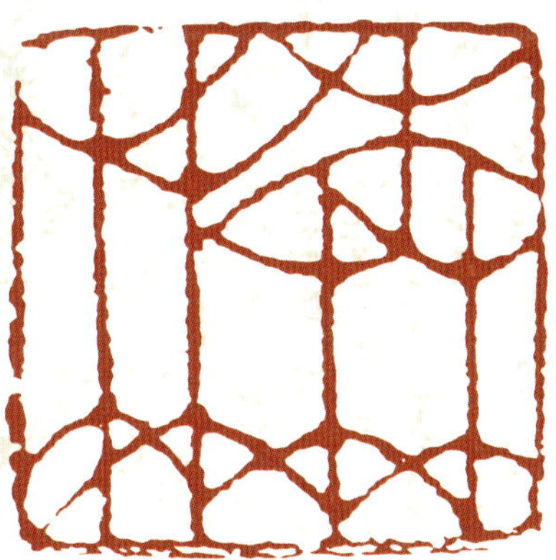

삼림(森林)이란 두 글자를 새긴 안광석의 전각 작품이다.

四 사람의 마음

사람의 마음 속에는 무엇이 담겨 있을까? 하루에도 수많은 생각들이 일어났다가 사라진다. 기쁨과 슬픔, 희망과 공포가 때때로 밀려오고 밀려간다. 사랑하는 사람은 못 만나서 괴롭고, 미워하는 사람은 만나서 괴롭다. 부모와 자식 사이의 정, 남녀간의 사랑, 친구끼리의 우정, 이런 복잡한 감정들이 인생의 강물 속에 뒤섞여 흘러간다.

1 기쁨과 슬픔

모두들 **희희낙락**하며 기뻐 어쩔 줄 몰랐다.
그들은 모두 **박장대소**하며 즐거워하였다.
할머니께서 돌아가시자 가족 모두 **비통**에 잠겼다.
한낱 **기우**에 불과하니 너무 걱정하지 마라.

喜喜樂樂

| 희희낙락(喜喜樂樂)하다 보니 |

매우 기쁘고 즐거울 때 희희낙락(喜喜樂樂)한다고 한다. 기쁠 희(喜)자를 겹쳐 쓰고, 즐거울 락(樂)자를 포개어 썼다. 한자말에서 이렇게 같은 글자를 겹쳐서 쓰면 강조의 의미가 된다.

기쁨과 즐거움을 나타내는 두 글자는 비슷하지만 다르다. 희(喜)자는 북 고(鼓)와 입 구(口)를 합친 글자이다. 북소리에 맞추어 노래 부르는 모양이다. 하나만 가지고는 부족하게 여겨 아예 기쁠 희(喜)자를 두 개 나란히 붙여 써서 큰 기쁨을 나타내는 쌍희 희(囍)자를 만들기도 하였다. 기쁜 일이 언제나 넘치도록 생기기를 바라는 마음을 담은 것이다.

즐거울 락(樂)자는 거문고 같은 현악기에 북[白]의 모양을 더한 상형자이다. 기쁨의 감정이 북을 치며 노래하듯 순간적이라면, 즐거움은 거문고 가락처럼 오래 지속된다.

즐거움에는 여러 가지가 있다. 맛난 음식을 찾아다니는 식도락(食道樂)이 있고, 좋은 계절에 아름다운 경치를 찾아다니는 행락(行樂)도 있다. 하지만 열심히 공부하는 데서 얻는 즐거움보다 더 큰 기쁨

'희(囍)'자를 수놓은 습(拾)

습은 활을 쏠 때 소매를 걷어 매는 띠이다.

쌍희 희(囍)자로 새긴 문자 도안

기쁠 희(喜)자를 두 개 나란히 붙여 쓴 쌍희 희(囍)자 도안에는 기쁜 일이
가득가득 생기기를 바라는 마음이 담겨 있다.

경복궁 전각 벽면의 쌍희 희(囍)자 도안

겹쳐서 쓰는 한자어[疊語(첩어)]

戰戰兢兢
전 전 긍 긍

두려워 삼가는 모양. 전(戰)은 싸운다는 뜻이지만, 두려워 떤다는 뜻도 있다. 긍(兢)도 조심한다, 떤다는 뜻이다.

明明白白
명 명 백 백

너무도 분명한 모양. 아주 명백하여 의심할 여지가 없음을 이른다. 명백(明白)을 강조해 쓰는 말이다.

坊坊曲曲
방 방 곡 곡

곳곳마다, 한 군데도 빠짐없이. 방(坊)과 곡(曲)은 예전 마을의 행정 단위를 나타내던 말이다.

正正堂堂
정 정 당 당

공정하고 떳떳함. 당당(堂堂)은 당당하다는 뜻이다.

浩浩蕩蕩
호 호 탕 탕

거침없어 걸릴 것 없는 모양. 호탕(浩蕩)을 강조해 쓰는 말이다.

是是非非
시 시 비 비

옳고 그름. 시비(是非), 즉 잘잘못을 따지는 것이다.

虛虛實實
허 허 실 실

적의 허(虛)를 찌르고 실(實)을 꾀하는 계책으로 싸우는 모양을 이른다. 즉, 예상을 뒤집어 상대의 의표를 찌르는 것을 말한다.

은 없다. 공자의 제자 안회(顔回)는 집안이 매우 가난하였지만 처지를 탓하지 않고 열심히 공부하였다. 29세가 되자 그의 머리는 온통 희게 되고 말았다. 그의 학문은 스승인 공자조차도 높게 평가하였다. 그래서 안회처럼 가난을 오히려 편안하게 여기면서 배움을 즐기는 태도를 안빈낙도(安貧樂道)라고 말한다. 맛있는 음식이나 화려한 생활이 주는 즐거움은 잠깐뿐이지만, 정신의 넉넉함에서 얻는 즐거움은 점점 커져만 간다.

| 손뼉치며 웃는 박장대소(拍掌大笑) |

웃음은 인간만의 특권이다. 동물은 기뻐도 웃을 줄 모른다. 일소일소(一笑一少), 일노일로(一怒一老)란 말이 있다. 한 번 웃으면 그 때마다 한 번씩 젊어지고, 한 번 성내면 그 때마다 한 번씩 늙는다는 말이다. 웃을 때보다 찡그릴 때 훨씬 많은 근육이 사용된다고 한다. 웃으면 혈압이 떨어지고 심장 박동 수가 증가한다. 혈액 순환이 좋아질 뿐 아니라 세포에 더 많은 산소와 영양분을 공급해 준다. 젊고 건강하게 살고 싶다면 화내지 말고 웃으며 살 일이다.

그래서 옛 사람들은 흔히 소문만복래(笑門萬福來)라고 말하곤 하였다. 웃는 집 대문으로는 온갖 복이 들어온다는 말이다. 예전에는 입춘(立春)이 되면 대문에 이 글귀를 써 붙여, 한 해 동안 웃고 지내며 만복을 누릴 수 있기를 바랐다.

웃을 소(笑)는 대 죽(竹)과 나긋하다는 의미의 요(夭)가 결합된 모습이다. 대나무가 바람에 흔들리는 모습에서 사람이 나긋하게 웃는 모습으로 바뀌었다. 소(笑)는 웃는다는 뜻이지만 비웃는다는 의미로 쓰기도 한다.

웃음에도 여러 가지가 있다. 빙그레 웃는 것은 미소(微笑), 단지 입

안회(顔回, B. C. 521~490)

중국 춘추 시대의 유학자. 빈궁한 생활을 하였으나 학덕(學德)이 뛰어난 사람으로 칭송을 받았다.

拍掌大笑

입춘(立春)에 써 붙이는 글

구한말, 입춘방(立春榜) 앞에 서 있는 아이들

24절기의 첫 번째인 입춘은 양력(陽曆)으로는 2월 4일경이다. 이 날이 되면 사람들은 대문 양쪽에 축하 혹은 소망을 담은 글귀를 써서 붙였다. 이것을 입춘방(立春榜)이라고 하였다. 일반적으로 집안에서 글씨를 막 배운 어린이가 입춘방을 썼다. 보통 소문만복래(笑門萬福來)와 대구를 맞추어 소지황금출(掃地黃金出), 즉 땅[地]을 쓸면[掃] 황금(黃金)이 나온다[出]는 말을 적었다. 왼쪽 사진에는 입춘대길(立春大吉), 건양다경(建陽多慶)이라고 입춘방을 써 놓았다.

웃음에는 미소(微笑), 함소(含笑), 고소(苦笑), 실소(失笑), 봉복절도(捧腹絶倒) 등 여러 가지가 있다.

가에 웃음을 머금은 것은 함소(含笑)다. 쓴 웃음은 고소(苦笑)고, 차가운 웃음은 냉소(冷笑)다. 어이가 없어 웃는 것은 실소(失笑)고, 조소(嘲笑)는 조롱하여 비웃는 것이다.

크게 웃는 것은 대소(大笑)다. 그 중에서도 손뼉을 쳐가며 크게 웃는 것은 박장대소(拍掌大笑)라 한다. 껄껄대며 크게 웃는 것은 가가대소(呵呵大笑)다. 얼굴 표정이 일그러질 정도로 크게 웃는 것은 파안대소(破顔大笑)다. 아예 배를 잡고 데굴데굴 구르며 웃는 것은 포복절도(抱腹絶倒) 또는 봉복절도(捧腹絶倒)라 한다.

| 슬픔과 비애(悲哀) |

사람은 살면서 다양한 슬픔을 경험한다. 이별과 죽음, 우환(憂患)과 질병 앞에서 우리는 슬픔을 느낀다. 슬픔을 나타내는 글자는 여럿이 있다. 비(悲)·애(哀)·출(怵)·처(悽)·도(悼)·측(惻)·창(愴)·통(慟) 등은 모두 슬픔과 관련된 글자들이다.

가장 흔히 쓰는 것은 비(悲)와 애(哀)다. 비(悲)자는 아닐 비(非)와 마음 심(心)을 합한 글자이다. 비(非)는 본래 날개의 깃[羽]이 서로 등을 맞댄 모습이다. 깃이 각기 다른 방향을 취하고 있으면 날 수가 없다. 곧 그릇되거나 틀리게 된다. 슬픔이란 마음이 뒤틀린 상황, 아니라고 부정하고 싶은 상태인 셈이다. 애(哀)는 입 구(口)와 옷 의(衣)를 합쳐서 만들었다. 옷깃으로 입을 가리며 우는 모습이다.

흔히 슬픔을 가리키는 한자말로 비애(悲哀)라는 표현을 쓴다. 슬픔이 지극하면 아픔이 된다. 아플 정도의 슬픔은 애통(哀痛) 또는 비통(悲痛)이라 한다. 죽은 사람을 두고 슬퍼하는 것은 애도(哀悼)이다.

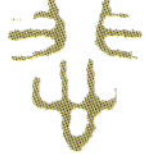

슬플 비(悲)

그릇되거나 틀리게 된 마음 상태를 뜻한다.

슬플 애(哀)

옷깃으로 입을 가리며 우는 모습이다.

悲哀

베토벤(왼쪽)과 차이코프스키(오른쪽)

베토벤의 피아노 소나타 〈비창(悲愴)〉과 차이코프스키의 교향곡 〈비창(悲愴)〉에는 인간의 슬픈 감정이 잘 표현되어 있다.

杞憂 ― 老婆心

근심 우(憂)

두 손으로 머리를 감싼 채
걸고 있는 사람의 모습이다.

무엇인가 허선한 듯 서글픈 감정을 비창(悲愴)이라 한다. 베토벤은 피아노 소나타 〈비창(悲愴, Dathetique)〉을, 차이코프스키는 교향곡 〈비창(悲愴, Pathetique)〉을 작곡하였다.

애이불비(哀而不悲)라는 말이 있다. 글자 그대로 풀이하면 '슬퍼하되 슬퍼하지 않는다'는 말이다. 같은 슬픔이라도 애(哀)와 비(悲)의 슬픔이 정도가 다르기 때문에 이런 말이 나왔다. 애(哀)는 속으로 삭여 드러내지 않는 슬픔이고, 비(悲)는 다른 사람도 충분히 알 수 있을 만큼 겉으로 드러나는 슬픔이다.

| 기우(杞憂)와 노파심(老婆心) |

근심(勤心)은 마음을 부지런히[勤] 쓰는 것이다. 다른 말로는 우환(憂患)이라고 한다. 우(憂)와 환(患)은 둘 다 근심을 뜻하는 말이지만, 성격은 조금 다르다. 우(憂)는 주로 정신적인 근심에 쓰고, 환(患)은 육체적 걱정에 쓴다. 우(憂)자가 들어 있는 우려(憂慮), 우수(憂愁)와 같은 말과, 환(患)자가 들어 있는 병환(病患)이나 환자(患者) 같은 말을 비교해 보면 금세 알 수 있다. 수(愁)자도 자주 쓰는데, 이 역시 마음 속에 깃든 근심을 말할 때 쓴다.

우(憂)자의 윗부분은 머리 혈(頁)의 변형이다. 가운데 부분의 심(心)은 여기서는 두 손으로 머리를 감싼 모양을 나타낸다. 아래의 천천히 걸을 쇠(夊)자는 발 지(止)자에서 나왔다. 이 셋을 합치면 우(憂)는 두 손으로 머리를 감싼 채 걷고 있는 사람이 된다. 환(患)자는 꿸 관(串)자에 마음 심(心)자를 합해 만들었다. 마음이 무엇인가에 꿰여 이리저리 끌려다니는 모양이다.

근심 중에는 나라 일을 염려하는 우국(憂國)도 있고, 쓸데없이 안 해도 될 걱정을 사서 하는 기우(杞憂)도 있다. 기우(杞憂)란 말은 예전 중국 기(杞) 땅에 살던 사람이 날마다 하늘이 무너지면 어찌하나 땅이 꺼지면 어찌하나 하고 걱정한 나머지 먹지도 자지도 못할 지경이었다는 데서 나왔다.

이와 비슷하게 공연히 남의 일을 지나치게 걱정하는 마음을 일러 노파심(老婆心)이라 한다. 노파(老婆)는 할머니이다. 그러니까 노파심은 할머니의 마음이다. 할머니의 마음 속에는 걱정 근심뿐이다. 다 큰 자식이라도 아침에 집을 나설 때는 언제나 '차조심하라'는 당부를 잊지 않는다. 세상을 살아오면서 온갖 종류의 일을 다 겪어 보았기에, 언제나 조심(操心)스럽다.

《주역》에서는 "타고난 삶을 즐거워하고 운명을 알기 때문에 근심하지 않는다[樂天知命 故不憂]."고 하였고, 《성경》에서는 "공중을 나는 새와 들판의 백합을 보라. 기르고 거두는 사람이 없이도 아무 근심이 없다."고 하였다. 사람이 하는 근심 가운데 열에 아홉이 실제로는 일어나지 않는다는 연구 결과도 있다. 내일 일은 내일 걱정하고 오늘 내게 맡겨진 일에 최선을 다하는 것은 어떨까?

근심 환(患)

마음이 무엇인가에 꿰여 이리저리 끌려다니는 모양이다.

노파심(老婆心)

오랫동안 살면서 온갖 일을 겪어 보았기에 언제나 조심스럽고 걱정 근심이 많은 할머니의 마음이 노파심(老婆心)이다.

로댕의 〈생각하는 사람〉

이 조각상의 주인공은 상(想) · 사(思) · 념(念) 중
어떤 생각을 하고 있을까?

여러 종류의 생각

기쁨과 즐거움, 근심과 걱정은 모두 마음에서 생겨난다. 마음[心]은 본래 텅 빈 것이다. 마음에 이런저런 생각들이 얼룩지면 그것이 작용하여 감정이 나타난다.

생각을 뜻하는 한자에는 상(想) · 사(思) · 념(念) 등이 있다. 상(想)은 형상과 함께 떠오르는 생각이다. 사(思)는 머리로 따져서 하는 생각이다. 염(念)은 지금[今] 내 머리에서 떠나지 않는 생각이다. 같은 생각이지만 그 알맹이는 같지 않다.

상(想)은 퍼뜩 떠오른 생각이다. 생각이 퍼뜩 떠오르는 것을 상기(想起)라 하고, 이것을 보고 저것이 떠오르면 연상(聯想)이라 한다. 사(思)는 곰곰이 하는 생각이다. 그래서 사고(思考)한다고 하지, 상고(想考)하거나 염고(念考)한다고 말하지 않는다. 사려(思慮) 깊게 행동해야지, 염려(念慮) 깊고 상려(想慮) 깊게 행동하면 안 된다. 염(念)은 맴돌며 떠나지 않는 생각이다. 염두(念頭)에 두기는 해도 상두(想頭)나 사두(思頭)에 두지 않는다. 문득 떠오른 생각이 머리를 떠나지 않으면 상념(想念)이 되고, 떠나지 않는 생각이 바람이 될 때 염원(念願)이 된다. 같은 생각이되 같지가 않다.

하루에도 오만 가지 생각이 마음 속을 들락날락한다. 눈만 감으면 갖은 상념(想念)이 떠올라 사념(思念)이 끝이 없다. 가만 놔 두면 생각은 괴물처럼 커져서 마침내 나를 잡아먹고 내 영혼을 숨막히게 한다. 생각의 노예가 되면 마음은 종이 되어 생각의 부림을 받는다. 질질 끌려 다니게 된다. 마침내 마음이 떠나가 얼 빠지고 넋 나간 얼간이가 된다. 내가 내 마음의 주인이 되면 생각이 정돈되고, 근심이 사라진다.

忌(기)―꺼리다, 삼가다

몸 기(己)가 음을 나타낸다. 도덕과 규범을 잘 지키기 위해서는 자신의 몸과 마음을 삼가고 조심해야 한다는 뜻이다.

忍(인)―참다

칼날의 모양을 나타낸 인(刃)이 음의 구실을 한다. 심장에 칼날이 꽂힐 정도의 아픔을 잘 견디고 참는다는 뜻이다.

志(지)―뜻, 향하다

윗부분의 사(士)는 본래 갈 지(之)자를 썼다. 마음이 간다는 뜻이다.

마음[心]과 관련된 한자

忘(망)―잊다

없을 망(亡)이 음의 역할을 한다. 마음 속에 아무 생각이 없는[亡] 상태를 말한다.

忠(충)―충성

가운데 중(中)이 음을 나타낸다. 깊은 속마음에서 우러난 생각이 곧 충성이다.

性(성)―성품, 바탕

사람이 태어날[生] 때부터 지니고 있는 마음[心]이라는 뜻이다.

恥(치)―부끄럽다

다른 사람이 자신의 잘못에 대하여 지적하는 말을 듣고 부끄러워한다는 의미이다.

怒(노)―화내다, 노하다

종 노(奴)자가 음의 구실을 한다. 힘든 일을 하여도 대접받지 못하는 노비의 마음에서 화낸다는 뜻이 나왔다.

悶(민)―번민하다

글자 모양이, 문(門) 안에 갇힌 마음[心]을 나타낸다. 얼마나 답답하고 고민스럽겠는가?

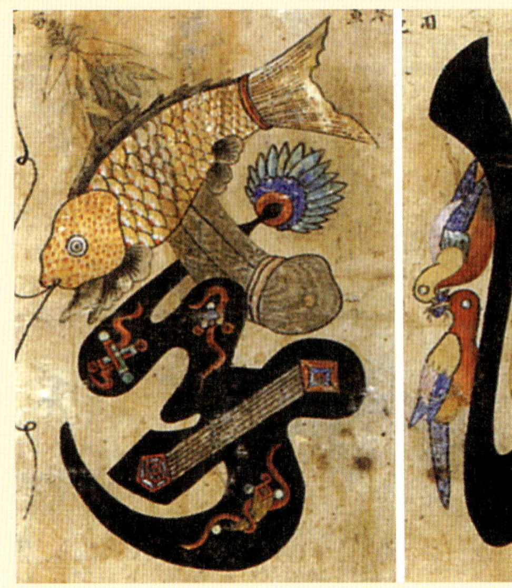

효(孝)   제(悌)

글자로 그린 그림

예전 그림 중에 문자도(文字圖)란 것이 있다. 대개는 사람이면 누구나 지켜야 할 삼강오륜(三綱五倫)과 관련된 문자를 그림 형태로 표현한 것이다. 제일 많이 볼 수 있는 것이 효(孝)·제(悌)·충(忠)·신(信)·예(禮)·의(義)·염(廉)·치(恥) 여덟 자이다.

이 가운데 효제충신(孝悌忠信) 넉 자가 그려진 그림을 보자. 효(孝) 그림에는 예전 효자 전설과 관련된 잉어와 밀감, 죽순 등이 그려져 있다. 제(悌)는 형제간의 우애를 나타내는 그림으로, 활짝 핀 산앵두나무 꽃과 형제의 위급함을 돕는다는 할미새가 그려져 있다. 충(忠) 그림에는 과거에 급제하여 관직에 오른다는 등용문(登龍門) 전설과 관계된 용 그림이 그려져 있다. 새우나 조개처럼 딱딱한 껍질을 지닌 것

목숨 수(壽)자 모양의 복숭아 나무를 지고 가는 흰말 그림.
장수(長壽)를 축원했다.

충(忠)

신(信)

은 충성스러운 신하의 굳센 절개를 상징한다. 신(信) 그림에는 소식
을 전하는 파랑새와 흰기러기가 입에 편지를 물고 있다.

　이런 그림들을 병풍으로 꾸며 펼쳐 놓고, 그 글자 속에 담긴 깊은
뜻을 새기고 또 되새겼다. 또 옆면 아래쪽의 그림은 상서로움을 상징
하는 흰말이 장수를 상징하는 복숭아 나뭇가지를 등에 얹고 선동(仙
童)의 인도를 받아 가는 모습을 그렸다. 그런데 나뭇가지의 모양이 초
서로 쓴 목숨 수(壽)자 모양이다. 오른쪽 그림에서는 신성(神聖)과 생
산력을 상징하는 외뿔소가 초서로 쓴 복 복(福)자 모양의 나무를 지고
간다. 나무는 씨가 많아 다산(多産)을 상징하는 석류(石榴)인 것이 흥
미롭다. 수(壽)와 복(福) 그림은 한 쌍으로 그려졌다.

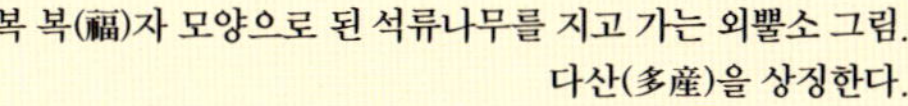

복 복(福)자 모양으로 된 석류나무를 지고 가는 외뿔소 그림.
다산(多産)을 상징한다.

2 | 사랑의 표현

부부 금슬이 참 좋으시군요.
비익조와 같은 사랑을 나누십시오.
어머님의 의문망을 어이 잊을 수 있으랴.
임금 향한 규심은 변함 없으리.

琴瑟

사랑 애(愛)

| 금슬(琴瑟) 좋은 부부 |

사랑은 인간에게 가장 소중한 가치 가운데 하나이다. 사랑이 없는 세상은 삭막한 사막과도 같다. 사랑 애(愛)자는 '머리를 돌려 남을 생각하는 마음'이다. 꿇어앉아 머리를 돌린 형상인 목멜 기(旡)자와 마음 심(心)자를 합한 글자이다. 사랑은 자신 아닌 남을 먼저 생각하고 걱정하는 마음이다. 꽃을 좋아하면 꽃을 꺾을 수 있지만, 꽃을 사랑하는 사람은 차마 꽃을 꺾지 못하고 잘 자라게끔 물을 준다. 사랑이란 나누고 베푸는 마음이다. 더 주고만 싶고 늘 함께 하고 싶다. 그래서 마침내는 둘이 합하여 하나가 되는 마음이다.

다정한 부부 사이를 말할 때 흔히 금슬(琴瑟)이 좋다고 말한다. 금슬을 금실이라고도 하는데, 같은 의미이다. 금(琴)과 슬(瑟)은 서로 다른 악기의 이름이다. 금(琴)은 거문고이다. 다섯 줄 혹은 일곱 줄로 되어 있다. 슬(瑟)도 거문고의 일종인데, 금(琴)보다 훨씬 크다. 줄이 매우 많아서 열다섯, 열아홉, 스물다섯, 스물일곱 개 등 다양한 종류가 있다.

고대에 음악을 연주할 때 금과 슬은 꼭 붙어 다녔다. 둘이 조화를 잘 이루어야만 아름다운 음악을 연주할 수 있었다. 그래서 금과 슬이 서로 화답한다는 뜻의 '금슬상화(琴瑟相和)'나 '금슬지락(琴瑟之樂)'과 같은 말이 생겨났다. 일반적으로 금(琴)은 크기가 작고 여성이 연주하는 악기였으므로 아내를 뜻하고, 슬(瑟)은 크기도 크고 남성이 연주하였으므로 남편을 상징한다.

금과 슬의 관계처럼 부부 사이도 서로 부족한 부분을 메워 주고 조화를 이루어 화합(和合)해야만 가정이 화목하게 되는 것이다. 금(琴)과 슬(瑟)이 조화를 이루지 못하고 불협화음(不協和音)을 내게 되면 듣기 싫은 시끄러운 소리가 나게 된다. 이런 것을 '금슬부조(琴瑟不調)', 즉 금과 슬이 조화롭지 못하다고 하여, 부부의 사이가 좋지 않은 것에 비유한다.

이렇게 악기 소리 하나에도 음양의 조화가 깃들어 있다. 제가끔 제 소리만 내면 조화는 순식간에 깨진다. 밀고 당기는 긴장도 때로 필요하고, 하나가 올라가면 하나는 내려가는 화합도 소중하다.

금슬(琴瑟)

중국 고대의 아악기로, 부부 사이의 화목한 즐거움을 비유하는 말로 쓰인다.

슬(瑟)

금(琴)

앞면   뒷면

거문고와 가야금

거문고는 한자로 검을 현(玄)자를 써서 현금(玄琴)이라 한다. '고'는 금(琴)의 우리 말이다. 그러니까 거문고는 현금(玄琴), 즉 '검은 고'가 변해서 된 말이다. 거문고는 오동나무로 만든다. 여섯 개의 줄을 걸어 왼손으로 줄을 짚고, 오른손의 술대를 튕겨 소리를 낸다. 고구려 때 왕산악(王山岳)이 중국의 칠현금(七絃琴)을 고쳐서 만들었다는 악기이다.

가야금(伽倻琴)은 말 그대로 가야(伽倻)의 금(琴)이다. 우리말로는 '가얏고'이다. 신라 진흥왕 때 가야국의 악사인 우륵(于勒)이 처음 만들었다고 전해진다. 모두 12줄을 세로로 걸고, 줄마다 기러기발[雁足]을 세워 음의 높낮이를 조절하였다. 오른손가락으로 줄의 윗부분을 튕기면서 왼손가락으로 기러기 발 바깥 부분을 눌렀다 놓았다 하면서 소리를 낸다. 거문고가 남성적인 악기인 데 반해, 가야금은 부드럽고 섬세한 여성적인 악기로 많은 사랑을 받았다.

▎하나 되는 사랑, 비익조(比翼鳥)와 연리지(連理枝)▎

부부간의 사랑을 비유하는 말에 '비익연리(比翼連理)'라는 말이 있다. 비익조(比翼鳥)라는 새와 연리지(連理枝)라는 나무를 합친 말이다. 이 말은 당나라 때 시인 백낙천(白樂天)이 지은 〈장한가(長恨歌)〉*에 나온다. 서로 사랑하는 남녀가 영원히 헤어지지 않기를 바라는 소망이 담겨 있다.

비익조(比翼鳥)에서 비(比)는 앞서 비견(比肩)·즐비(櫛比) 등의 말에서 보았듯 나란하다는 뜻이다. 익(翼)은 날개이다. 비익조(比翼鳥)는 전설 속의 새이다. 이 새는 눈도 하나요, 날개도 하나뿐이다. 그래서 암수 한 쌍이 한데 합쳐야만 양 옆을 제대로 볼 수 있고 날 수도 있다. 또 연리지(連理枝)의 리(理)는 '결'이라는 뜻이다. 연리지란 그러니까 나무결이 연결된 가지를 말한다. 뿌리가 서로 다른 나무가 허공

〈장한가(長恨歌)〉

중국 당대의 시인 백낙천이 현종(玄宗) 황제와 양귀비(楊貴妃)의 비련(悲戀)을 제재로 지은 서사적인 장가. 변화무쌍한 서사(敍事)의 사이사이로 사랑의 기쁨, 외로움, 괴로움 등의 서정(敍情)이 섬광처럼 번쩍이는 작품이다.

比翼鳥

하늘에선 원컨대 비익조가 되고요
땅에서는 연리지가 되길 바라요.

在天願作比翼鳥(재천원작비익조)
在地願爲連理枝(재지원위연리지)

―백낙천의 〈장한가(長恨歌)〉중에서―

충남 외연도의 동백나무 연리지

連理枝

비목어(比目魚)는 정말 눈이 하나뿐일까 ?

비익조(比翼鳥)와 비슷한 의미로 비목어(比目魚)란 물고기가 있다. 글자대로 풀이하면 '눈이 나란한 고기'가 된다. 류시화는 〈외눈박이 물고기의 사랑〉이란 시에서 이 물고기를 소재로 "두눈박이 물고기처럼 세상을 살기 위해 / 평생을 두 마리가 함께 붙어 다녔다는 / 외눈박이 물고기 비목(比目)처럼 사랑하고 싶다."고 노래하였다. 아마도 비익조(比翼鳥)에서 유추하여 비목어 또한 눈이 하나밖에 없으므로 암수가 서로 나란히 붙어야만 헤엄칠 수 있다고 생각한 듯하다.

비목어(比目魚)는 머리 한쪽으로 눈 두 개가 몰려 있는 납작한 몸의 가자미나 넙치, 광어와 같은 물고기를 가리키는 말이다. 이 물고기들은 눈이 한쪽으로 몰려 있기 때문에 반대편을 잘 볼 수가 없다. 그래서 서로 반대편에 눈이 달린 물고기가 붙어 다니며 서로 못 보는 부분을 도와 준다고 해서 역시 부부의 금슬을 나타내는 말로 쓰게 되었다.

머리 한쪽으로 눈 두 개가 몰려 있는 가자미

에서 만나 한 가지로 합쳐진 나무이다.

부부는 비록 다른 집안 다른 환경에서 나고 자랐지만, 결혼을 해서 한 가정을 이루게 되면 연리지(連理枝)처럼 한 몸을 이루어, 비익조(比翼鳥)와 같이 서로의 부족한 점을 채워 준다.

| 문 기대어 기다리는 맘, 의문망(倚門望) |

자식에 대한 부모의 사랑만큼 맹목적(盲目的)인 것이 있을까? 아낌없이 다 내어 주고도 더 주고 싶은 것이 자식을 향한 부모의 사랑이다. 하지만 그 사랑을 표현하는 방식은 아버지와 어머니가 서로 다르다.

아버지 부(父)는 도끼를 손에 쥐고 있는 사람을 본뜬 글자이다. 어머니 모(母)자는 젖을 물리고 있는 여자를 나타낸다. 아버지는 엄하시고, 어머니는 자애로우시니 엄부자모(嚴父慈母)란 말로 부모를 일컬었다.

어머니의 자식 사랑을 뜻하는 말에 '의문지망(倚門之望)'이 있다. 의자(倚子)에서 보듯 '의(倚)'란 기댄다는 뜻이다. 의문지망(倚門之望) 또는 의문망(倚門望)은 문에 기대서서 바라본다는 의미이다. 자식이 성장하여 먼 길을 떠나게 되면 어머니는 걱정되어 그 아들이 돌아올 때까지 문 밖에서 기다린다는 말이다.

양주동 선생이 작사한 〈어머니 마음〉은 "나실 제 괴로움 다 잊으시고, 기르실 제 밤낮으로 애쓰는 마음"으로 시작한다. 2절은 "어려선 안고 업고 얼러 주시고, 자라서는 문 기대어 기다리는 맘. 앓을사 그릇될사 자식 생각에, 고우시던 이마 위에 주름이 가득"이다. 이 가사 중의 '문 기대어 기다리는 맘'이 바로 의문망(倚門望)이다.

공자(孔子)는 "부모님이 살아 계실 때는 멀리 다니지 않고, 혹 가게 되면 반드시 가는 곳을 알려야 한다[父母在 不遠遊 遊必有方]."고 하였다. 자식이 다 커서 어른이 되어도 자식을 걱정하는 부모의 노파심(老婆心)은 가실 날이 없다.

의문망(倚門望)

자식을 기다리는 어머니의 사랑을 뜻하는 말이다.

임 향한 일편단심, 규심(葵心)

한결같은 사랑, 변함 없는 마음을 말할 때, 규심(葵心)이란 말을 쓴다. 특별히 임금을 향한 신하의 변함 없는 마음을 가리킨다. 사전을 찾아보면 규(葵)는 해바라기로 나온다. 그렇다면 규심(葵心)은 해바라기의 마음일 텐데, 사실 이 때 규(葵)는 해바라기가 아니라 흔히 식용 약초로 많이 먹는 아욱, 꽃으로는 아욱과의 접시꽃을 가리킨다.

아욱 잎은 늘 햇빛을 향하여 기우는 습성이 있다. 화분에 접시꽃을

해바라기

서양에서는 해바라기를 줏대 없이 권력 주변을 맴도는 사람 에 비유한다.

심어 놓고 일부러 햇빛의 빙향과 반대로 옮기면 접시꽃은 금방 시들 어 죽고 만다. 이처럼 접시꽃이 햇빛을 향해 고개를 숙이는 것은 마치 신하가 언제 어디서나 임금을 향해 고개를 숙이는 것과 같다고 해서, 접시꽃은 충성을 상징하는 의미를 갖게 되었다.

그런데 왜 접시꽃이 후대로 오면서 해바라기로 바뀌게 되었을까? 해바라기는 그야말로 해만 바라본다고 해서 붙여진 이름이다. 해바 라기는 16세기 이후에 스페인에서 중국으로 수입된 식물이다. 서양 에서는 이 꽃을 선플라워(sunflower)라고 부른다. 해바라기의 꽃 모 양이 태양을 닮았기 때문이다. 하지만 해바라기는 해를 바라보지도, 해를 향해 돌지도 않는다. 해바라기라는 이름과 향일규(向日葵)란 별 칭이 착각을 일으켜 이런 혼동을 낳았다. 서양에서는 해바라기를 오 히려 줏대 없이 권력 주변을 맴돌면서 기웃거리는 사람에 비유한다. 지금도 해바라기 같은 사람이란 오히려 출세를 위해 아첨을 일삼는 사람이란 뜻으로 쓰인다.

명나라 심주(沈周)의
〈접시꽃〉

접시꽃은 줄기를 타고 올라가 면서 꽃이 핀다.

미켈란젤로의 〈피에타(Pietà)〉

십자가에서 죽은 아들 예수를 안고 있는 마리아의 모습에서 자식에 대한 사랑으로 가슴 아파하는 어머니의 마음이 절절히 느껴진다.

사랑과 관련된 감정어

慈(자)―사랑하다, 자애

배불리 먹일 자(兹)가 음의 역할을 한다. 자식을 배불리 먹이고 싶어하는 어머니의 마음을 표현하였다.

戀(련)―사모하다, 그리워하다

말[言]을 끊임없이[絲] 주고받고 싶어하는 마음[心]을 나타냈다. 언(言) 양쪽에 있는 실 사(糸) 두 개를 실로 장식한 나팔 악기로 보는 견해도 있다.

慕(모)―그리워하다

윗부분의 저물 모(莫)가 음의 역할을 한다. 해가 저물자 먼 길에서 돌아올 사람을 생각하는 아련하고도 뭉클한 감정이다.

情(정)―정, 사랑

푸를 청(靑)이 음을 나타낸다. 하늘처럼 맑고 푸른 마음이 사람의 정이다.

憎(증)―미워하다

미움도 사랑의 다른 형태이다. 거듭 증(曾)이 음의 구실을 한다. 서운한 마음이 거듭 쌓인 모습에서 미워하다의 뜻이 나왔다.

思(사)―생각하다, 사모하다

윗부분의 전(田)자는 정수리를 뜻하는 신(囟)이 변한 글자이다. 생각은 머리[囟]와 가슴[心]으로 한다는 뜻이다.

3 우정과 신의

그는 나와 아주 **막역**한 사이일세.
자네는 내 **죽마고우**가 아닌가?
열 살의 나이 차를 극복하고 **망년지교**를 맺었다.
그는 지금껏 **지음**을 만나지 못하였다.

| 막역(莫逆)한 친구 |

　모든 것이 빠르게 변하고 새로운 것만 찾는 시대이다. 끊임없이 변하는 것들 속에서 사람들은 자꾸 불안해지고, 사람과 사람 사이에 믿음은 나날이 약해져만 간다. 옛말에 옷은 새 옷이 좋고, 사람은 묵을수록 좋다는 말이 있다.

　오랫동안 가깝게 사귄 벗을 친구(親舊)라고 한다. 친(親)은 가까이에서 본다는 뜻이고, 구(舊)는 옛날 또는 오래 되었다는 뜻을 가지고 있다. 그러니까 친구는 '가까이에서 오래 두고 본 사람'을 말한다.

　친구, 즉 벗을 뜻하는 한자에 붕우(朋友)가 있다. **붕(朋)**자는 조개를 끈으로 엮어 나란히 한 모양이다. 원래는 벗과 관계가 없었는데, 뒤에 친구의 의미로 바뀌었다. 한편, 붕(朋)이 날개 우(羽)자에서 나왔고, **우(友)**는 손 수(手)와 또 우(又)자를 합쳐 만들었다는 해석도 있다. 붕(朋)이 새의 양 날개를, 우(友)가 사람의 두 손을 뜻한다는 것이다. 진정한 친구란 새에게 두 날개가 있고 사람에게 양 손이 있는 것과 같이 서로에게 소중한 존재임을 말한다.

벗 붕(朋)

조개를 끈으로 엮어 나란히 한 모양 또는 새의 양 날개 모양이다.

벗 우(友)

붕(朋)이 새의 양 날개를 뜻한다면, 우(友)는 사람의 두 손을 뜻한다.

옛날에는 벗을 제이오(第二吾), 즉 제2의 나라고 하였다. 진정한 벗은 나보다 더 나를 잘 아는 사람이겠기에 이렇게 말하였다. 한편, 나를 위해 모든 것을 주선(周旋)해 주는 사람이라 하여 벗을 주선인(周旋人)이라고도 하였다.

아주 친하다는 뜻으로 막역(莫逆)이란 말을 잘 쓴다. 막(莫)은 아니라는 뜻이고, 역(逆)은 거스른다는 의미이다. 그러니까 막역은 서로를 너무나 잘 알아 서로 상대방의 뜻을 거스를 일이 없는 사이라는 말이다. 내가 어떤 행동을 하든지 간에 그는 이미 내 마음을 다 읽고 이해하니 따로 신경 쓸 일이 없는 벗이 막역한 벗이다.

인디언들에게 친구란 말은 '내 슬픔을 자기 등에 지고 가는 사람'이란 뜻이라 한다. 그러나 '천금(千金)을 얻기는 쉽지만 벗을 얻기는 어렵다'는 속담처럼, 동서고금(東西古今)을 떠나 진정한 친구를 얻기란 결코 쉽지가 않다.

莫逆

이항복(왼쪽)과 이덕형(오른쪽)

조선 중기의 뛰어난 문신(文臣)인 이항복(李恒福, 1556~1618)과 이덕형(李德馨, 1561~1613)은 '오성(鰲城)과 한음(漢陰)'의 일화를 남길 정도로 막역한 우정을 나누었다.

竹
馬
故
友

| 어린 날의 벗, 죽마고우(竹馬故友) |

죽마(竹馬)는 대나무 말이다. 고우(故友)는 옛 벗이다. 죽마는 대나무로 만든 말 모양의 완구가 아니라, 그냥 대나무를 다리 사이에 끼우고서 대나무의 탄력을 이용해서 마치 말이라도 탄 것처럼 이랴이랴 하며 노는 것을 말한다. 또는 두 개의 장대에 발판을 만들어, 마치 거인처럼 걷는 대나무를 죽마라고 하기도 한다. 그러니까 죽마고우란 소꿉장난을 같이 하며 자란 어린 시절의 친구라는 뜻이다. 이런 벗은 얼굴 표정만 보고도 서로 품은 생각을 다 알 수 있으니 막역(莫逆)의 사이가 된다.

살다 보면 많은 친구를 만난다. 만난 지 얼마 되지 않았는데 오래 전부터 사귄 벗처럼 편안하고 친근한 느낌을 주는 사람이 있는가 하면, 머리가 희도록 오랫동안 알고 지내 왔지만 한 번도 속마음을 털어놓지 않는 사람도 있다. 술자리에서만 친한 사람은 주우(酒友), 즉 술친구라고 한다. 또 얼굴만 알고 지내는 사람은 면우(面友)라고 한다. 이런 벗은 벗이라 할 수 없다. 필요할 때만 찾고, 쓸모가 없으면 거들떠보지 않는 벗은 벗이 아니다.

진정한 벗은 내가 정말 힘들 때 바위처럼 굳건히 서서 말없이 도와주는 사람이다. 그런 벗과의 사귐을 석교(石交)라 한다. 좋은 벗은 나의 인생을 기름지게 한다. 어린 시절부터 함께 기쁨과 슬픔을 나눈 죽마고우(竹馬故友)와 오랜 세월 동안 변치 않고 석교(石交)를 나눌 수만 있다면, 얼마나 기쁘고 보람 있는 일이겠는가?

어린 날, 대나무 말을 같이 타며 놀던 친구를 죽마고우(竹馬故友)라고 한다.

| 나이를 잊은 사귐, 망년지교(忘年之交) |

지금이야 한두 살만 많아도 선후배 대접을 깍듯이 하지만, 예전에는 아래위 열 살 이내로는 으레 벗으로 삼았다. 정말 마음이 통하는 사람들 사이에서 나이는 사실 큰 의미가 없다. 눈빛만 봐도 상대방의 마음을 읽을 수 있고, 말이 없이도 대화를 나눌 수 있는 사이라면 나이를 뛰어넘어 벗이라 할 수 있다.

이렇게 나이를 따지지 않고 사귀는 벗을 망년지교(忘年之交)라고 한다. 망(忘)은 잊는다는 것이니, 따지지 않는다는 말이다. 년(年)은 연령(年齡), 곧 나이를 뜻한다. 나이를 넘어서는 우정을 나누기가 말처럼 쉬운 것은 아니다. 공자의 제자 중에 안연(顔淵)*이란 사람은 다른 사람과 사귀기를 잘하였다. 그 방법은 바로 '구이경지(久而敬之)', 즉 오래 되어도 공경으로 그를 대하는 것이었다. 흔히 친하게 되면 친구에게 함부로 대하는 경향이 있다. 약속을 하고도 잘 지키지 않는다. 뭐라고 하면 "친구 사이에 그까짓 일로 뭘……."이라고 하며 대수롭지 않게 말한다. 이런 마음으로는 망년(忘年)의 사귐은커녕 막역(莫逆)의 사귐도 나눌 수가 없다.

| 지음(知音), 소리를 알아주는 벗 |

중국 전국 시대에 백아(伯牙)와 종자기(鍾子期)는 가까운 친구 사이였다. 백아는 거문고 연주로 이름난 음악가였다. 백아가 마음 속에 생각을 담아 이를 곡조에 얹어 연주하면, 종자기는 곁에서 묵묵히 듣고 있다가, 백아의 마음 속 생각을 알아맞히곤 하였다. 백아가 높은 산에 오르는 생각을 하며 연주를 하면, 종자기는 아득히 높은 것이 태산과 같다고 말하였고, 흐르는 강물을 떠올리며 연주하면 넘실대는 강물 소리가 들리는 것 같다고 하였다.

백아는 자기의 음악을 진정으로 이해하는 사람은 종자기밖에 없다고 생각하였다. 그래서 소리[音]를 알아듣는[知]다 하여 지음(知音)의 벗으로 사귀었다. 이후로 지음(知音)이란, 말 없이도 속마음까지

세 종류의 벗

공자는 내게 도움을 주는 세 종류의 이로운 벗과, 해가 되는 세 종류의 벗에 대해 말한 적이 있다. 이로운 벗은 직우(直友)·양우(諒友)·다문우(多聞友)다. 해로운 벗은 편벽우(便辟友)·선유우(善柔友)·편녕우(便佞友)이다.

직우(直友), 즉 곧은 벗은 나의 잘못을 바로잡아 준다. 양우(諒友), 곧 신의 있는 벗은 나를 성실로 이끌어 준다. 다문우(多聞友), 즉 아는 것이 많은 친구는 나의 지식을 확장시켜 준다. 이 세 벗이 내게 도움이 되는 이유이다.

편벽우(便辟友)는 편한 것만 좋아하고 하기 싫은 것은 피하는 벗이니, 나를 나쁜 길로 이끈다. 선유우(善柔友)는 아첨하여 남을 기쁘게 하기만 잘하는 불성실한 벗이다. 편녕우(便佞友)는 번드레하게 말만 잘하는 벗이다. 이런 사람을 벗삼으면 저도 모르는 사이에 나쁜 물이 들어 바른 길에서 자꾸 멀어지게 된다.

근묵자흑(近墨者黑)은 검은 것을 가까이 하는 사람은 검게 된다는 말이다. 어떤 친구를 가까이 두고 사귀느냐에 따라 그 사람의 값이 달라진다. 친한 친구를 보면 그 사람의 됨됨이를 알 수가 있다.

백아절현(伯牙絶絃)

자기의 음악을 이해해 주던 종자기가 세상을 뜨자 백아는 거문고 줄을 끊고서 그 후로 다시는 연주하지 않았다.

다 이해하는 벗을 뜻하는 말이 되었다.

그러다가 종자기가 먼저 세상을 떴다. 백아는 절망한 나머지, 자기의 거문고 줄을 칼로 부욱 그어 다 끊어 버리고 말았다. 세상에는 이제 자기의 거문고 소리를 알아들을 사람이 없다면서 다시는 거문고를 연주하지 않았다. 이것을 두고 백아가 거문고 줄을 끊었다 하여 백아절현(伯牙絶絃)이라고 한다.

友情과 관련된 四字成語
우 정   사 자 성 어

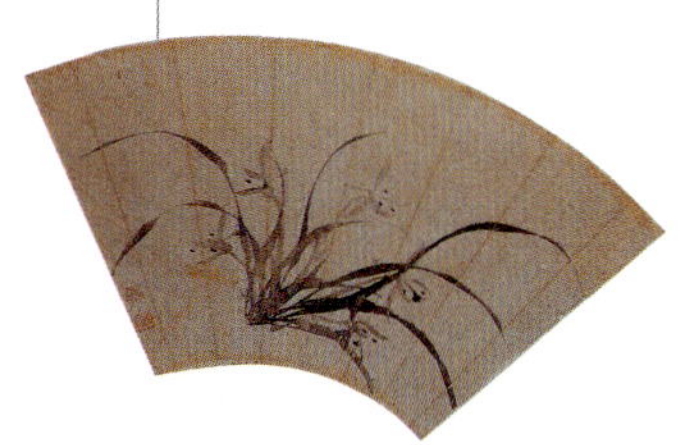
홍선대원군이
부채에 그린 난초

芝蘭之交
지 란 지 교

지(芝)는 지초를, 란(蘭)은 난초를 가리킨다. 지란지교는 지초와 난초처럼 향기로운 사귐을 뜻한다.

管鮑之交
관 포 지 교

관포(管鮑)는 춘추 시대 제나라 사람 관중(管仲)과 포숙아(鮑叔牙)의 사귐을 가리킨다. 두 사람이 젊었을 때 같이 장사를 하였는데, 곤궁하였던 관중은 포숙아를 속여 이익을 많이 취하였지만, 포숙아는 그의 곤궁함을 알았기 때문에 따지지 않았다. 이렇게 아주 친한 친구 사이의 사귐이나 자신을 알아주는 친구를 말할 때 흔히 쓴다.

水魚之交
수 어 지 교

물[水]과 물고기[魚]의 사이처럼 아주 친밀하여 떨어질 수 없는 사이를 뜻한다. 유비가 제갈량을 얻고 나서 기쁨에 겨워서 한 말이다.

刎頸之交
문 경 지 교

문경(刎頸)은 목을 벤다는 뜻이다. 문경지교는 친구를 위해 자기 목을 내줄 수 있을 정도의 사귐이란 뜻이다. 중국 전국 시대 조나라의 염파(廉頗)가 인상여(藺相如)의 출세를 시기하였다가 나중에 인상여의 넓은 인격에 감동하여 생사고락(生死苦樂)을 함께 하기로 맹세한 일에서 나왔다.

斷金之交
단 금 지 교

단금(斷金)은 쇠를 끊는다는 뜻이다. 두 사람이 합심(合心)하여 협력하면 단단한 쇠도 끊을 수 있다는 데서 나온 말이다.

대쪽에 쓴 글씨, 죽간(竹簡)

남아수독오거서(男兒須讀五車書)란 말이 있다. 남자는 모름지기 다섯 수레의 책을 읽어야 한다는 뜻이다. 오거서(五車書), 즉 다섯 수레에 실을 정도의 책이면 도대체 몇 권이나 될까? 몇천 권쯤 될 것 같지만 실제로는 많아야 1, 2백 권쯤 될 것이다. 왜냐 하면 당시의 책은 종이 책이 아니라 대나무를 일정한 크기로 잘라 글씨를 써서 묶은 대나무 책이었기 때문이다. 이 경우 책 한 권은 상당한 부피와 무게가 나간다.

죽간(竹簡)은 대나무를 길쭉하게 잘라 겉면을 깎고, 거기에 글씨를 쓴 것이다. 대나무 아닌 그냥 나무 조각에 쓰기도 했다. 이 때는 그냥 목간(木

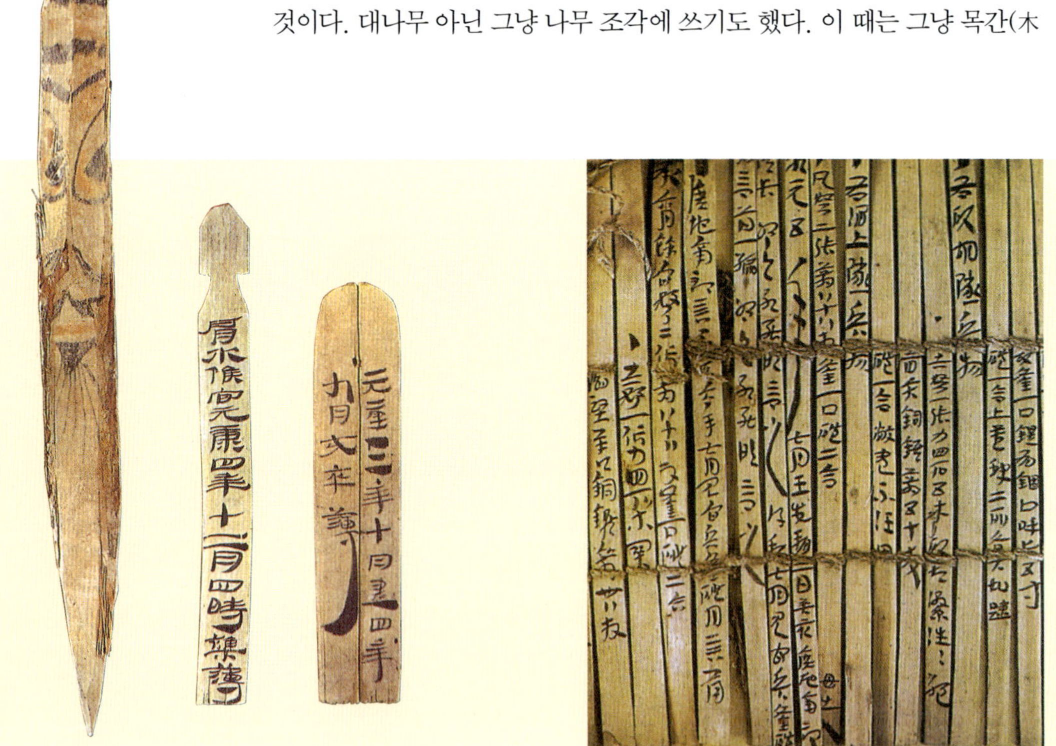

한나라 때 거연(居延) 지역에서 출토된 목간(木簡)들

簡)이라 한다. 앞서도 보았듯 책(册)이란 글자는 죽간을 발 엮듯이 옆으로 묶은 모습을 본뜬 것이다. 종이가 발명될 때까지 인류는 오랫동안 죽간으로 된 책을 읽었다. 공자(孔子)는 《주역(周易)》을 하도 열심히 읽어, 위편삼절(韋編三絶), 즉 죽간을 엮은 가죽끈이 세 번이나 끊어졌다. 요즘 말로 하면 책을 하도 읽어 책장이 너덜너덜해졌다는 것이다.

고대에는 역사를 청사(靑史)라고 하였다. 청사에 길이 빛나는 사람이 되라는 당부는 지금도 가끔 듣게 되는 말이다. 이 또한 죽간에 역사의 기록을 적던 관습에서 나왔다. 대나무를 일정한 크기로 잘라, 겉의 매끄러운 면을 깎아 평평하게 만들면 대나무의 푸른빛이 그대로 남아 있다. 푸른 대나무에 쓴 역사란 뜻에서 역사책을 청사(靑史)라고 불렀다.

대나무에는 붓으로 글씨를 썼다. 쓰다가 틀리면 틀린 글자를 칼로 파내고 다시 썼다. 죽간에 쓴 글자는 필기의 속도를 고려하여 전서(篆書)보다 필획이 훨씬 간결하다. 필체가 아름답고 예술성이 뛰어나, 현대의 서예가들이 이 서체로 즐겨 창작을 한다.

돈황(敦煌)에서 발굴된 서한(西漢) 시대의 목간들

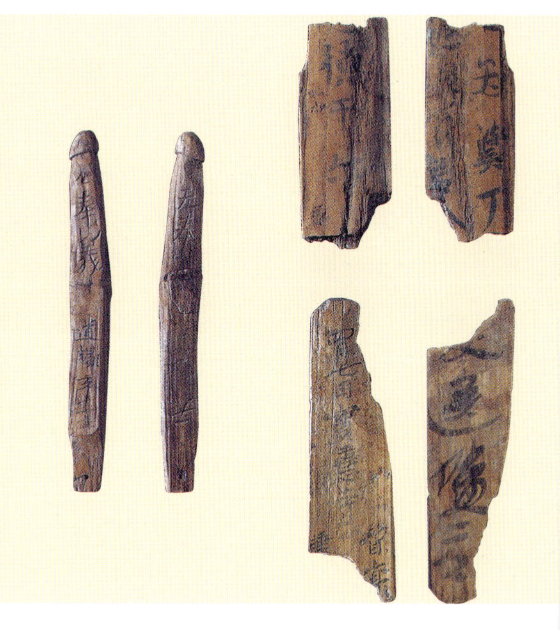

충남 부여군 능산리에서 발굴된 백제 시대의 목간

五 생로병사의 신비

　사람이 태어나 자라고 병들고 늙어서 죽는 순환은 누구도 비켜 갈 수가 없다. 하지만 한 번 사는 인생을 어떻게 사느냐는 사람마다 같지 않다. 하나라도 더 가지려고 아웅다웅하다가 결국 빈손으로 가는 사람도 있고, 성실한 생활과 넉넉한 마음으로 주변에 많은 기쁨과 감동을 남기고 가는 작은 거인(巨人)들도 많다. 어떤 삶을 사느냐 하는 것은 자신의 선택에 달려 있다.

1 탄생과 성장

아니, 벌써 준선이 **백일**이에요?
대학생이 그런 **유치**한 말을 하면 안 되지.
남녀칠세부동석이란 말도 못 들었단 말인가?
저 사람은 **약관**의 나이에 벌써 출세를 했군.

| 백일(百日) 잔치는 왜 하나? |

생명의 탄생은 무엇과도 견줄 수 없는 벅찬 감동을 준다. 탄생 자체가 커다란 승리요, 기적이다. 아기가 어머니의 뱃속에서 열 달을 채워 태반이 돌아 세상에 나오기까지는 참 많은 과정을 거쳐야 한다.

임신(姙娠)을 나타내는 한자에는 포(包)와 잉(孕)이 있다. 포(包)는 엄마가 아기를 안고 있는 모습을 표현한 글자이다. 감싼다는 뜻의 포(勹) 안에 아직 사람의 형체를 갖추지 못하고 있는 아기[巳]가 들어 있다. 임신 초기의 모습이다. 잉(孕)은 태아의 모습이 완전히 갖추어진 형태이다. 아기[子]가 태(胎) 아래쪽으로 내려와 있으니 배가 꽤 부른 상태를 나타낸다. 잉태(孕胎)·회잉(懷孕) 같은 말들은 모두 임신과 같은 의미로 자주 쓰던 표현이다.

한편, 동양에서는 태아가 어머니의 태 속에 자리잡는 순간부터 생명이 시작된 것으로 생각했다. 아기가 태어난 후 삼칠일(三七日), 즉 21일까지는 금줄을 걷지 않고 이웃은 물론 가족들도 출입을 삼갔다. 혹 상가(喪家)와 같이 부정(不淨)한 곳을 다녀온 사람은 절대로 아기가 있는 방에 출입할 수 없었다. 산모도 닭고기나 개고기, 돼지고기

쌀 포(包)
엄마가 아기를 안고 있는
모습이다.

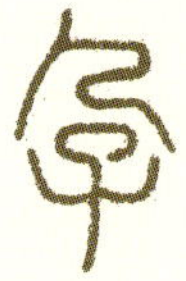

아이 밸 잉(孕)
태아의 모습이 완전히
갖추어진 형태이다.

를 먹지 않았다.

삼칠일이 지나면 이것을 축하해서, 새벽에 삼신상(三神床)을 올리고, 수수 경단을 만들어 일가친척과 손님을 청해서 대접하였다.

아기가 태어난 지 백일(百日)이 되면 백일상(百日床)을 차렸다. 아기가 아무 병 없이 오래 살기를 기원하는 의미가 담겨 있다. 백(百)은 꽉 찬 숫자이므로 아기가 이 날까지 탈 없이 자란 것을 축복하고, 한 인간으로 성장을 시작하는 출발점으로 인식하는 의미였다.

백일상은 삼신상(三神床)이라고도 한다. 삼신 할머니에게 장수를 빈다는 뜻이다. 백일에는 여러 가지 떡을 했다. 백일떡에는 백설기·수수팥떡·인절미·송편을 하였다. 여기에도 다 깊은 뜻이 담겨 있다. 백설기는 정결(淨潔)과 흰머리가 될 때까지 장수(長壽)하라는 의미를, 수수팥떡은 부정(不淨)한 기운을 막는 주술적인 뜻을 담고 있다. 인절미는 찹쌀로 만들어 차지고 단단하라는 축복을 담았다. 송편은 속을 넣은 것과 넣지 않은 것 두 가지를 만들었다. 속이 꽉꽉 찬 사람이 되고, 또한 속이 넓은 사람이 되라는 뜻을 담았다. 백일떡은 100명에게 나누어 주어야만 백 살까지 산다고 믿어 이웃과 나누어 먹었다.

금줄

아기가 태어난 후 삼칠일 동안 금줄을 치고 출입을 삼갔다.

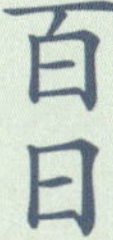

백일상(百日床)

백일상에는 깊은 뜻이 담긴 백일떡(백설기·수수팥떡·인절미·송편)을 올렸다. 백일떡은 100명에게 나누어 주어야 백 살까지 산다고 믿었다.

우리는 아기기 태어나지미지 한 살로 친다. 그 까닭은 어머니의 뱃속에 있던 열 달을 계산하였기 때문이다. 서양에서는 태어난 지 1년이 지나야 한 살로 친다. 뱃속의 아이를 어떤 존재로 바라보느냐가 나이를 셈하는 방법에서 이미 드러난다.

| 유치(幼稚)하기 짝이 없다 |

幼稚

아기가 자라 아이가 된다. 한자로는 아기는 아(兒), 아이는 유(幼)자를 쓴다. 아(兒)는 갓난아이다. 아(兒)는 숨구멍 신(囟)자와 사람 인(人)자를 합친 글자이다. 신(囟)은 아기의 정수리에 있는, 천문(天門)이라 부르는 말랑말랑한 숨구멍을 말한다. 갓난아이는 입과 코 외에 머리로도 숨을 쉰다. 그러니까 아(兒)는 아직 정수리의 숨구멍이 막히지 않은 어린아이를 뜻한다.

유치원 아이들의 티없는 모습
아기가 자라, 걷고 말을 배워 학교에 가기 이전까지의 아이를 일컬어 유치(幼稚)라고 하였다.

유(幼)는 작고 약하다는 뜻의 요(幺)와 힘 력(力)을 합한 글자이다. 힘이 약한 사람을 뜻한다. 치(稚)도 어리다는 뜻이 있다. 이 두 글자를 합치면 유치(幼稚)가 된다. 아기가 자라, 걷고 말을 배워 학교에 가기 이전까지의 아이를 일컬어 유치(幼稚)라 하였다. 초등 학교 입학 전에 아이들이 다니는 교육 기관을 유치원(幼稚園)이라 하는 것은 이 때문이다. 어른이 나잇값을 못 하고 어린아이처럼 굴면 유치하다고 말한다.

어린아이를 뜻하는 한자에 아이 동(童)자가 있다. 유치(幼稚)보다 조금 더 큰 아이에게 쓴다. "그런 것은 삼척동자(三尺童子)도 다 안다."고 할 때 삼척동자는 키가 1미터 남짓 되는 아이를 말한다. 동(童)은 본래 아이의 뜻이 아니었다. 갑골문을 보면 윗부분은 문신 새기는 칼을 형상화한 매울 신(辛)자를 썼고, 그 아래 눈 목(目)자, 다시 그 아래에 흙 토(土)자를 썼다. 글자 그대로 풀이하면 칼로 땅 위에 있는 사람의 눈을 찌르는 모습이다.

예전 전쟁에서 사로잡은 포로들 가운데 남자 노예인 경우 반항하

아이 아(兒)
정수리의 숨구멍이 막히지 않은 모양이다.

《동몽선습(童蒙先習)》
조선 시대 서당에서 쓰던 교재. 아직 사리에 어두운 아이가 먼저 익혀야 하는 책이라는 뜻이 담겨 있다.

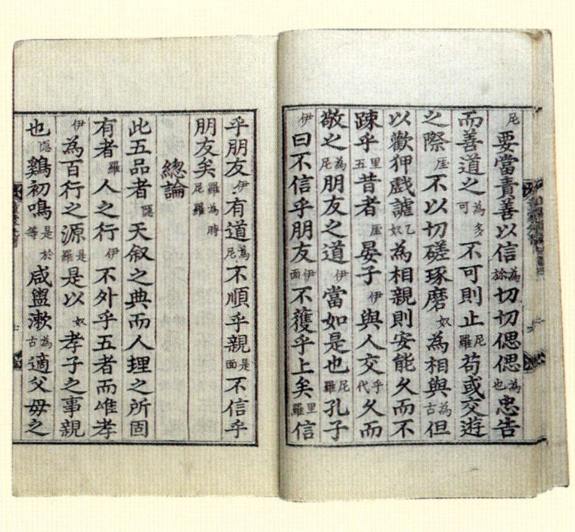

지 못하게 하려고 한쪽 눈을 칼로 찌르던 관습이 있었다. 《설문해자 (說文解字)》에는 "남자가 죄를 지으면 노예가 되는데, 이를 동(童)이 라 한다."고 적고 있다. 전쟁에서 포로가 되는 것은 성숙하지 못했거 나 힘이 없었기 때문이었다. 따라서 노예를 나타내던 이 글자가 점차 미성숙한 사람, 약한 사람을 뜻하는 글자로 바뀌었고 뒤에 아이의 뜻 으로 굳어졌다.

예전에는 늙은이, 젊은이라는 말은 있어도 어린이라는 말은 없었 다. 옛말 '어리다'는 '어리석다'의 의미였다. 그러니 '어린애' 또는 '어린아이'라는 말은 아무것도 모르는 무지한 아이라는 뜻이었다.

총각(總角) 어린아이를 가리키는

지금은 결혼하지 않은 젊은 남자를 가리키는 말로 쓰는 총각(總角)은 원래는 어린아이를 가리키는 말이었다. 총각은 머리털을 뿔[角]처럼 묶었다[總]는 뜻이다. 예전 중국에서 어린아 이들이 양쪽 머리끝을 뿔처럼 묶었기 때문에 이렇게 말했다. 아래의 두 그림에서 양쪽 머리 끝을 뿔처럼 묶은 모양이 보인다.

김홍도의 〈송하선동취생도〉 부분

중국 도안집에 보이는 총각 그림

한자로는 동몽(童蒙)이다. 그런데 어린이날을 제정한 소파(小波) 방정환(方定煥, 1899~1931)이 '늙은이', '젊은이'와 대등한 개념으로 '어린이'란 어휘를 사용하였다. '이'는 인격을 갖춘 존재를 나타낸다. 선생은 나이 어린 사람도 인격을 갖춘 존재이니 마땅히 인격을 존중해서 어린이로 불러야 한다고 하였다.

| 남녀칠세부동석(男女七歲不同席)이란? |

어린이가 자라면서 남녀의 분별이 생겨난다. 남녀칠세부동석(男女七歲不同席)은 지금도 흔히 쓰는 말이다. 글자대로 풀면 남녀는 7세가 되면 자리를 같이하지 않는다는 말이다. 이 말은 《예기(禮記)》*〈내칙(內則)〉편에 나온다. "아이가 여섯 살이 되면 수와 방향을 가르쳤고, 일곱 살이 되면 자리를 같이하지 않으며, 여덟 살이 되면 소학에 들어간다."고 했다.

그런데 이 말은 남녀가 일곱 살이 되면 같은 자리에 앉지 않는다는 말이 아니다. 자리 석(席)은 원래 석(蓆)에서 나왔다. 석(蓆)은 깔개나 돗자리, 까는 요를 말한다. 그러니까 부동석(不同席)은 한자리에 합석하지 않는다는 말이 아니고, 한 이불에 잠을 재우지 않는다는 말이다. 남녀유별(男女有別), 즉 남자와 여자는 구별이 있다는 윤리를 유난히 강조하였던 조선 시대에 대한 선입견(先入見) 때문에, 한자리에 같이 있는 것조차 안 된다는 뜻으로 오해한 것이다.

이렇게 남녀의 구분이 생기면서 청소년(靑少年)의 시기로 접어든다. 청소년(靑少年)이란 청년(靑年)과 소년(少年)의 중간쯤에 해당하는 나이라는 뜻이다. 예전에는 없던, 새로 생긴 말이다. 청소년은 어린이가 아니며, 그렇다고 성인은 더더욱 아니다. 이런 시기를 과도기(過渡期)라고 한다. 자아는 불완전하고 아무것도 정해진 것이 없다.

男女七歲不同席

예기(禮記)

오경(五經) 가운데 하나이다. 전국 시대에서 전한(前漢) 초기까지의 예학 관계 문헌 46종을 종합하였다.

이성에 대한 호기심이 왕성해진다. 그래서 이 때를 달리 말해 사춘기 (思春期)라고도 한다. 봄은 만물이 약동하는 시기이다. 인생의 본격 적 출발점인 청소년기를 청춘(靑春)이라 부르는 까닭이 여기에 있 다. 봄이 갖는 약동성, 푸름은 늘 젊은이를 연상시킨다.

약관(弱冠)은 몇 살?

청소년의 개념이 없던 시절에는 아이와 어른의 중간이 없었다. 아 이에서 훌쩍 어른으로 넘어갔다. 남자는 상투를 틀어 갓을 쓰고, 여 자는 쪽을 찌고 비녀를 꽂는 것으로 성인이 되었음을 표시하였다. 성 인이 되는 의식을 관례(冠禮)와 계례(笄禮)라고 하였다.

관(冠)은 '갓', 즉 머리에 쓰는 모자이다. 멱(冖)과 원(元), 촌(寸)이 합쳐진 글자이다. 머리가 큰 사람[元]에게 손[마디 촌(寸)은 원래 팔꿈 치 주(肘)의 본 글자다.]으로 모자[冖]를 씌우는 모습을 나타낸다. 곧, 남자에게 상투를 틀어 관을 씌우는 의식이 관례(冠禮)이다. 본래의 유교 규범에 따르면 이 관례는 20세 때 행하였다. 20세가 되면 상투 를 틀고 관을 씌워 준다고 해서, 20세를 약관(弱冠)이라고 하였다. 성 인이 되기는 하여도 아직 약하기 때문에 약할 약(弱)자를 앞에다 붙 였다. 여자는 쪽을 찌고 비녀를 꽂았으므로 비녀 계(笄)자를 써서 계 례(笄禮)라고 하였다. 여자도 비녀를 꽂으면 어엿한 성인으로 대접 을 받았다.

관례와 계례는 성인이 되었음을 사람들에게 널리 알리는 의식이 므로 지금의 성년식(成年式)에 해당한다. 옛 사람들은 관례를 혼례 (婚禮)만큼이나 중요하게 여겼다. 관례를 치러야 비로소 어른 대접 을 받았다. 아이 때 부르던 아명(兒名)을 버리고 어른에게서 자(字)를 받았다. 자(字)는 이름 대신 부르는 별명인데, 여기에는 그 사람에 대

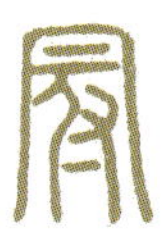

갓 관(冠)
머리가 큰 사람에게 손으로
모자를 씌우는 모습이다.

한 바람이 담겨 있다. 예를 들어 자를 광지(光之)라 하면 빛나는 사람이 되라는 뜻을, 순보(純甫)라고 하면 때묻지 않은 순수한 사람이 되라는 뜻을 담았다. 한편 호(號)는 보통 스승이 내려 주는 것을 받았는데, 간혹 자기의 호를 직접 지어 쓰기도 하였다.

관례를 올리기 전에는 어른들이 낮춤말인 '해라' 체를 썼지만, 일단 관례를 올리고 나면 '하게' 체로 높여 인격체로 대우해 주었다. 이전에는 어른이 앉아서 절을 받았지만 이 때부터는 어른도 답례를 하였다.

나비의 화려한 모습을 보면서 누가 애벌레 시절을 상상이나 하겠는가? 여름 매미는 단 열흘을 울기 위해 7년을 땅 속에서 지낸다. 사람도 마찬가지다. 부모의 사랑 속에 성장하면서 많은 시련과 역경을 통하여 점차 책임감을 지닌 건전한 인격체로 성장해 가는 것이다.

관례(冠禮)

어린이로 취급되던 개인이 사회에서 한 사람의 어른으로 인정받는 의례로, 지금의 성년식(成年式)에 해당한다.

2 질병과 인간

예전에는 얼굴에 난 **마마** 자국을 흔히 볼 수 있었다.
그 사람 어찌나 질긴지 **학**을 뗐네그려.
온 몸이 성한 곳 없이 **만신창**이가 되었다더군.
절제를 못 하고 **낭비벽**이 심하면 못쓰네.

媽
媽

薄
色

사스(SARS)

2003년 3월 동남아시아에서 발
생해 아시아·유럽·북아메리카
등으로 확산된 호흡기 계통의
질환. 중증급성호흡기증후군(重
症急性呼吸器症候群, Severe
Acute Respiratory Syndrome)
의 영문 머리글자를 따서 사스
(SARS)라 부른다.

| 마마(媽媽) 자국과 박색(薄色) |

　인류는 끊임없이 질병(疾病)으로 고통받아 왔다. 의약이 발달한 오
늘날에도 사스(SARS)*나 각종 변종 독감(毒感)들이 인간의 생명을 위
협하고 있다. 질병 가운데서도 인류를 가장 괴롭힌 것이 흔히 역병
(疫病)으로 불리는 돌림병, 즉 전염병이었다.

　역병 중에서도 가장 혹독한 것은 두창(痘瘡) 또는 두진(痘疹)이라
불리는 천연두(天然痘)였다. 민간에서는 천연두를 마마(媽媽) 또는
호환마마(虎患媽媽)라고 불렀다. 두창은 큰 마마, 홍역은 작은 마마
라고 하였다. 창(瘡)은 부스럼이 생기는 병이고, 진(疹)은 돌기가 피
부에 솟아오르는 증세를 말한다. 콩알[豆]만한 돌기가 피부에 솟아
부스럼이 생기기 때문에 생긴 명칭이다. 예전에는 누구든 이 병에 걸
리기만 하면 죽는 줄 알았고, 실제로도 대부분 죽었다.

　사람들은 마마신(媽媽神)이 찾아오기 때문에 이 병이 생긴다고 믿
었다. 마마는 국왕이나 왕비 등 지극히 존귀한 사람에게 붙이는 존칭
이었는데, 두창이 얼마나 무섭고 두려웠으면 범에게 물려 가는 호환
(虎患)에다 마마까지 붙여 불렀을까?

박필건(朴弼健, 1671~1738)　　　　이덕수(李德壽, 1673~1744)

초상화에 남은 마마 자국

옛 사람들의 초상화를 보면 마마를 앓고 난 곰보 자국이 그려진 경우가 매우 많다. 여기 네 사람의 초상화만 보더라도 마마가 얼마나 널리 퍼진 심각한 질병이었는지를 실감할 수 있다.

남태제(南泰齊, 1699~1776)　　　　김정희(金正喜, 1786~1856)

마마신은 절대적인 두려움의 대상이었으므로 무조건 섬겨야 하였다. 《무당내력(巫堂來歷)》이란 책에는 호구거리(戶口巨里) 굿 그림이 있는데, 천연두를 몰고 오는 신을 호구(戶口)라고도 불렀다는 설명이 적혀 있다. 이 굿은 집안에 아직 천연두를 앓지 않은 아이가 있을 때 큰 탈 없이 잘 넘어가게 해달라고 비는 굿이다. 마마신께 절을 올리며 잘 가시라고 전송한다는 뜻으로 배송(拜送)굿이라고도 한다. '마마손님 배송하듯'이라는 속담은 귀찮은 손님이 찾아왔을 때 해코지하지 않을 만큼만 대접하여 얼른 떠나보낸다는 의미이다.

마마로 목숨을 잃는 경우는 수없이 많았고, 다행히 병을 이긴다 해도 얼굴에 심각한 곰보 자국을 남겼다. 특히 여자들에게는 살아나는 것 이상으로 마마를 곱게 앓아 얼굴에 곰보 자국을 남기지 않는 것도 중요했다. 못생긴 여자를 박색(薄色)이라고 하는데, 원래는 얽은 얼굴이란 뜻의 박색(縛色)에서 나온 말이다.

장티푸스와 콜레라

천연두 외에 조선 후기에는 앞서 본 염병(染病)으로 불리는 장티푸스(腸 typhus)와 콜레라(cholera) 같은 돌림병이 수많은 사람들의 목숨을 앗아갔다.

장티푸스는 한자로 장질부사(腸窒扶斯)라 했다. 장티푸스는 티푸스(typhus)균이 장(腸)에 감염되어 발병하는 급성 전염병이다. 장질부사는 중국음으로 읽으면 '장디푸스'이다.

콜레라는 한자로 호열자(虎列刺), 또는 호열랍(虎列拉)으로 적었다. 역시 cholera를 중국음으로 옮긴 것이다. 호열자(虎列刺)는 원래 호열랄(虎列剌)이라야 하는데, 글자 모양이 비슷한데다가 랄(剌)자는 자주 쓰는 글자가 아니어서 호열자(虎列刺)로 잘못 바뀌었다. 호열랄(虎列剌) 또는 호열랍(虎列拉)은 중국음으로 모두 '후리에라'로 읽혀, 콜레라의 음을 적은 것이다.

이런 전염병이 돌기만 하면 한 고을은 물론이고 온 나라를 쑥밭으로 만들었다. 역병을 피하는 가장 좋은 방법은 사는 곳을 버리고 떠나는 일이었다. 조선 시대에 전쟁으로 죽은 사람보다 역병으로 죽은 사람이 훨씬 더 많았다는 기록은 질병으로 고통받았던 선조들의 고단한 삶을 잘 대변해 준다.

戶口巨里

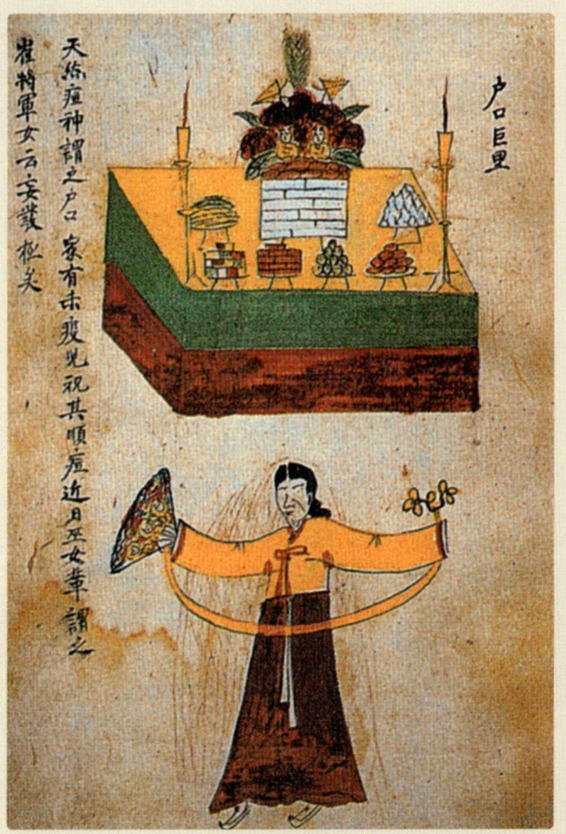

호구거리(戶口巨里)

천연두신을 호구라 부른다. 호구거리는 집안에 천연두를 아직 치르지
않은 아이가 있을 때 천연두가 순하게 지나가기를 축원하는 굿이다.

종두법(種痘法)과 지석영

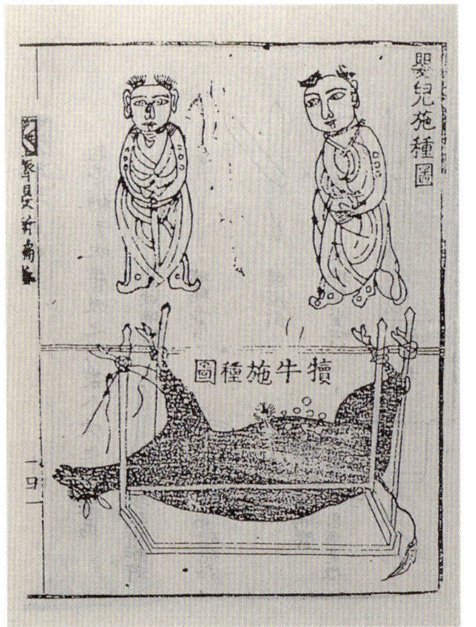

종두(種痘)라는 말은 천연두[痘]를 심는다[種]는 뜻이다. 오늘날로 말하자면 예방 주사를 맞는 것이다. 19세기 전반기에 영국 의사인 제너가 소를 이용한 우두법(牛痘法)을 개발했다. 우리 나라에서는 지석영(池錫永, 1855~1935) 선생이 종두법을 배워 와 1894년 이후 국가에서 종두소(種痘所)를 설치하여 종두법을 시행하였다. 다산 정약용 선생도 천연두의 예방과 치료에 관한 책인《마과회통(麻科會通)》을 지은 바 있다.

어린아이와 송아지에게 우두를 접종하고 채취하는 장면
《제영신편》에 실려 있는 그림이다.

종두에 사용되었던 도구들

| 학질(瘧疾)을 뗀 사연 |

괴롭거나 성가신 일에서 어렵사리 벗어났을 때, 학(瘧)을 뗐다거나 학질(瘧疾)을 뗐다는 말을 한다. 몹시 혼이 났다는 뜻이다. 학질(瘧疾)은 말라리아(malaria)이다. 모기로 전염되는 말라리아 충이 핏속에 기생(寄生)하여 날마다 일정한 시간에 오한이 나면서 발작적으로 심한 열이 나는 병이다.

옛날에는 건강 상태가 좋지 않아 이 병으로 죽는 경우도 적지 않았다. 학질이 돌면 절구를 집 앞에 내놓거나 방망이를 새끼로 엮어 걸어 놓는다. 학질을 치료하기 위해 민간에서는 여러 방법을 동원하였다. 가장 많이 쓴 방법은 경아법(驚訝法)이다. 글자 그대로 깜짝 놀라게 하는 방법이다. 남산 밑에 있던 관운장(關雲長) 사당에 학질 걸린 사람을 들여보내고 나서 문을 꽝 닫아 못 나오게 하거나, 절벽 위에 앉아 있게 하고는 갑자기 등을 치면, 너무 무섭거나 놀라서 학질 귀신이 그만 뚝 떨어진다고 믿었다.

학질은 한번 걸리면 좀체 떨어지지 않았다. 정말 호되게 앓고 나서야 학질을 겨우 뗄 수가 있었다. 그래서 학을 뗐다고 하면 죽을 고생을 했다는 말과 같다.

관운장(關雲長)

| 만신창이(滿身瘡痍)가 되다 |

글자에 병들어 기댈 녁(疒)자가 들어가면 모두 질병과 관계된다. 온몸에 성한 데가 없이 상처를 입거나 다쳤을 때 만신창이(滿身瘡痍)가 되었다고 말한다. 어떤 일이 도저히 회복이 불가능할 정도로 엉망진창이 되었을 때도 이 말을 쓴다.

창(瘡)과 이(痍)에는 모두 녁(疒)자가 들어 있다. 창(瘡)은 원래 부

스럼이나 종기를 말한다. 하지만 칼과 같은 쇠붙이에 찔리거나 베인 상처도 창(瘡)이라 한다. 이(痍)는 상처다. 이 둘이 합쳐진 창이(瘡痍)는 칼과 같은 무기에 다친 상처를 말한다. 만신(滿身)은 온몸이니까, 만신창이는 온몸이 칼이나 창 따위의 날에 베이거나 찔린 상처투성이라서 어떻게 해 볼 수조차 없는 상태를 말한다.

역신(疫神)과 처용(處容)

질병에 대한 지식이 없던 옛날에는 역병(疫病), 즉 돌림병을 모두 역신(疫神)이 하는 짓으로 여겼다. 그래서 역병이 돌면 이를 퇴치하기 위한 벽사(辟邪) 의식을 베풀었다. 벽(辟)은 물리친다는 뜻이고, 사(邪)는 사악한 기운을 말한다. 신라 때 역신이 처용(處容) 아내의 미모(美貌)를 탐하여 모습을 바꾸어 잠자리를 같이 했다. 밤중에 돌아와 그 모습을 본 처용은 오히려 다음과 같은 노래를 부르고 춤을 추면서 물러났다.

《악학궤범》에 실린 처용의 얼굴

> 서울 밝은 달밤에
> 밤 늦도록 노닐다가
> 들어와 자리를 보니
> 다리가 넷이로구나.
> 둘은 내 것이지만
> 둘은 누구의 것인고?
> 본디 내 것(아내)이지만
> 빼앗긴 것을 어찌하리.
>
> —처용가(處容歌)

그러자 역신은 처용 앞에 무릎을 꿇고 잘못을 빌었다. 그러고는 처용의 얼굴이 그려진 곳에는 절대로 나타나지 않겠다고 맹세하였다. 그 후 역병이 돌면 처용의 얼굴을 그려 대문 앞에 붙이곤 하였는데, 그러면 그 집에는 역병이 들지 않았다고 한다. 이후 처용은 역병으로부터 사람들을 지켜 주는 수호자(守護者)가 되었다.

┃낭비벽(浪費癖)과 도벽(盜癖)┃

벽(癖)이나 고(痼)·치(癡) 등에도 모두 병들어 기댈 녁(疒)자가 들어 있다. 벽(癖)은 의학적으로는 오른쪽 갈비뼈 아래 비장(脾臟)에 나쁜 기운이 쌓여 있는 상태를 말한다. 일반적으로는 낭비벽(浪費癖)·도벽(盜癖)·방랑벽(放浪癖)이란 말에서 보듯 어떤 것에 대한 기호나 집착이 너무 지나쳐 도저히 억제할 수 없는 병적인 상태를 가리킬 때 쓴다. 고(痼)는 고질(痼疾) 또는 고질병(痼疾病)이란 말에서 보듯 오래 앓아 고치기 힘든 병을 말한다.

치(癡)는 치(痴)로 쓰기도 하는데, 백치(白痴)·천치(天痴)란 말에서 보듯 바보라는 뜻으로 쓴다. 뭔가 자꾸 의심(疑心)하는 병이 치(癡)이고, 앎[知]에 문제가 있는 병이 치(痴)이다.

그런데 조선 후기에는 어떤 일에 미쳐 다른 것을 돌아보지 않고 몰두하는 이런 벽(癖)과 치(癡)를 찬미하고 예찬하는 풍조가 있었다. 남들이 보기에는 병적(病的)이고 바보 같지만, 무슨 일이건 이렇게 미친 듯이 몰두하지 않고서는 높은 경지에 도달할 수 없다고 보았기 때문이다. 미쳐도 곱게 미치라는 말도 있다. 하지만 그저 남들 하는 만큼 적당히 해서 이룰 수 있는 일은 아무것도 없다. 이덕무는 책만 읽는 바보라고 해서 스스로를 간서치(看書痴)라고 하였고, 벼루를 만드는 데 뛰어난 재능이 있었던 정철조 같은 분은 자기 호를 석치(石痴)라고 하였다.

浪費癖 — 盜癖

이한복이 그린, 정철조가 깎은 벼루 그림

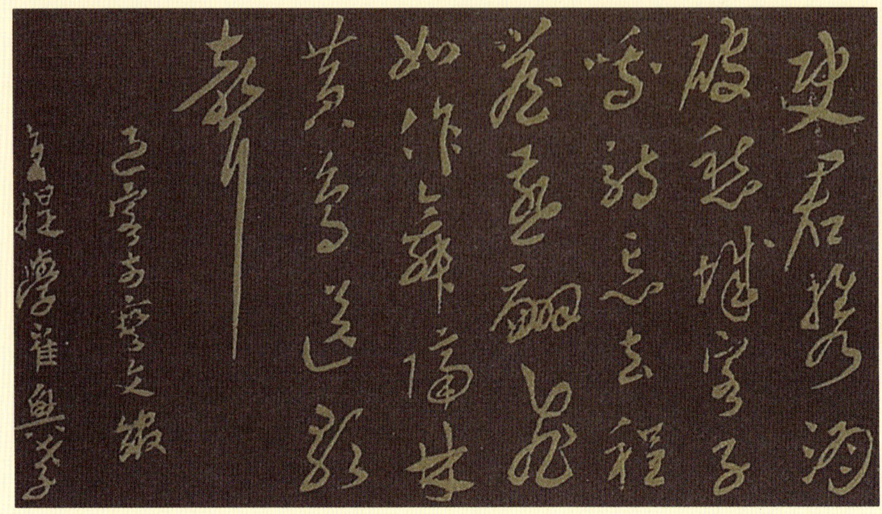

《대동서법》에 실린 최홍효의 글씨 시판

미치광이들 이야기

'벽(癖)'이란 글자는 어떤 것을 좋아하는 것이 지나쳐서 병적인 상태를 말한다. 낭비벽(浪費癖)은 아낄 줄 모르고 낭비하는 습관이 있는 사람을, 도벽(盜癖)은 남의 물건을 자꾸 훔치는 버릇이 있는 사람을 가리킨다.

그런데 도리어 이런 벽을 예찬하는 사람들도 있었다. 좋은 의미에서 볼 때, 벽이란 무엇인가 한 가지 일에 온전히 미치는 것을 말한다. 한자로 불광불급(不狂不及)이란 말이 있다. '미치지 않으면 미치지 못한다'는 뜻이다. 무엇엔가 미친 듯이 몰두하지 않고는 결코 어떤 일도 이룰 수 없다는 뜻이다. 남들 하는 만큼 해서는 남보다 뛰어난 성과를 거두기 어렵다. 남보다 훌륭한 사람이 되려면 어떤 한 가지 일에 미친 듯이 매달리지 않으면 안 된다.

조선 시대 최흥효(崔興孝)는 유명한 서예가였다. 그는 늘 중국의 서예가 왕희지(王羲之)의 글씨를 보고 수도 없이 연습을 하곤 하였다. 그가 과거 시험장에 가서 답안지를 쓰는데, 우연히 한 글자가 왕희지의 글씨와 꼭 같게 써졌다. 평소에는 아무리 연습해도 되지 않던 글씨였는데, 똑같이 써지자 그는 매우 기뻤다. 그래서 하루 종일 그 글씨만 바라보다가 차마 아까워 시험 답안지를 그대로 품에 넣어 돌아오고 말았다. 그는 글씨벽이 있었던 것이다. 이렇게 열심히 글씨에 몰두한 끝에 그는 누구나 알아주는 훌륭한 서예가가 되었다.

또 조선 시대 왕실의 친척이었던 학산수(鶴山守)란 이가 있었다. 그는 노래를 잘하는 명창으로 이름났었다. 노래 공부를 하기 위하여 산에 들어가면 신발을 벗어 앞에 놓고, 노래 한 곡을 부를 때마다 모래 한 알을 주워 신발에 담았다. 몇 년이고 그렇게 해서 모래가 신발에 가득 차면 그제서야 산을 내려왔다. 나중에는 신발에서 풀이 싹텄다는 이야기까지 전해진다.

공부를 하더라도 이렇게 미친 듯이 하지 않고는 결코 높은 성취를 이룰 수가 없다. 뜻을 세우고 목표를 정한 뒤에는 뒤돌아보지 않고 앞으로 나아가는 용기와 인내가 있어야 한다.

이징(李澄)의 〈쌍로도(雙鷺圖)〉

이징의 아버지는 그림을 잘 그려도 천한 대접만 받았으므로 아들이 그림 그리는 것을 달가워하지 않았다. 그림을 너무 그리고 싶었던 이징은 어려서 다락방에 숨어 그림을 그리다가 아버지에게 들켜 매를 맞았다. 매를 맞는 중에 눈물이 뚝뚝 떨어지자 저도 몰래 눈물을 찍어서 새를 그렸다. 아버지가 그 모습을 보고 그림 그리는 것을 허락하였다.

3 늙음과 건강

그는 젊은이들 앞에서 노익장을 과시하였다.
그만하면 오복을 다 누렸다고 할 만하다.
젊은 사람이 벌써 치매에 걸렸나?
그는 누구나 존경하는 학계의 원로이다.

| 노익장(老益壯)을 과시하다 |

행복의 가장 중요한 조건은 건강이다. 서양 속담에는 '재물을 잃는 것은 조금 잃는 것이고, 친구를 잃는 것은 많이 잃는 것이며, 건강을 잃는 것은 모든 것을 잃는 것이다.'라고 하였다. 건강(健康)은 굳셀 건(健)과 편안할 강(康)을 쓴다. 건(健)은 사람 인(人)과 세울 건(建)을 합한 글자이다. 사람이 몸을 똑바로 세운 모양으로, 힘이 센 사람을 뜻하는 글자였다. 강(康)은 경(庚)과 쌀 미(米)를 합친 글자인데, 절구공이로 벼를 찧는 모습을 나타낸다. 결실이 많아 편안하다는 뜻이 나왔다. 글자로 보면 건강이란 몸이 굳세고 편안한 상태이다.

사람이 늙으면 약해져 건강을 잃고 만다. 그런데 늙어서도 젊은이 같은 열정과 기력으로 주변을 놀라게 하는 분도 있다. 이럴 때 흔히 하는 말이 노익장(老益壯)을 과시한다고 한다. 노익장은 노당익장(老當益壯)의 줄임말이다. 글자 그대로 해석하면 늙음에 당하여 더욱[益] 씩씩하다[壯]는 뜻이다.

후한(後漢) 광무제(光武帝) 때 마원(馬援)이란 장수가 "대장부가 뜻을 품었으면, 궁하게 되어도 더욱 굳세고, 늙어서도 더욱 씩씩해야

굳셀 건(健)

사람이 몸을 똑바로
세운 모양으로, 힘이 센
사람을 뜻한다.

고령화 사회가 될수록 노인들의 사회적 역할이 커져간다. 파미르 고원을 답사 중인 70대 중반의 한국인.

老益壯

편안할 강(康)
절구공이로 벼를 찧는 모습이다.

한다."고 한 데서 나온 말이다. 사람이 나이 들어 기력이 떨어지면, 괜스레 기운이 꺾여 자신감을 잃게 된다. 그럴수록 마음을 다잡아 노익장의 기개와 자신감을 가져야 한다.

화가 고갱(Paul Gauguin, 1848~1903)은 "나이가 들수록 눈이 밝아져 세상이 더 많이, 속속들이 보인다."고 말하였다. 현대 의학의 발달은 고령화 사회를 더욱 앞당기고 있다. 노인들이 단지 나이를 먹었다는 이유만으로 소외되어 아무 할 일이 없이 그저 세월만 보내는 것은 사회적으로도 큰 손실이 아닐 수 없다.

| 누구나 누리고픈 오복(五福) |

새해가 되면 만나는 사람마다 '복 많이 받으세요'라는 인사를 주고받는다. 사람들은 누구나 복을 받아 마음껏 누리고 싶어한다. 누구나 누렸으면 하는 복이 오복(五福)이다.

五福

오복(五福)은 건강하고 넉넉하게, 덕을 쌓으며 오래오래 살다가 고통 없이 세상을 뜨는 다섯 가지 복을 말한다.

다섯 가지 복인 오복(五福)의 으뜸은 수(壽)다. 말 그대로 오래오래 장수(長壽)하는 것이다. 그 다음은 부(富)다. 가난하게 먹을 것도 없이 오래 산다면 그것은 복이 아니라 재앙이다. 셋째는 강녕(康寧)이다. 오래 사는 것도 좋고 돈 많은 것도 좋지만 건강하지 않으면 아무 소용이 없다. 넷째는 유호덕(攸好德)이다. 유(攸)는 닦는다는 뜻이니, 좋은 덕을 닦는 것을 말한다. 저 혼자 잘 먹고 잘 사는 것은 참된 의미에서 복된 삶이라고 할 수가 없다. 남에게 베풀고 이웃과 나누는 덕을 갖추어야 한다. 다섯째는 고종명(考終命)이다. 타고난 수명을 다 누리고 고통 없이 세상을 뜨는 것이다. 늘그막에 고통스럽게 병마(病魔)와 싸우다 죽는 것은 생각조차 하기 싫은 고통이다.

그러니까 오복은 넉넉하고 건강하게 오래 살며, 따뜻이 베푸는 삶을 살다가 병 없이 곱게 죽는 것이다. 이런 것은 결코 아무나 누릴 수가 없다.

癡呆 老妄

| 치매(癡呆)와 노망(老妄) |

치매(癡呆)는 정상이던 사람이 뇌질환으로 지적 능력을 상실하는 병을 말한다. 대뇌(大腦)의 신경세포가 손상되면서, 기억력이나 이해력에 장애가 오고, 정서가 불안정해지고 같은 말과 행동을 되풀이하는 증상을 가져온다.

치(癡)는 어리석다 또는 미쳤다, 매(呆)는 미련하다는 뜻이 있다. 치매에는 유전적 원인으로 단백질이 뇌세포를 파괴하는 알츠하이머병(Alzheimer 病)이나, 뇌혈관이 막히거나 터져서 뇌세포를 파괴하는 혈관성 치매가 있다. 모두 노인들에게서 나타나는 퇴행성 질환(退行性疾患)이다. 노인이 치매에 걸려서 이상한 행동을 하면 노망(老妄)이 들었다고 한다. 망령(妄靈)을 부린다거나 망령이 났다고도 한다. 치매에 걸려 정신이 흐려져서 말과 행동이 비정상적이라는 말이다.

정(精)·기(氣)·신(神), 이 셋은 사람에게 없어서는 안 될 삼보(三寶), 즉 세 가지 보배이다. 이 중에서 기(氣)가 끊어진 것을 기절(氣絶)하였다고 하고, 기가 소통이 안 되면 기가 막혔다고 한다. 기가 막히거나 기절하게 되면 정신(精神)을 차릴 수가 없다. 사람은 정신을 차려야지 그렇지 않으면 정신 나간 사람이 된다. 치매에 걸려 뇌세포가 파괴되면 기의 흐름이 끊겨 정신을 놓게 된다. 사람은 기를 펴야 하고, 다른 사람의 기를 살려 주어야 한다.

일시적으로 깜빡 잘 잊어버리는 것을 건망증(健忘症)이라 한다. 건(健)은 튼튼하다는 뜻이지만, '몹시'의 뜻도 있다. 건망증은 몹시 잘 잊어버리는 증세이다. 건망증은 잊어버렸다가도 금세 기억이 되돌아오지만, 치매는 그렇지가 않다. 오래 사는 것도 좋지만 정신과 육체가 모두 건강하지 않고는 아무 의미가 없다.

원로(元老)와 기로회(耆老會)

원로(元老)는 으뜸가는 어른이란 말이다. 세상이 하도 급하게 변하다 보니, 어른이 어른 대접을 받지 못하는 세상이 되었다. 무조건 새것만 좋다고 하고, 옛 것은 낡고 가치 없는 것으로 여긴다. 하지만 세상을 사는 이치는 옛날과 지금이 다를 게 없고, 여기와 저기가 차이나지 않는다. 정보나 지식만을 추구하는 사회는 아무리 기술적인 진보를 이룬다 해도, 그 지식은 지혜로 갈무리되어 문화로 축적되지 않는다. 기술의 진보는 오히려 인간의 정신을 더 황폐하게 만들고, 물질의 노예가 되게 만든다.

조선 시대에는 국가에서 기로소(耆老所)를 운영하였다. 기(耆)는 70세 이상의 늙은이를 뜻한다. 기로소는 연세가 높은 임금이나, 70

元老 ― 耆老會

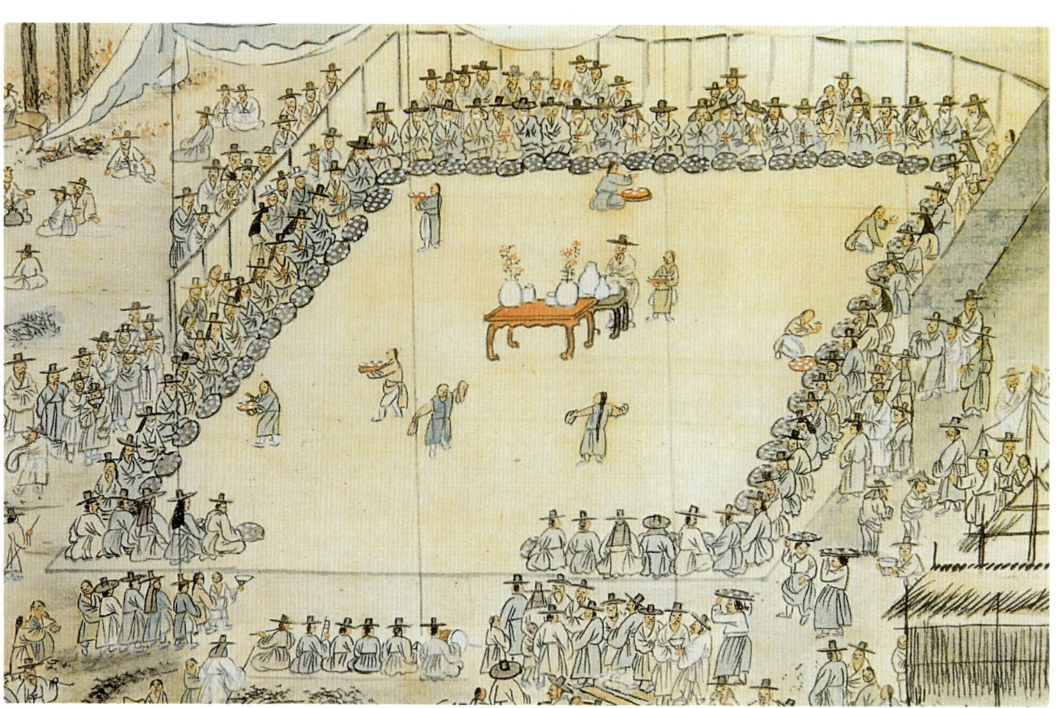

김홍도의 〈기로세련계도 (耆老世聯系圖)〉 부분

개성 송악산 근처 만월대에서 노인들을 초대하여 잔치를 벌이고 있다.

세 이상의 문관(文官)으로 정이품(正二品) 이상의 노인이 들어가 대우받던 곳이다. 말 그대로 국가의 원로들을 모아 그 동안 나라를 위해 헌신(獻身)한 것에 감사하고, 이들이 노년(老年)을 편안하고 즐겁게 지낼 수 있도록 국가 차원에서 예우(禮遇)하였다.

지금은 정년(停年)이 앞당겨졌지만, 예전엔 나이 70이 되어 벼슬에서 물러나는 것이 관례였다. 이것을 치사(致仕)라 하였다. 사(仕)는 벼슬이고, 치(致)는 그만둔다는 뜻이다. 나라를 위해 큰 일을 한 원로가 치사(致仕)하여 벼슬에서 물러나게 되면 그간의 노고를 위로하고 편히 쉬라는 뜻으로 임금은 지팡이와 의자를 선물하고 큰 잔치를 베풀어 주었다.

加(가) ― 더하다

입[口]으로 말한 바를 힘써[力] 행동으로 옮긴다는 의미에서 '더하다'가 되었다.

功(공) ― 공, 일하다

장인 공(工)이 음의 역할을 한다. 장인이 도구를 이용하여 일하듯 법규(法規)에 맞추어 힘써 일한다는 뜻이다.

劣(열) ― 못하다, 적다

일을 하는 데 힘이 적은[少] 상태를 나타낸다. 힘에 부치면 남과 같은 성과를 내기 어렵다.

힘 력(力)을 부수로 하는 한자

努(노) ― 힘들이다, 힘쓰다

종 노(奴)가 음의 구실을 한다. 죄를 지어 벌받고 있는 모습에서 '힘들다'는 뜻이 나왔다.

勉(면) ― 힘쓰다, 장려하다

면할 면(免)이 음을 나타낸다. 일을 면하기 위하여 애쓰는 모습을 나타냈다.

勇(용) ― 용기, 용맹하다

물 솟을 용(甬)이 음이다. 힘이 용솟음치듯 솟아나는 모양을 나타냈다.

助(조) ― 돕다

음의 역할을 하는 차(且)는 제사 음식을 담은 그릇을 의미한다. 제사 음식을 손으로 떠받치고 있는 데서 돕는다는 뜻이 나왔다.

勞(노) ― 일하다, 수고하다

불[火]과 집[宀]과 힘[力]을 합한 글자이다. 예전에 불씨를 보관하는 것은 매우 중요하였다. 집에서 불을 밝히려고 애쓰는 모습을 표현하였다.

勝(승) ― 이기다

짐(朕)과 힘 력(力)이 합쳤다. 원래는 배가 새는지를 살펴보는 '틈새'를 의미하였다. 여기에서 '맡다'는 뜻이 나왔고, '이기다'는 뜻이 파생되었다.

4 죽음과 장례 문화

그는 가족들이 지켜 보는 가운데 **운명**하였다.
임종을 지키지 못한 것이 한이 됩니다.
강시가 나오는 영화를 재미있게 보았다.
요즘은 사람이 죽으면 **화장**하여 **납골당**에 모신다.

| 운명(殞命), 숨이 끊어지다 |

殞
命

　흔히 하는 말에 '배고파 죽겠다', '힘들어 죽겠다'는 말이 있다. 심지어 재미있어 죽겠고, 웃겨 죽겠다고도 한다. 이 표현은 중국어에도 있다. '으어쓰러(餓死了)'라고 하면 굶어 죽었다는 말이 아니라 '배고파 죽겠다'는 말이다. 그 정도가 심함을 강조한 표현이다.

　하지만 막상 진짜 죽음에 대해서는 '돌아가시다', '잠들다', '눈감다', '세상을 등지다'와 같이 완곡하게 돌려서 말한다. 죽음이 두렵기도 하고, 직접 죽었다고 표현하는 것이 송구스럽기 때문이다.

　한자말로는 사람이 죽은 것을 운명(殞命)하였다고 표현한다. 한자에 앙상한 뼈 알(歹)자가 들어가는 글자는 대부분 죽음과 관련된다. 운(殞)은 떨어지다, 죽다는 뜻이 있다. 운명(殞命)은 목숨이 끊긴 것이다. 목숨은 말 그대로 목으로 쉬는 숨이다. 어머니 뱃속의 태아는 탯줄로 호흡을 한다. 아이 적에는 단전(丹田)으로 깊은 호흡을 하는데, 성장하여 나이를 먹어가는 동안 숨은 자꾸 위로 올라온다. 그래서 숨이 목까지 차 올라와 헐떡이다가, 목의 숨마저 끊어지면 사람이 죽는다. 목숨이 질기다는 표현이나 모진 목숨이란 말은 목숨이 끊어질 듯 쉽게 끊어지지 않는 데 빗대어 하는 말이다.

죽음을 나타내는 한자에 사(死)·붕(崩)·훙(薨)·몰(歿)·졸(卒)·시(弑)·살(殺) 등이 있다. 예전 역사책에는 신분에 따라 죽음을 표현하는 말을 달리 사용하였다. 같은 죽음이라도 황제에게는 붕(崩)이란 표현을 썼고, 제후 즉 공(公)과 그의 부인(夫人)에게는 훙(薨)을 썼다. 대부(大夫)의 죽음은 졸(卒)로, 사(士)의 죽음은 불록(不祿)으로 적었다. 일반인은 사(死)로 적고, 역적이 죽으면 폐(斃)라고 썼다. 이런 표현들은 모두 자연사(自然死)의 경우에 해당하고, 타살(他殺)일 경우 제후는 시(弑)로, 대부는 살(殺)로 적었다. 또 같은 죽음이라 해도 죽은 곳이 정침(正寢), 즉 대궐의 침실이라고 적은 것은 수명을 다 누리고 세상을 뜬 것을 말하고, 다른 땅 이름으로 되어 있으면 전쟁이나 그 밖의 일로 나갔다가 비명(非命)에 객사(客死)하였다는 뜻이 된다. 이렇게 죽는다는 표현 하나만 보아도 죽은 사람의 지위나 그 죽음에 대한 평가까지 알 수가 있었다. 이런 표현법은 공자가 엮은 노(魯)나라의 역사책인 《춘추(春秋)》에서 처음 보이므로 춘추필법(春秋筆法)이라고 한다.

순종(1874~1926) 장례식

죽음을 나타내는 한자에는 여러 가지가 있는데, 순종과 같은 임금의 죽음을 '붕(崩)'이라 하였다.

《춘추(春秋)》

춘추필법(春秋筆法)이란?

역사가는 역사책에 역사적 사실을 객관적으로 기술할 뿐, 주관적 평가를 넣을 수는 없다. 하지만 어떤 일은 너무 부끄럽거나 직접 말하기가 민망하여 곧이곧대로 쓸 수 없는 경우도 있다. 그래서 《춘추(春秋)》에서는 어떤 특정한 표현 속에 일정한 의미를 담아, 역사를 기술한 사람의 견해를 간접적으로 밝히는 방법을 썼다.

이러한 표현법을 춘추필법(春秋筆法)이라고 하는데, 이것을 알고서 글을 읽으면 일상적인 표현 속에 담긴 깊은 뜻을 확실히 알 수가 있다. 예를 들어 두 나라 군대가 싸울 때, 두 집단의 세력이 대등하면 칠 공(攻)자를 쓰고, 강한 세력이 약한 세력을 칠 때는 칠 벌(伐)자를 썼다. 상대방의 분명한 잘못을 응징하기 위해 칠 때는 토(討)라고 하였고, 천자가 친히 전쟁에 나설 때는 정(征)이라고 하였다. 그러니까 정벌(征伐)은 천자가 친히 나서 지방 세력을 친 것을 말하고, 토벌(討伐)은 반란 세력을 응징하기 위해 치는 것을 말한다.

또 싸워서 땅을 빼앗을 때 쉽게 얻으면 취할 취(取)자를 썼고, 어렵사리 빼앗은 경우에는 이길 극(克)자를 썼다. 상대방이 항복할 때도 몸만 투항하면 항복할 항(降)자를 썼고, 땅을 함께 바치면서 투항하면 부(附)라고 썼다. 또 이쪽을 배반하고 저쪽으로 귀순하면 배반할 반(叛)자를 쓰고, 한 나라 안에서 아랫사람이 윗사람에게 도전했을 때는 뒤집을 반(反)자를 썼다.

이런 표현들은 지금도 대부분 위와 같은 의미를 담고 있다. 이라크 전쟁에서 탈레반 반군(叛軍)이라고는 해도 반군(反軍)이라고는 하지 않는다. 극일(克日)이라고 하면 일본과 싸워 이기자는 결의가 담겨 있다. 그냥 백기(白旗)를 들고 항복하면 투항(投降)이지만, 땅과 사람이 함께 오면 귀부(歸附)라고 한다. 나라의 역적은 반역(反逆)이지만, 다른 나라로 건너가면 반역(叛逆)이다.

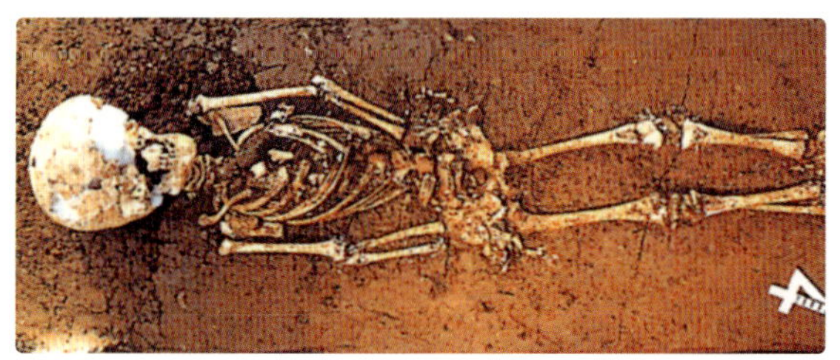

홍수아이

1983년 충북 청원군 두루봉 동굴에서 구석기 시대 어린아이의 뼈가 발굴되었다. 발견자의 이름을 따서 이 뼈를 '홍수아이'라고 부른다.

앙상한 뼈 알(歹)을 부수로 하는 한자

死(사)―죽다, 마치다

앙상한 뼈[歹]와 늙다[匕]는 의미를 결합하였다. 또는 사람 인(人)으로 보아 뼈만 남은 사람이라는 뜻으로 보기도 한다.

殃(앙)―재앙

가운데 앙(央)이 음을 나타낸다. 몸 상태가 좋지 않으면 나쁜 재앙이 생기게 된다.

殆(태)―위태롭다

몸이 늙어 뼈만 앙상해지면 위태로워진다는 뜻이다. 내가 죽음에 직면한 모습으로 보기도 한다.

殉(순)―따라 죽다

열흘 순(旬)이 음의 구실을 한다. 고대에 사람이 죽으면 열흘 안에 살아 있는 사람을 함께 묻던 풍습에서 나왔다.

殊(수)―죽이다, 다르다

붉을 주(朱)가 음의 구실을 한다. 몸과 머리가 나뉘어 붉은 피가 나오는 데서 '죽다'는 뜻이 나왔다.

殘(잔)―해치다, 남다

창[戈]에 찔려 뼈만 남은 모습에서 '상하다'의 뜻이 나왔다. 전쟁 후 남은 해골[歹]과 무기[戈]로 보기도 한다.

臨終

부모나 조상의 죽음을 지켜 보는 일을 임종(臨終)이라 한다. 임(臨)에는 '임하다', '그 때에 당하다'는 뜻이 있다. 종(終)은 실 사(糸)자와 겨울 동(冬)이 결합된 형태이다. 겨울은 한 해의 끝이니 '마치다'는 뜻을 지니게 되었다. 예전에는 부모님이 세상을 뜨실 때 곁에서 임종(臨終)하지 못하는 것을 큰 불효로 여겼다.

한편으로, 예전에는 임종은 반드시 자기 집에서 맞아야 하였다. 오복(五福)의 하나인 고종명(考終命)은 자기 집에서 자손들이 임종한 가운데 편안히 눈을 감는 것을 뜻하였다. 만일 그렇지 않고 집 밖에서 세상을 뜨면 객사(客死)가 된다. 객사를 하면 시신(屍身)을 자기 집으로 들여오지 못하였다. 이런 인식이 지금까지 남아 있어 노인 중에는 세상을 뜨기 전에 병원에서 퇴원하여 굳이 자기 집에서 운명(殞命)하려 하는 경우도 있다. 지금은 세상이 바뀌어서 돌아가시면 병원 영안실(靈安室)로 모셔 장례를 치르지만, 예전 같으면 상상도 할 수 없는 일이다.

殭尸

한때 강시(殭尸)가 등장하는 영화나 만화가 유행한 적이 있었다. 무덤 속에서 나온 강시들이 두 손을 앞으로 뻗치고서 껑충껑충 뛰는 모습이 기억날 것이다. 강시(殭尸)는 원래는 얼어죽어 뻣뻣해진 시체를 뜻하는 말이었는데, 지금은 죽어 썩지 않고 딱딱하게 굳은 시체, 즉 미라(mirra)를 뜻하는 한자말로 쓰인다. 강(殭)은 앙상한 뼈 알(歹)과 딱딱하다는 의미의 강(畺)을 합한 글자이다. 죽어 딱딱해진 시체가 바로 강시다.

죽음을 나타내는 여러 표현

죽음을 나타내는 표현 중에 '유명(幽明)을 달리했다'는 말이 있다. 유(幽)는 은미할 유(絲)와 산 산(山)을 합한 글자이다. '산[山]의 은미한[絲] 곳'이란 의미에서 '어둡다', '그윽하다'라는 뜻을 갖게 되었다. 유명(幽明)이라 할 때 유(幽)는 어두운 저승, 명(明)은 밝은 이승을 말한다. 유(幽)와 명(明)이 달라졌으니 죽었다는 뜻이다. 그저 저승만을 말할 때는 어두울 명(冥)자를 덧붙여 유명(幽冥)이라고 한다.

'타계(他界)했다'는 표현도 쓴다. 타계(他界)란 지금 여기와 다른 세계이니, 곧 유명계(幽冥界)를 말한다. 사람이 죽으면 이승에서 저승으로 건너간다. 신분 높은 사람이 죽었을 때는 사거(死去)라 하지 않고 서거(逝去)라고 한다. 우리말로 하면 돌아가셨다는 말이다. 이승을 하직(下直)했다고도 한다.

스님들은 평생 열반(涅槃), 즉 완전한 깨달음의 경지에 들기 위해 수양을 쌓는다. 열반은 범어로는 nirvana(니르바나)라고 한다. 고통과 번뇌의 사슬을 끊고 불생불멸(不生不滅)의 적멸(寂滅), 해탈(解脫)에 다다른 경지를 말한다. 그래서 스님이 세상을 뜨면 '열반에 들었다'고 하고, 적멸에 들었다는 뜻으로 입적(入寂)이라고도 한다.

그윽할 유(幽)

밝을 명(明)

어두울 명(冥)

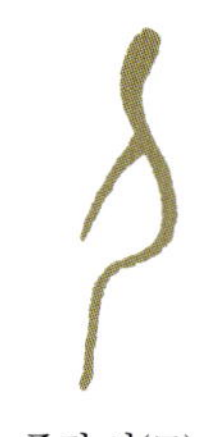

주검 시(尸)

앞에서도 말했지만, 사람이 죽으면 육체 속에 깃든 혼백(魂魄)은 혼비백산(魂飛魄散), 즉 하늘로 올라가거나 땅으로 흩어지고, 육신은 썩어서 흙으로 돌아간다. 그런데 육신이 썩지 않은 채로 그대로 있으니 혼백이 육신을 떠나지 못하고 머물러 귀신(鬼神)이 된다고 믿었다. 강시(殭尸) 귀신은 그래서 나온 것이다.

미라는 이집트가 유명하지만, 중국이나 우리 나라에서도 심심찮게 출토되어 세상을 놀라게 한다. 그 중에서도 기원전 2세기 경 한(漢)나라 귀족의 무덤인 마왕퇴(馬王堆) 유적에서 발굴된 2,200년 전의 미라는 조금도 썩지 않았을 뿐 아니라, 심지어 식도에서 참외씨까지 그대로 나왔다. 머리카락은 물론 신체 기관까지도 온전한 채 발굴되어, 그녀가 앓았던 질병까지도 확인할 수 있을 정도였다.

우리 나라에서도 몇 해 전 420년 전의 미라가 애절한 사연의 편지와 함께 발굴되어 세상을 놀라게 한 일이 있다. 미라는 이렇게 타임 캡슐처럼 우리를 아득한 과거의 현장으로 안내하기도 한다.

여러 가지 장례법(葬禮法)

사람이 죽으면 장례(葬禮)를 치른다. 장사 지낼 장(葬)자는 잡풀 우거질 망(茻)자와 죽을 사(死)를 합한 글자다. 망(茻)은 풀[屮]이 우거진 모양이고, 사(死)는 앙상한 뼈 알(歹)에 사람 인(人)자를 합쳐 죽는다는 뜻이 된다. 그러니까 장(葬)은 원래 죽은 이를 풀밭에 뉘인 모양이다. 예전에 사람이 죽으면 시체를 풀밭이 무성한 곳에 뉘여 다시 풀을 덮은 풍습과 관련이 있다.

장례(葬禮)는 나라나 민족에 따라 서로 다른 방식으로 치른다. 여기에는 풍토 환경도 크게 영향을 미친다. 가장 일반적인 장례 방식은 매장(埋葬)이다. 말 그대로 땅을 파고 묻는[埋] 것이다. 그리고 그 위

장사 지낼 장(葬)

사람이 죽으면[死] 풀밭[茻]에 뉘였던 풍습과 관련된 한자이다.

마왕퇴(馬王堆)의 미라와 출토 유물

마왕퇴는 1972년, 옛날 초나라 땅이었던 장사시(長沙市) 동쪽 교외에서 병원 신축 공사 도중에 발굴되었다. 포크레인이 무덤을 건드리자 푸른 빛의 가스가 분출되었다. 이 무덤은 약 2,200년 전인 B.C. 186년 경에 만들어졌다. 여기에서 50세 정도 나이에 키는 154.4cm인 비만형의 여인이 미라 상태로 발굴되었다. 지문은 물론 신체 내부 기관까지 완벽하게 보존되어 있었다. 심지어 그녀의 피부는 여전히 탄력을 유지하고 있었다. 혈액형은 A형이었고, 결핵과 동맥경화, 류머티즘을 앓은 흔적이 있었다. 그녀는 선천적 담낭 기형으로 참외을 먹은 후 심장 발작을 일으켜 급사한 것으로 밝혀졌다. 식도에서 위장까지에서 무려 138개의 참외씨가 발견되었다. 특히 이 속에서 출토된 엄청난 양의 유물들은 마치 타임캡슐을 캐낸 것처럼 2,000여 년 전의 당시 귀족의 생활상을 생생하게 보여 주었다.

마왕퇴 무덤에서 출토된 유물들

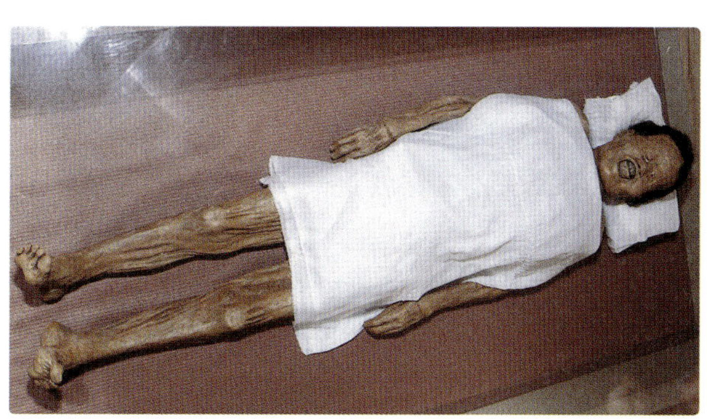

마왕퇴에서 출토된 2,200년 전의 미라

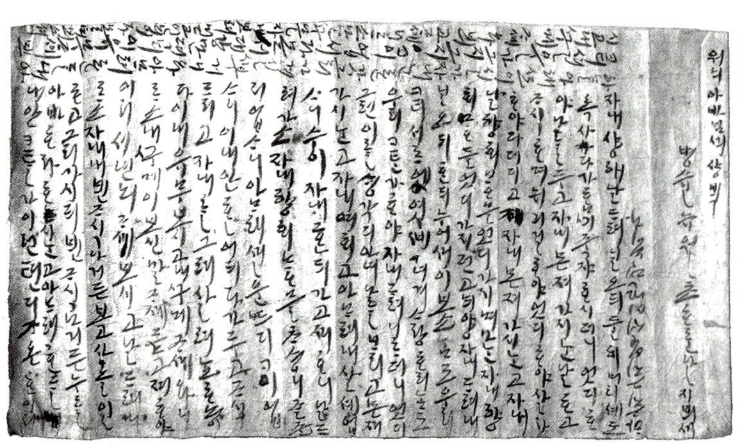

원이 아버님께 올립니다.

자네 늘 내게 말하길 머리 세도록 살다가 함께 죽자고 하시더니, 어찌하여 나를 두고 자네 먼저 가셨는가요. 나하고 자식하고 운수가 기구하여 어찌 살라고 다 버리고 자네 먼저 가셨는가요. 자네가 날 향해 마음을 어찌 가지며, 나는 자네 향해 마음을 어찌 가졌던가요. 언제나 함께 누워서 자네에게 내가 말하기를, "이 보소! 남도 우리같이 서로 어여삐 여겨 사랑하기가 우리와 같을까?" 하며 자네에게 말하더니, 어찌 그런 일을 생각지 않고 나를 버리고 먼저 가시는고. 자네 여의고 아무리 해도 내가 살 길이 없으니, 곧 자네에게 가고져 하니 날 데려 가소. (이하 줄임)

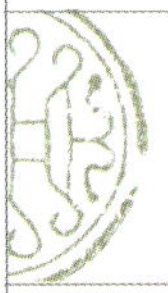

420년 전의 편지

1998년 4월, 한국토지개발공사가 경상 북도 안동시 정상동 일대에 주택 단지를 조성하기 위해 묘지를 이장하던 중 1586년에 31세의 나이로 죽은 이응태(李應台)의 미라가 발견되었다. 그의 아내인 원이 엄마가 쓴 애절한 한글 편지가 미라의 가슴 위에 놓여 있었고, 그녀의 머리카락으로 삼은 미투리가 나왔다. 그런데 편지의 내용이 너무 안타깝고 두 사람의 깊은 사랑을 생생하게 전하고 있어 사람들이 모두 놀랐다. 또한 아내가 남편에 대해 '자네'라는 호칭을 쓰고 있는 것이 이채롭다. 처음 몇 대목만 소개하면 위와 같다.

에 흙을 돋우고 표지를 세워 사람이 묻힌 무덤임을 표시한다.

　육신(肉身)을 덧없는 것으로 여기는 불교에서는 화장(火葬)을 한다. 시신(屍身)을 불에 태우는 것이다. 특별히 불교에서 행하는 화장을 다비(茶毘)라고 구분해서 말하기도 한다. 시신을 태워 유골만 수습하여 매장하는 장례법이다. 다비는 범어(梵語)˙ 'jhāpita'를 한자로 적은 것인데, 불에 태운다는 뜻이다. 인도 사람들은 죽으면 갠지스 강가에서 시신을 화장한다. 돈이 없어 시신을 다 태울 만한 나무를 살 수 없으면, 그냥 갠지스 강에 떠내려 보내기도 한다.

　티베트에는 천장(天葬)이란 독특한 장례 방식이 있다. 사람이 죽으면 시신을 산꼭대기로 옮겨와 제사 지낸 뒤, 그대로 독수리의 밥이 되게 하는 것이다. 시신에 독수리 떼들이 달려들어 살점을 뜯어먹는 장면은 생각만 해도 몸서리쳐진다. 이 곳은 화장을 할 만한 나무도 구할 수가 없고, 땅은 온통 바윗돌로 되어 있어 매장을 할 수도 없다. 억지로 매장을 한다 해도 워낙 높고 추운 곳이라 시신이 썩지 않는

葬禮

다. 천장은 이런 풍토 환경이 만들어 낸 풍습이다. 시신의 살점을 새들이 다 파먹으면, 비로소 이승의 인연에서 벗어나 영혼이 새들처럼 자유롭게 하늘로 훨훨 날아갈 수 있다고 티베트 사람들은 믿는다.

고대에는 왕들이 죽으면 살아 있는 그의 아내나 신하, 그리고 종들을 산 채로 함께 묻었다. 이것은 순장(殉葬)이라고 한다. 순(殉)은 따라 죽는다는 뜻이다. 중국에서는 고대 은(殷)나라 때부터 시작되어 서주(西周) 시절까지 성행하였다. 우리 나라에서도 삼국 시대 이전부터 순장의 풍습이 있었던 것으로 보인다.

미망인(未亡人)이란 말이 그래서 나왔다. 미망인(未亡人)은 '아직 죽지 않은 사람'이라는 뜻이다. 남편이 죽으면 함께 묻혀 따라 죽어야 하는데 그러지 못하고 살아 있어 죄스럽다는 뜻을 담고 있다.

중국 춘추 전국 시대 제(齊)나라 경공(景公)은 말을 너무나 아낀 나머지, 죽으면서 자신의 말 수백 마리를 같이 순장(殉葬)한 일도 있었다. 하지만 순장이 국가에 미치는 손실이 너무 컸기 때문에 후대에

티베트의 천장(天葬)

사람이 죽으면 독수리 밥이 되게 하는 장례 방식. 매장도 화장도 어려운 풍토 환경이 만들어 낸 풍습이다.

제나라 경공의 순장 말무덤

순장(殉葬)은 국가적 손실이 너무 커
점차 사라졌다.

점차 사라지게 되었다.

　우리 나라의 장례는 전통적으로 매장(埋葬)의 방식을 유지해 왔다. 하지만 묘지(墓地)가 차지하는 땅이 너무 넓어져서 더 이상 매장할 곳이 없어짐에 따라, 최근에는 화장(火葬)으로 장례를 치르고, 유골(遺骨)을 수습하여 납골당(納骨堂)에 모시는 방식으로 바뀌어 가고 있다.

아름답고 우아한 예서(隷書)

전서(篆書)는 필획이 너무 복잡하고 어려워서 널리 쓰기에 불편하였다. 진나라 때 전서(篆書)의 획을 간단하게 줄이고, 붓으로 쉽게 쓸 수 있도록 둥글둥글한 글꼴을 반듯반듯하게 만든 글자체가 예서(隷書)이다. 예(隷)는 노예(奴隷)의 뜻이다. 몇 가지 다른 주장이 있지만, 글자를 쉽게 만들어 이것으로 노예를 다스렸다고 해서 예서라 한다.

예서의 출현은 문화 발전에 따라 문자 생활이 빈번해지고, 기록의 필요성이 증가해 간 사정을 반영한다. 앞서 본 죽간(竹簡)에 써진 글자체가 바로 예서의 초기 형태이다. 예서는 한나라 때 크게 성행하였다.

한나라 때 예서(隷書) 비석의 대표적인 걸작인 예기비와 장천비, 조전비의 탁본

조전비(曹全碑, 서기 185년)

장천비(張遷碑, 서기 186년)

예기비(禮器碑, 서기 156년)

예서는 가로획이나 내려긋는 획이 능청능청거리는 특색이 있다. 또 가로획의 끝을 살짝 들어올려 전체 획이 탄력 있는 형태를 보여 준다. 예서는 부드러우면서도 힘이 있다. 전서가 아래위로 길쭉한 형태인 데 반해, 예서는 가로로 퍼져 야무지고 맵시 있는 글꼴을 지녔다. 다양한 변화 속에 균형을 중시하는 서체로, 지금도 책의 표지나 건물의 현판에 많이 쓴다.

예서는 후한(後漢) 시대 후기에 이르러 왕실과 귀족들이 다투어 비석을 세우는 것이 유행하면서 크게 발전하였다. 여러 서예가들이 나와 제각기 다른 예술적 특색을 보여 주며 솜씨를 뽐냈다. 서예(書藝)가 이 때부터 보편화되기 시작하였다.

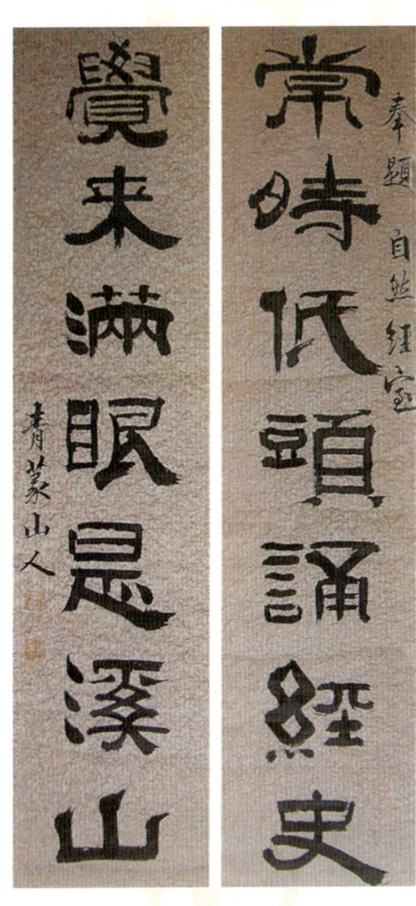

추사 김정희가 예서로 쓴 대련(對聯) 글씨

시의 내용은 "평상시엔 고개 숙여 경사(經史)를 외우다가, 정신 들면 눈에 가득 시내와 산이로다.[常時低頭誦經史 覺來滿眼是溪山]"이다.

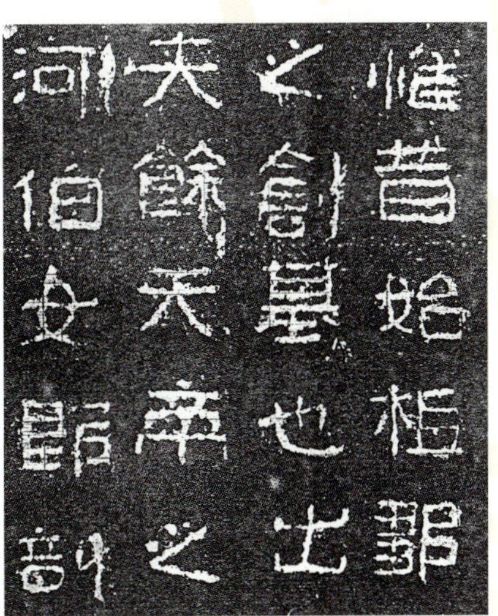

광개토왕비문(廣開土王碑文) 탁본

고구려 사람들의 힘찬 기상과 소박한 성품이 잘 드러나 있는 예서의 걸작으로, 예서 특유의 붓 굴림이 전혀 없이 질박한 것이 특징이다.

六 가족과 윤리

사람은 누구나 성명을 갖고 태어난다. 이름 속에는 자신에 대한 바람이 담겨 있다. 살아가면서 제 이름값을 하고 살기가 쉽지 않다. 조금씩 나이를 먹어 가면서 연륜이 쌓인다. 사람은 나이에 맞게 나잇값을 하고 살아야 한다. 나잇값은 다른 사람들과의 관계 속에서 정해진다. 세상은 혼자 살아가는 것이 아니다. 가족이 있고, 친척이 있고, 이웃이 있고, 겨레가 있다. 나는 누구인가? 어디서 와서 어디로 가는가? 가끔씩 자신의 존재를 되돌아보고, 떳떳한 삶의 자리를 되돌아보는 마음가짐이 필요하다.

1 성과 이름

내 말이 거짓이면 성을 갈겠다.
명함을 주시면 연락드리겠습니다.
본관이 어디신지요?
그 사람 인색하기로 호가 났지.

百姓 — 姓氏

| 백성(百姓)의 성씨(姓氏) |

"성(姓)을 갈겠다"는 말은 굳은 다짐 앞에 흔히 붙이는 말이다. 이 말에는 자신의 존재를 스스로 부정하겠다는 의미가 담겨 있다. 극단적으로 말해 사람도 아니라는 뜻이다. 결혼할 때 예전 어른들이 성씨와 집안을 따진 것도 그 사람의 근본이 어떤지 살피려는 뜻이 있다.

우리 나라 사람들은 성씨를 유난히 중시한다. 외국에서는 결혼하면 여자가 남편의 성을 따른다. 우리 나라에서는 그대로 자기의 성을 갖는다. 하지만 자식이 태어나면 남편의 성을 따른다. 성(姓)은 여자[女]가 낳는다[生]는 뜻이다. 원시 시대에는 집단 생활을 하였다. 모계(母系) 중심의 사회에서 아버지가 누구인지는 그다지 중요하지 않았다. 생산이 주가 되는 사회였으니 여자의 힘이 더 강하였다.

고대 건국 신화의 주인공은 대부분 알에서 태어난다. 알에서 태어났다는 것은 부계(父系)가 분명하지 않다는 의미이다. 비범한 인물이지만 아버지의 존재를 알 수 없기에 알에서 태어난 것으로 처리한 것이다. 또 알은 거듭남의 의미도 있다. 처음 태어난 후에도 다시 알을 까고 나오는 통과의례(通過儀禮)를 거쳐야 한다. 주인공의 위대성을 부각하기 위한 장치이다.

　중국 고대의 성씨에서 강(姜), 요(姚), 희(姬)씨 등의 성은 계집 녀 (女)자가 부수여서 모계 사회의 흔적이 남아 있다. 하지만 인류가 수 렵 생활을 하게 되면서 힘센 남자의 역할이 중요해졌다. 자녀의 혈통 도 아버지, 즉 부계(父系)를 따르게 되었다. 자녀가 아버지 성을 따르 는 것을 성(姓)과 구분하여 씨(氏)라고 하였다. 지금은 둘을 합하여 그냥 성씨(姓氏)라 부르지만 원래 성(姓)은 여자의 성을, 씨(氏)는 남 자의 성을 의미하였다.

　고대에는 성씨가 곧 신분을 상징하였다. 보통 사람들은 그저 부르 는 이름만 있었지, 성씨는 없었다. 백성(百姓)이란 백 가지 성씨란 뜻 이다. 오늘날 국민(國民)이란 말과 비슷한 뜻으로 썼다. 원래는 나라 에 공을 세워 일정한 지위를 지닌 벼슬아치를 부르던 명칭이었다. 성 은 임금이 나라에 공이 있는 신하에게 내려주는 영광스러운 것이었 다. 임금이 성을 하사(下賜)해 주는 것을 '사성(賜姓)'이라고 하였다. 조선 시대에는 일반 백성 중에 성씨조차 없는 사람이 많았다. 이제 와 백성이란 말은 일반 서민을 일컫는 말로 바뀌었다.

구지봉(龜旨峰)

《삼국유사》〈가락국기〉에는 김 해 김씨의 시조 김수로왕의 탄 생 설화가 전해 온다. 김수로왕 은 하늘에서 내려온 금궤에 들 어 있던 여섯 개의 알 가운데 하 나에서 나왔다고 한다. 구지봉 은 그 금궤가 내려왔다는 곳으 로, 지금의 김해시 구산동에 있 는 작은 산봉우리이다.

백성(百姓)

백 가지 성씨를 의미하는 백성은 오늘날 국민(國民)이란 말과 비 슷한 뜻이다.

성씨(姓氏)의 유래

성씨는 어떻게 만들었을까? 중국의 경우 처음엔 관직이나 기술, 지명 등을 참고하였다. 예컨대 정(鄭)이나 곽(郭), 등(鄧)은 출신 지역의 땅이름으로 지은 성씨다. 고을 읍(阝)이 부수인 것만 봐도 알 수가 있다. 직업을 나타내는 성씨도 있다. 축(祝)씨와 무(巫)씨, 복(卜)씨 등은 모두 제사를 주관하던 제관(祭官)이나 무당, 또는 점을 치던 특수 계층의 사람들이었다.

성(姓)은 초기에는 귀족만이 가질 수 있었다. 진시황 때 이르러서야 평민들도 성을 갖게 되었다고 한다. 일반 백성들은 동식물의 이름을 따서 우(牛), 마(馬), 양(楊), 류(柳) 등으로 성을 삼거나, 광물인 금(金), 석(石)에서 따오기도 하였다. 색깔을 나타내는 백(白)과 황(黃)으로 짓기도 하였다.

우리 나라에서 성(姓)을 쓴 것은 삼국 시대부터다. 혁거세는 박에서 나왔으므로 박(朴)씨의 시조가 되었고, 금궤(金櫃)에서 나온 수로왕은 김(金)씨의 조상이 되었다. 탈해(脫解)는 까치[鵲]가 지켜 보호해 주었으므로 성씨를 석(昔)으로 하였다.

名銜

| 명함(名銜)도 못 내밀고 |

명함도 못 내밀었다는 말은 상대방에게 압도되어 자신의 존재를 드러내 보지도 못했다는 뜻이다. 자신이 보잘것 없음을 나타내는 표현이다. 지금도 처음 만나는 사람들은 으레 명함(名銜)을 주고받는다. 상대의 명함을 받고 보니 그의 지위는 높은데 자신은 거기에 비해 너무 초라하므로 명함도 못 내밀고 만 것이다.

명함은 성명(姓名)과 관함(官銜)을 줄여서 쓴 말이다. 관함(官銜)은 관직을 거쳐 온 경력을 말한다. 처음 벼슬길에 오르면 반드시 출신지와 세대주, 그리고 집안 식구와 나이 등의 이력 사항을 자세히 적게 되어 있었다. 이것을 명함이라 하였다. 그러다가 어떤 벼슬에 있다가 물러나면 명함에 그만둔 벼슬 이름과 파직된 날짜 등을 차례로 적어 놓았다. 그러다가 사람이 필요해서 후보를 추천할 때 물망(物望)*에 그 기록도 같이 올려 임금에게 낙점(落點)을 받았다. 그런데 그 문

물망(物望)

예전에 인재를 뽑을 때 임금에게 올린 후보자 명단. 보통 3인을 천거하여 그 중 1인을 낙점받는다.

서에 앞뒤의 경력이 서로 맞물려 끊임없이 적혀 있었으므로 이를 관함(官銜)이라고 하였다.

남의 집을 방문할 때도 먼저 문간에서 명함을 들이밀면, 하인이 이를 들고 가서 주인에게 전달하였다. 주인은 명함을 보고 이 사람을 만나 볼 것인지 되돌려 보낼 것인지를 판단하는 기준으로 삼았다. 신분이 너무 보잘것 없거나 집안이 형편없으면 명함을 내밀어 보았자 퇴짜를 맞을 것이 뻔하고, 또 상대방이 나를 업신여길 것이 분명하므로 명함조차 내밀지 못하는 경우가 종종 있었다. 그러니까 명함은 그 사람의 사회적 지위와 출신을 나타내는 신분증 같은 것이라고 할 수 있다.

명함(名銜)의 함(銜)은 원래 말의 입에 물리는 재갈을 말한다. 함매(銜枚)란 말이 있다. 예전 군대가 야간에 행군할 때, 말이 소리를 내지 못하게 하려고 입에 젓가락처럼 생긴 나무를 물리던 것을 말한다. 이 나무를 매(枚)라고 하는데, 양 끝에 끈을 달아 말의 입에 물린 후 목 뒤로 그 끈을 묶었다. 이것을 재갈 물린다고 한다. 재갈을 물리면 말은 아무런 소리를 낼 수 없게 된다.

경주 안압지에서 출토된
신라 시대의 말재갈

본관(本貫)과 관향(貫鄕)

사람은 누구나 성씨(姓氏)와 이름을 갖는다. 또 성씨 앞에는 경주 김씨, 여주 이씨, 안동 권씨, 밀양 박씨, 동래 정씨처럼 동족(同族) 집단을 표시하는 땅이름이 붙는다. 이것을 본관(本貫) 또는 관향(貫鄕)이라고 한다.

본관(本貫)은 성씨의 시조(始祖)가 출생한 땅이나 임금에 의해서 봉해진 지역 이름을 따서 지었다. 시조 이후의 모든 후손들은 본관이란 울타리에 묶여 하나의 연결성을 갖게 되므로 꿴다는 뜻의 관(貫)자를 썼다. 줄여서 본(本), 또는 본향(本鄕)이라고도 하였다. 근본이

本貫 — 貫鄕

춘향(春香)과 몽룡(夢龍)

선녀가 건네주는 매화 가지를 받는 태몽을 꾸었기에 봄의
향기란 뜻의 춘향(春香)이라 이름지었고, 황룡이 치마 폭
으로 뛰어드는 꿈을 꾸고 낳아서 이름을 몽룡(夢龍)이라
하였다.

이름으로 본 옛 소설 주인공

이름은 그 사람의 간판과 같다. 이름을 통해 그 사람을 기억하므로, 이름이 주는 인상은 매우
중요하다. 고전 소설의 주인공 이름을 보면 대개 그 사람의 운명이나 전생(前生)을 알 수가 있
다. 고전 소설의 주인공들은 대부분 늙은 부부가 하늘에 치성(致誠)을 드려 늦게 얻은 자식으로
설정된다. 또 대부분 하늘나라의 신선이나 선녀가 하늘에서 죄를 지어 그 벌로 인간 세상에 내
려온다고 믿었다. 그래서 주인공의 이름은 천상에서 그 신선이 맡고 있던 직분과 관련이 있는
경우가 많다.

하늘에는 수많은 신선들이 별자리에 따라 각기 직분을 맡고 있다. 예를 들어 규성(奎星)이
란 별은 문장(文章)을 담당하는 별이다. 고려 때 이규보(李奎報)는 그 규성을 담당하던 신선이
인간의 몸을 받아 내려온 꿈을 꾸고 낳았다. 그래서 규성(奎星)의 정령이 알려 주었다[報]고 해
서 이름을 규보(奎報)라고 하였다. 고전 소설 〈사각전(謝角傳)〉의 주인공 사각(謝角)은 무(武)
를 담당하던 각성(角星)의 정령이 사씨 집안에 인간으로 태어난 것이다. 그는 나중에 대장군이
되어 외적을 무찔러 나라에 큰 공을 세우고, 하늘나라로 돌아간다.

〈춘향전(春香傳)〉의 춘향(春香)은 월매(月梅)가 선녀가 건네주는 매화 가지를 받는 태몽을
꾸고 낳았으므로 '봄[春]의 향기[香]'란 이름을 지었다. 이몽룡(李夢龍)은 황룡이 치마 폭으로
뛰어드는 꿈을 꾸고 낳아서 몽룡(夢龍)으로 지었다. 효녀 심청(沈淸)은 인당수 깊은 물에 가라
앉았기에 성으로 가라앉을 침(沈)자를 썼고, 마음씨가 곱고도 맑아서 청(淸)이다. 홍보(興甫)
는 가난한 처지에서 크게 일어날[興] 사내[甫]여서 그렇게 이름을 지었다.

이름 명(名)은 저녁 석(夕)과 입 구(口)를 합한 글자이다. 저녁이면 어두워져 사람이 보이지
않으므로 부른다는 데서 유래하였다. 대체로 백일을 전후해서 지었다. 부모들은 자식에게 길
하고 좋은 뜻을 지닌 글자를 써서 이름을 짓고, 자식이 그 이름과 같은 삶을 살아 주기를 바랐
다. 하지만 세상에는 이런 바람을 저버리고 이름값도 못 하는 사람들이 참 많다.

없다거나, 본을 모르는 사람이라는 표현은 그 조상이 누구인지를 알 수 없다는 뜻이다. 전통 사회에서는 매우 모욕적인 표현이었다.

삼국 시대 이전에는 대부분 성씨가 없었고, 삼국 시대에 들어와 일부 상층 계급만이 성씨를 사용하기 시작하였다. 조선 후기에도 백정이나 노비는 성씨가 없었다. 본관은 보통 예전에 나라에 큰 공을 세워 임금이 어떤 지역을 식읍(食邑)으로 내리거나 하여 그 지역에 뿌리를 내리면, 그것을 계기로 그 지역 이름을 가지고 본관으로 삼았다. 후대로 오면서 하나의 본관에서 여러 개로 나뉘는 경우도 있었다.

재미있는 이야기도 있다. 견훤과 왕건이 안동에서 대치하고 있을 때, 경주 김씨였던 김행(金幸)은 안동 김씨의 시조 김선평, 안동 장씨의 시조 장정필과 함께 군사를 모아 견훤의 수천 대군을 무찔렀다. 왕건은 김행에게 변화의 기미를 잘 살펴 권도(權道), 즉 임시변통의 수단을 잘 취하였다고 그에게 권(權)씨 성을 내려 이름을 권행(權幸)으로 고치게 하였다. 이것이 안동 권씨의 유래이다. 지금도 안동 권씨와 안동 김씨, 안동 장씨는 서로에게 호감을 갖고 있다고 한다.

우리 나라 사람에게 본관(本貫)은 자신의 뿌리라는 큰 의미를 지닌다. 반면 일본 사람들은 성을 바꾸는 일을 쉽게 생각한다. 자신이 유

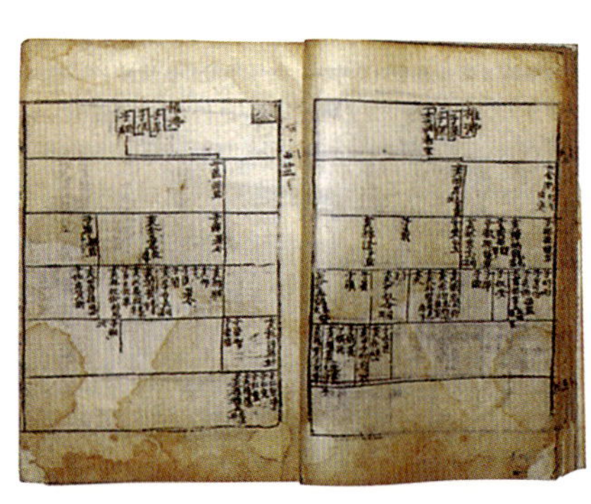

안동 권씨 족보

족보(族譜)에는 한 족속의 계통과 혈통에 관한 기록이 담겨 있다.

씨(氏)와 가(哥)는 모두 성씨를 나타내는 표현이다. 하지만 웃어른이 내게 성을 물으면 '밀양 박가'라고 해야지, '밀양 박씨'라고 하면 안 된다. '가'는 '씨'보다 자기를 낮추는 표현이다. 상대방에 대해 말할 때는 "그는 김씨 성을 가졌다."고 하고, 나를 상대방에게 말할 때는 "박가입니다."라고 하는 것이 예법에 맞다.

명해지면 아버지 성을 따르지 않고 별도의 성씨를 만들기도 한다. 왜 우리나라 사람들은 유달리 성씨에 집착할까? 가문(家門)과 족보(族譜)를 중시하는 전통 속에서 본관이야말로 집안의 결속력을 다지게 하는 원동력이었기 때문이다.

| 이름보다 많이 부른 자호(字號) |

옛 사람들은 이름 외에 별도로 자(字)와 호(號)를 지녔다. 옛사람들은 이름을 신성한 것으로 여겨 이름을 부르는 것이 예의에 어긋난다고 생각하였다. 그래서 아이 적에는 아명(兒名)을 지어 불렀고, 관례(冠禮)를 올려 성인이 된 뒤에는 이름 대신 자(字)로 불렀다.

자(字)는 집[宀] 안에 아기[子]가 자고 있는 모습이다. 아기가 무럭무럭 자라나므로 '불어나다'의 뜻도 있다. 자는 관례를 치르고 나면 스승이나 집안 어른들이 지어 주었다. 자는 흔히 이름자와 비슷하게 짓거나, 품성과 관련된 글자를 써서 지었다. 예를 들어 제갈량(諸葛亮)은 이름이 량(亮)이고 자는 공명(孔明)인데, 모두 밝다는 뜻을 지

글자 자(字)

집[宀] 안에 아기 [子]가 자고 있는 모습이다.

넀다. 퇴계 이황(李滉) 선생의 자는 경호(景浩)인데, 물 깊을 황(滉)자나 물 넓을 호(浩)자는 모두 물의 상태를 뜻하는 글자이다. 허균(許筠)은 성품이 조금 가벼운 데가 있었던지 단정(端整)한 사내[甫]가 되라고 단보(端甫)로 지었다. 문보(文甫)니 문숙(文叔)이니 하는 자에는 모두 글 잘 하기를 바라는 뜻이 담겨 있고, 사능(士能)이니 사달(士達)이니 하는 자에는 능력 있고 통달한 선비가 되었으면 하는 뜻이 담겨 있다.

호(號)는 자(字)보다 자유롭게 지었다. 일종의 별명이라고 볼 수 있는데, 그 사람의 성격이나 특징, 취미, 거주지, 인생관 등을 반영하여 지었다. 어떤 경우는 이름보다 호로 더 잘 알려진 경우도 많다. 명필(名筆) 한석봉(韓石峯)은 이름은 호(濩)자를 썼고, 석봉(石峯)은 호였다. 이항복과 절친한 사이로 많은 일화가 전해지는 한음(漢陰)도 이덕형(李德馨)의 호(號)였다.

자와 호 외에, 살았을 때 나라를 위해 큰 공을 세운 사람의 경우 죽은 뒤에 그 업적을 기려 임금이 내려주는 이름이 있었다. 이것이 시호(諡號)이다. 충무공(忠武公)은 이순신(李舜臣) 장군이 세상을 뜬 뒤 나라에서 내려준 시호이다. 국가의 변란에 임하여 충성을 다해 무(武)로써 나라를 지켰다는 의미이다. 시호는 아무렇게 짓는 것이 아니라 《시책(諡册)》이 있어, 그 사람의 생전 업적에 비추어 해당하는 글자를 가려서 지었다. 그래서 시호를 보면 그 사람이 국가를 위해 어떤 일을 했고, 어떤 성품을 지닌 분이었는지를 알 수 있다.

이순신 장군 기념비각

현판에 '충무공(忠武公)' 이라는 시호가 써 있다.

2 나이와 연륜

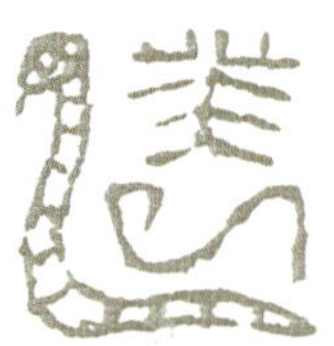

과년한 딸 자식을 두고 보니 걱정이 많다네.
불혹이 되고 보니 세상 보는 눈이 바뀜을 느낀다.
해마다 연륜이 쌓여 원숙의 경지에 이르렀다.
이런 못된 할망구 같으니라구!

瓜
年

| 과년(瓜年)한 나이 |

　사람은 태어나 한 살 두 살 나이를 먹는다. 나이는 거저 먹는 것이 아니다. 나이를 먹으면서 없던 지혜가 생겨나고, 알 수 없던 일들을 이해하게 된다. 나이를 제대로 못 먹으면 나잇값도 못 하는 사람이 된다. 사람은 나이에 맞게 행동해야지 철없는 행동을 일삼아서는 안 된다. 젊은 사람이 조숙(早熟)해서 늙은이 흉내를 내는 것도 곤란하다. 지금도 나이에 따라 십대니 이십대니 말하고, 386 세대니 사오정이니 하는 말을 쓴다. 예전에는 나이별로 어떤 말을 썼을까?

　열 살 남짓의 나이를 충년(沖年)이라고 한다. 충(沖)은 어리다는 뜻이다. 사극(史劇)을 보면 '세자께서 아직 유충(幼沖)하시니' 하는 말을 자주 듣게 된다. 유충(幼沖)이란 대개 유치원에서 초등 학교 저학년 정도의 나이를 말한다.

　15세는 지학(志學)이라 불렀다. 지우학(志于學)의 줄임말이다. 배움에 뜻을 둔다는 말이다. 《논어(論語)》＊에 나온다. 열다섯 살이면, 지금으로 치면 중학교 2학년의 나이다. 지(志)란 마음이 어디를 향해 가는 것을 말한다. 정신을 한 곳에 쏟으면 이루지 못할 일이 없다. 그

《논어(論語)》
공자와 그 제자들의 언행을 적은 유교의 경전이다.
《논어》에서 공자는 "나는 15세에 배움에 뜻을 두었고, 30세에 섰다. 40세가 되자 의혹하지 않았고, 50세에는 천명(天命)을 알았다. 60세에는 귀가 순해졌고, 70세에는 하고 싶은 대로 해도 법도를 벗어나는 일이 없었다." 라고 하였다.

저 부모님이 하라고 하니까 하는 공부는 공부가 아니다. 내가 왜 공부를 해야 하는지, 또 어떻게 살아야 하는지에 대해 깊이 생각하게 되는 나이가 15세이다.

16세는 파과(破瓜) 또는 파과지년(破瓜之年)이라고 한다. 파(破)는 깨뜨리거나 쪼갠다는 뜻이다. 과(瓜)는 오이를 말한다. 하지만 파과(破瓜)는 오이를 쪼갠다는 뜻이 아니다. 오이 과(瓜)자의 자획을 풀어 나누면 여덟 팔(八)자를 두 개 잇대어 쓴 것처럼 보인다. 그래서 8+8=16이 된 것이다.

예전에는 여성의 결혼 적령기를 열여섯 살로 생각했다. 흔히 이팔청춘(二八靑春)이라 하는 것도 2×8=16이니, 16세를 말한다. 이 말은 결혼할 나이가 된 젊은이라는 뜻이다. 과년(瓜年)이란 말도 같은 의미로 썼다. 요즘도 어른들이 집에 과년한 딸이 있다고 말하는 것을 가끔 듣게 되는데, 결혼할 나이가 된 딸이 있다는 뜻이다.

남자의 나이 스무 살이 되면 '약관(弱冠)'이라 하고, 여자의 경우는 스무 살 안팎의 나이를 '방년(芳年)'이라 한다. 방(芳)은 '꽃답다'라는 뜻이니 말 그대로 꽃다운 나이라는 뜻이다.

오이 과(瓜)

| 불혹(不惑)의 중년 |

30세는 이립(而立)이라고 한다. 역시 《논어》에 나온다. 이(而)는 접속사로 다른 뜻이 없다. 립(立)은 자립하였다는 말이다. 스스로 주관을 확고히 세워 주체적으로 판단하고 자기의 길을 간다는 뜻이다. 15세에 뜻을 세워 15년을 매진하고 나니 나름대로 자신의 가치관을 세워 한 분야의 전문가가 되었다는 의미도 담고 있다.

32세는 이모(二毛)라고 불렀다. 중국 진(晉)나라 때 반악(潘岳)이란 시인이 서른두 살 때 머리가 반백(半白)이 된 것을 두고 쓴 글이 있다.

그 때부터 32세를 이모(二毛)라고 부르게 된 깃이다. 이모란 말 그대로 머리털의 빛깔이 두 가지라는 뜻이다. 흰 머리와 검은 머리가 반반인 것을 말한다.

40세가 되면 바깥 사물에 미혹되지 않는다는 뜻에서 불혹(不惑)이라 했다. 그전까지는 이것을 보면 이것이 옳은 것 같고, 저것을 보면 저것이 옳은 것 같아 판단을 세울 수 없었는데, 나이가 마흔 살이 넘게 되면 그런 판단을 흔들림 없이 할 수 있게 된다는 말이다. 불혹의 나이가 넘어서도 자기의 길을 찾지 못하고 이리 갔다 저리 갔다 우왕좌왕(右往左往)하는 모습은 곁에서 보기에 참 민망하다.

48세는 뽕나무 상(桑)자를 써서 상년(桑年)이라고 한다. 이 말은 글자를 파자(破字)해서 만들었다. 상(桑)자는 흔히 십(十)자 세 개 밑에 나무 목(木)자 형태의 속자를 쓴다. 이 글자를 하나하나 분해하면 열 십(十)자 네 개와 여덟 팔(八)자 하나가 된다. 그래서 $(10 \times 4) + 8 = 48$이 된다.

50세는 지천명(知天命)이다. 하늘의 명(命)을 안다는 뜻이다. 줄여서 지명(知命)이라고도 한다. 쉰 살이 되면 내가 이 세상에 태어나 지금 이 일을 하고 있는 까닭을 어렴풋이나마 깨닫게 된다. 현재 하고 있는 일이 자기 의지만이 아닌 하늘의 섭리에 의한 것임을 느끼게 되는 나이다. 안 될 일에 억지를 부리지 않게 되고, 쓸데없는 욕심에서 조금은 벗어나게 된다.

뽕나무 상(桑)

| 연륜(年輪)이 쌓인 노년 |

연륜(年輪)은 본래 나무의 나이테를 가리키는 말이다. 목리(木理)라고도 한다. 나무는 한 살 먹을 때마다 나이테가 하나씩 생겨난다. 나이 먹은 나무를 자른 단면에는 수많은 나이테가 남아 있다. 나이테를 보면 이 나무가 어떤 환경에서 살았고, 언제 어떤 일이 있었는지도 알 수가 있다. 촘촘한 쪽과 그렇지 않은 쪽을 보면 나무가 서 있던 방향까지 알 수 있다.

나이테가 많아질수록 나무는 더 단단해지고 허리가 굵어져서 모진 비바람에도 끄떡없게 된다. 이처럼 어떤 일에 대한 경험이 쌓이고 숙련된 경지에 다다르는 것을 '연륜이 쌓인다'고 한다. 나이테를 보고 나무의 생장 환경을 알 수 있듯이, 사람의 얼굴 표정은 그가 어떤 삶을 어떻게 살았는지 잘 말해 준다.

사람을 보려면 그 만년(晩年)을 보라는 말이 있다. 젊은 시절 높은 명성을 쌓고도 늙어서 제 손으로 그것을 다 허무는 사람들이 있다. 행백리자(行百里者)는 반구십리(半九十里)라고 하였다. 100리 길을 가야 하는 사람은 90리를 절반으로 삼는다는 뜻이다. 90리나 오고서도 한 절반쯤 왔구나 하는 마음가짐이라야 인생의 연륜에 아름다운 마침표를 찍을 수가 있다.

60세는 이순(耳順)이라 부른다. 귀가 순해진다는 뜻이다. 귀는 소

나이테

나이테에서 그 나무의 모든 것을 알 수 있듯이, 얼굴 표정에는 그 사람이 어떻게 살아왔는지가 잘 나타나 있다.

중국의 현대 서예가 계공(啓功)이 쓴 '행백리자 반구십리(行百里者半九十里)'

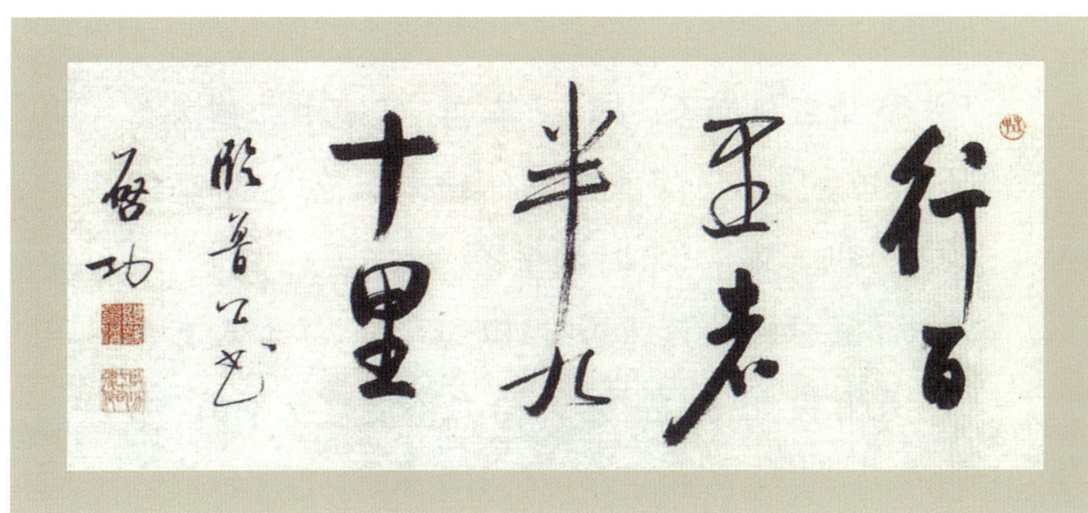

리를 듣는다. 젊은 시절에는 조금만 싫은 말을 들어도 귀에 기슬려 화가 나곤 하지만, 예순 살이 되면 웬만한 말은 걸러서 들을 수 있게 되므로 마음이 편안해진다는 뜻이다. 육순(六旬)이라고도 한다. 순(旬)은 본래 열흘이란 뜻인데, 확장되어 10년이란 뜻도 있다.

70은 고희(古稀) 혹은 종심(從心)이라 부른다. 고희란 말은 당나라 두보(杜甫)가 "사람이 70세를 사는 것은 예로부터 드물다[人生七十古來稀]."고 한 말에서 나왔다. 오늘날은 평균 수명이 70세를 훨씬 넘어섰지만, 예전에 나이 칠십은 매우 드문 장수(長壽)였다. 종심은 공자께서 말씀하신 종심소욕불유구(從心所欲不踰矩), 즉 나이 70이 되니 마음이 하고 싶은 대로 해도 법도(法度)를 벗어나지 않았다는 말에서 나왔다. 의식적으로 하려 하지 않고, 그저 마음에 편한 대로 자연스럽게 행동해도 그 모든 것이 법도를 벗어나지 않게 되었다는 뜻이다.

| 망구(望九)와 백수(白壽) |

望九—白壽

70세부터 80세까지 노인을 모질(耄耋)이라 일컬었다. 모(耄)는 70세 노인을, 질(耋)은 80세 노인을 뜻한다.

81세가 되면 90을 바라본다고 해서 망구(望九)라 한다. 망구라는 말은 본래 좋은 뜻이었다. 지금 나쁜 말로 쓰는 할망구는 망구(妄嫗), 즉 나잇값도 못 하는 망령된 할미라는 뜻이다. 이 밖에 의미와는 관계없이 글자 모양만으로 붙인 이름도 있다. 77세는 희수(喜壽)라 한다. 기쁠 희(喜)자를 초서로 흘려 쓰면 칠십칠(七十七)이라고 쓴 듯이 보인다고 해서 이런 이름을 붙였다.

80세는 산수(傘壽)라고 한다. 우산 산(傘)자는 약자로 쓰면 여덟 팔(八) 아래에 열 십(十)자를 쓴다. 88세는 미수(米壽)라 한다. 쌀 미(米)

나이를 뜻하는 한자어

10세 남짓	충년(沖年)
15세	지학(志學)
16세	파과(破瓜), 과년(瓜年)
20세 안팎	약관(弱冠)/방년(芳年)
30세	이립(而立)
32세	이모(二毛)
40세	불혹(不惑)
48세	상년(桑年)
50세	지천명(知天命)
60세	이순(耳順), 육순(六旬)
61세	회갑(回甲), 환갑(還甲)
70세	고희(古稀), 종심(從心)
70세부터 80세까지	모질(耄耋)
77세	희수(喜壽)
80세	산수(傘壽)
81세	망구(望九)
88세	미수(米壽)
90세	졸수(卒壽)
91세	망백(望百)
99세	백수(白壽)
100세	기수(期壽), 백수(百壽)

자를 분해하면 팔십팔(八十八)이 되기 때문이다. 90세는 또 졸수(卒壽)라 한다. 군사 졸(卒)자의 변체가 아홉 구(九)자 아래 열 십(十)자를 쓰기 때문이다.

　99세를 의미하는 백수(白壽)의 유래도 재미있다. 100세는 기수(期壽) 혹은 백수(百壽)라 한다. 그런데 아흔아홉 살은 백 살에서 한 살을 뺀 것이다. 그래서 일백 백(百)자에서 하나(一)를 뺀 흰 백(白)자를 쓴다.

초서로 흘려 쓴
기쁠 희(喜)

군사 졸(卒)의 변체

사위(史渭)가 바위에 새긴 백수도(百壽圖)

목숨 수(壽)자 안에 다시 같은 글자 일백 개를
각기 다른 모양으로 새겨 넣었다.

백 개의 목숨 수(壽)자

지금처럼 의학이 발달하지 않은 사회에서는 70세를 넘기기도 힘들었다. 그래서 70세를 고희(古稀)라고 하였다. 희(稀)는 희귀(稀貴), 희소(稀少)란 말에서 보듯 아주 드물다는 뜻이니, 고희란 예부터 보기드물다는 의미이다. 그러니 백 살을 사는 것은 지극히 희귀한 일이 아닐 수 없다.

건강하게 오래오래 사시라는 축복을 흔히 백수도(百壽圖)로 불리는 문자 문양으로 그려서 병풍으로 꾸미거나 도장을 만들어 찍기도 하였다. 위의 그림은 중국 남송(南宋) 때 사위(史渭)란 사람이 직접 써서 바위에 새긴 백수도이다. 바위 위에 크게 수(壽)자를 써 놓고, 그 속에 일백 개의 목숨 수(壽)자를 새겨 넣었는데 그 글자 모양이 다 다르다.

아래 도안 역시 목숨 수(壽)자를 일백 개나 써놓은 백수도(百壽圖)이다. 둥근 원 안에 같은 크기로 서로 다른 모양의 수(壽)자를 썼다. 한 글자의 모양을 이처럼 다양하게 바꾸어 표현할 수 있다는 것이 놀랍고도 재미있다. 이와 비슷하게 복 복(福)자를 백 개 그려 만든 백복도(百福圖)도 널리 성행하였다.

이런 것에는 모두 글자 속에 정령이 깃들여 있어, 간절한 바람을 담아 새겨 놓으면 그 바람대로 이루어질 것으로 믿었던 옛 사람들의 소박한 생각이 잘 담겨 있다.

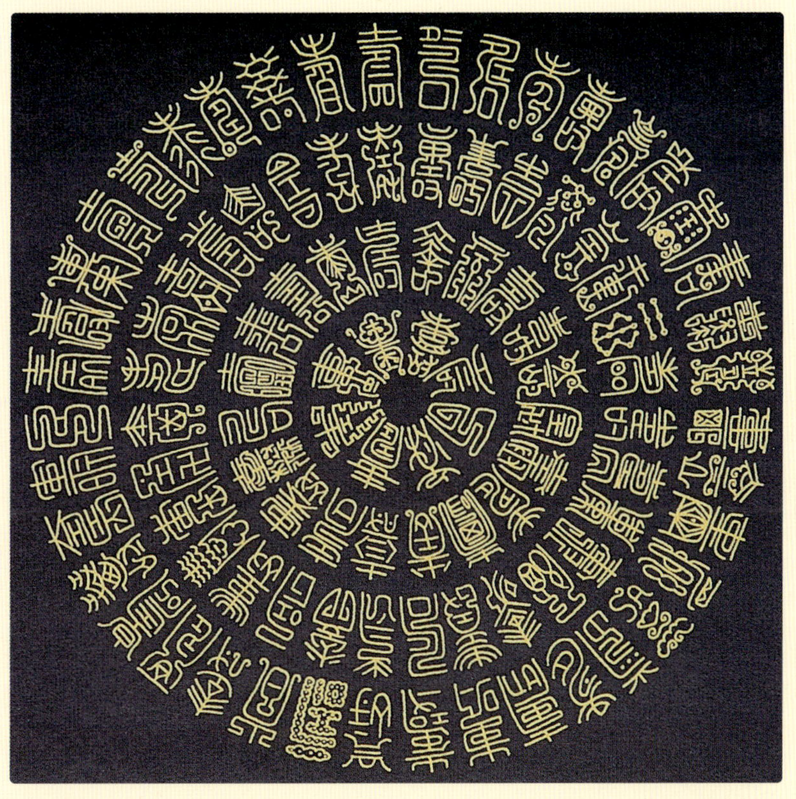

백수도(百壽圖) 도안

3 촌수와 호칭

어디 **항렬**을 한번 따져 보세.
두 사람이 **백중지세**로군.
춘부장께서는 별고 없으신가?
각하! 그렇게 하겠습니다.

行列

마디 촌(寸)

| 항렬(行列)과 촌수(寸數) |

세(世)는 시조를 1세로 하여 차례로 내려가는 것을, 대(代)는 자기로부터 아버지, 할아버지의 순서로 올라가는 것을 말한다. 이 두 말을 합쳐 세대(世代)라 한다. 보통 한 세대는 30년으로 잡는다. 한 세대와 다음 세대 사이에는 세상이 변함에 따라 가치관에도 차이가 생기게 마련이다. 이것을 세대 차이(世代差異)라고 한다. 세상의 변화가 하도 빠르다 보니, 요즘은 열 살 차이에서도 세대 차이가 발생한다.

한 집안에서 세대간의 높낮이를 가늠하는 기준을 항렬(行列)이라 한다. 촌수(寸數)는 친족 간의 멀고 가까운 정도를 나타내는 표지이다. 촌(寸)은 마디다. 손[又] 밑에 짧은 획을 그어 손목의 특정 부위를 보여 준다. 짧은 획은 손목 금 아래 2~3센티미터쯤 떨어진 동맥이 뛰는 지점이다. 손가락 한 마디쯤 되므로 '마디'의 뜻을 지니게 되었다.

나와 부모는 한 마디 떨어진 사이이니, 1촌(寸)이다. 나와 형제는 부모를 통해 몸을 나누었으니 2촌, 나와 아버지의 형제는 3촌이다. 나와 아버지 형제의 자녀와는 4촌 관계가 된다. 그렇지만 부부 사이는 무촌(無寸), 즉 촌수가 없다. 너무 가까워서 촌수로 따질 수가 없

촌수와 친족 호칭표

高祖父(고조부)
高祖母(고조모)
曾祖父(증조부)
曾祖母(증조모)
陳外祖父母
(진외조부모)
祖父
(할아버지)
祖母
(할머니)
從祖父
(종조부)
從祖母
(종조모)
大姑母
(대고모)
陳外家
(진외가)
外祖父母(외조부모)
큰·작은 할아버지
姨母夫
(이모부)
姨母
(이모)
外叔
(외숙)
外叔母
(외숙모)
父
(아버지)
母
(어머니)
伯·叔父
(백·숙부)
伯·叔母
(백·숙모)
姑母夫
(고모부)
姑母
(고모)
從伯·叔父
(종백·숙부)
從伯·叔母
(종백·숙모)
內從叔
(내종숙)
큰·작은아버지
(3촌)
당숙(5촌)
외삼촌
姨從
(이종)
外從
(외종)
姉妹
(자매)
나
兄弟
(형제)
從兄弟
(종형제)
內從
(내종)
이종사촌
외종사촌
누님·누이
형·동생
사촌형제
내종사촌
甥姪
(생질)
子女
(아들·딸)
姪
(조카)
從姪
(종질)
3촌
조카(5촌)
孫
(손자·손녀)
從孫
(종손)
再從孫
(재종손)
4촌
6촌

寸數

일가 친척들이 모여 제사를 올리는 모습

고, 헤어지면 완전히 남남이 되는 관계가 부부이다.

촌수가 4촌·6촌·8촌과 같이 짝수일 경우는 같은 항렬이 되고, 3촌·5촌·7촌과 같이 홀수일 경우는 위 항렬이거나 아래 항렬이 된다. 흔히 삼촌, 사촌 등 숫자를 호칭으로 쓰는데, 이것은 올바른 표현이 아니다. 촌수는 단순한 친소 관계를 말하는 수치일 뿐이다. 삼촌은 '숙부(叔父)', 사촌은 '종형(從兄)', 오촌은 '당숙(堂叔)', 외삼촌은 '외숙(外叔)', 육촌은 '재종(再從)' 형제로 불러야 옳다.

같은 고조부 아래서 난 4대의 자손은 촌수로 따져 팔촌(八寸) 이내가 된다. 팔촌(八寸)까지를 한 집안이라 한다. 팔촌이 넘으면 그냥 일가(一家)라고 하였다.

친인척

집안에 기쁜 일이나 슬픈 일이 생기면 친인척(親姻戚)이 모여 그 기쁨과 슬픔을 함께 나눈다. 친인척이란 친척과 인척을 합친 말이다. 친척(親戚)은 촌수가 가까운 일족(一族)을 말하고, 인척(姻戚)은 혼인으로 맺은 혈족, 곧 외가(外家)와 처가(妻家)의 혈족을 말한다. 쉽게 말해, 성(姓)이 같으면 친척이고 성이 다르면 인척이다.

재미있는 항렬법(行列法)

　한 가족의 이름에는 돌림자가 있다. 이를 항렬자(行列字)라고도 한다. 같은 집안 사람들 간의 서열을 알려 주는 표지이다. 같은 대(代)에 해당하는 사람들은 동항(同行)이라고 하여 이름 중에 한 글자를 같은 자로 통일해서 쓴다. 따라서 타고난 성(姓)씨와 항렬자를 제외하면 자신의 고유한 이름은 한 글자에 불과하다.

　지금도 많은 경우 조상들이 미리 정해 둔 항렬자에 따라 후대 자손들의 이름을 짓는다. 항렬자를 정하는 순서는 집안에 따라 다르지만, 흔히 오행 상생법(五行相生法)으로 금수목화토(金水木火土)가 부수자로 들어가는 글자를 가운데 글자와 끝 글자에 번갈아 넣는 방식으로 쓴다. 예를 들어, 아버지 대에 돌림자로 물 수(水)자가 들어간 큰 물 한(漢)자를 가운데 글자에 쓰면, 아들 대에는 나무 목(木)자가 들어간 기둥 주(柱)자를 끝 글자에 쓴다. 다시 손자 대에는 불 화(火)가 들어간 노나라 노(魯)를 가운데 글자로 붙이는 방식이다. 혹 집안 형제가 이름에 돌림자를 쓰고 있을 경우, 아버지 할아버지 대로 거슬러 올라가면서 이런 항렬자의 규칙을 찾아보는 것도 흥미로울 것이다.

　이 밖에 십간(十干)으로 정하는 경우에는 갑을병정(甲乙丙丁)의 자나 변을 따서 쓰고, 십이지(十二支)로는 자축인묘(子丑寅卯)의 순서로 이름자에 붙여 쓰기도 한다. 일이삼사(一二三四) 등의 숫자를 포함시키는 경우도 있다.

　이런 항렬의 규칙 때문에 나이와 관계없이 촌수의 차이가 생기는 경우를 흔히 볼 수 있다. 예전에는 성씨의 본관과 돌림자만 보고도 그 집안의 내력을 훤히 다 알 수가 있었다. 이름자 안에 한 집안의 역사가 이미 다 깃들여 있는 것이다.

　요즘은 작명소(作名所)에서 돈을 주고 이름을 짓는 경우가 많다. 또 한글 이름도 많이 짓다 보니, 항렬자를 지키지 않은 이름이 갈수록 많아진다. 항렬자를 꼭 지켜야 하는 것은 아니지만, 친족 간의 관계를 이해하기는 참 편리한 방법이 항렬이다.

안항(雁行)

기러기가 V자 편대로 나는 것을 말한다.

왜 행렬이 아니고 항렬인가?

왜 행렬(行列)이라 하지 않고 항렬(行列)이라고 할까? 가거나 행한다는 뜻으로 쓸 때는 행(行)으로 읽지만, 길게 세우는 줄을 말할 때는 항(行)으로 읽는다. 기러기가 V자 편대로 나는 것은 안항(雁行)이라 한다. 기러기는 위계 질서가 엄격하여 가장 우두머리가 편대의 맨 앞에 선다. 그래서 《예기(禮記)》에서는 형제가 나이대로 줄지어 가는 것을 안항(雁行)이라 한다고 하였다. 수학에서도 늘어선 숫자들 사이의 규칙을 찾는 행렬의 원말은 항렬(行列)이다.

또 가게나 상점의 뜻으로 쓸 때도 본래는 항으로 읽었다. 은행(銀行)은 원래 은항으로 읽어야 옳다. 말 그대로 은(銀)을 파는 가게가 은항이다. 유한양행(柳韓洋行)이라 할 때도 원래는 양항으로 읽어야 한다. 양항(洋行)은 서양 상품을 파는 상점이라는 뜻이다. 중국에서는 지금도 철물점을 오금항(五金行)이라 한다. 지금은 모두 '행'으로 굳어져서 은행, 양행이라고 한다.

행과 항으로 읽는 행(行)자처럼, 한자에는 한 글자를 두고 의미에 따라 다른 음으로 읽는 글자가 많다.

의미에 따라 음이 달라지는 한자

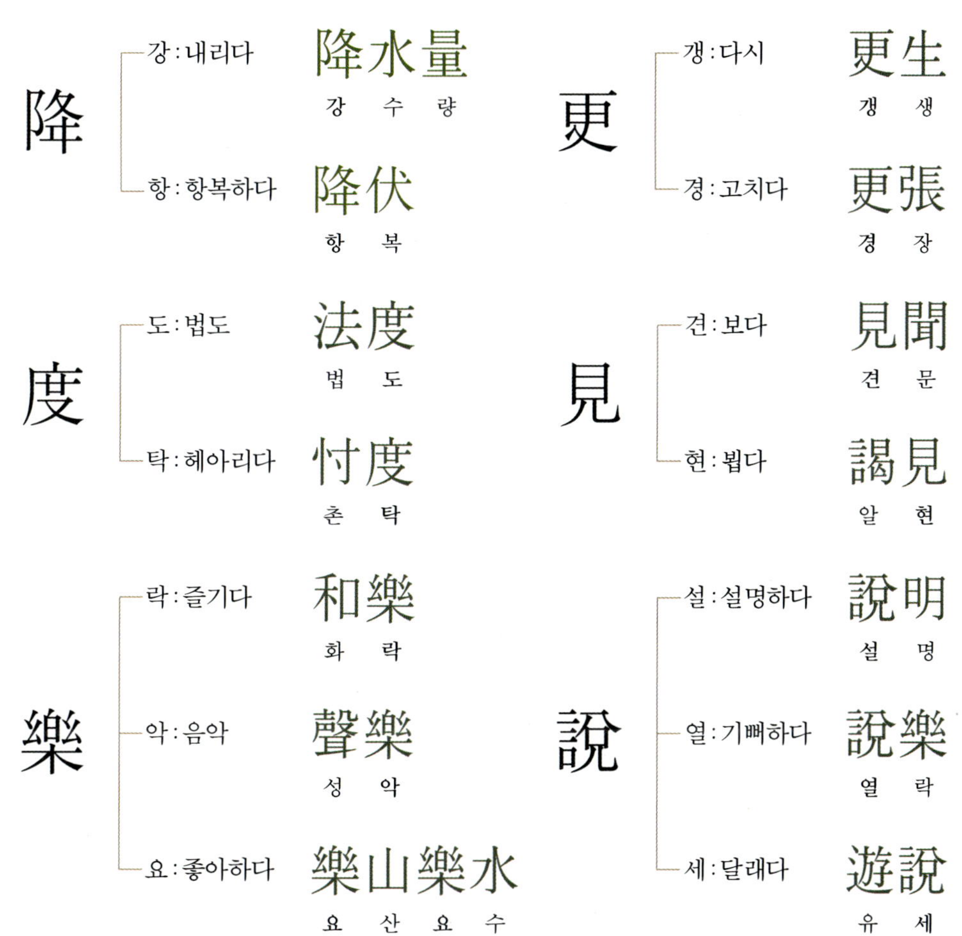

降
- 강 : 내리다   降水量 (강수량)
- 항 : 항복하다   降伏 (항복)

度
- 도 : 법도   法度 (법도)
- 탁 : 헤아리다   忖度 (촌탁)

樂
- 락 : 즐기다   和樂 (화락)
- 악 : 음악   聲樂 (성악)
- 요 : 좋아하다   樂山樂水 (요산요수)

更
- 갱 : 다시   更生 (갱생)
- 경 : 고치다   更張 (경장)

見
- 견 : 보다   見聞 (견문)
- 현 : 뵙다   謁見 (알현)

說
- 설 : 설명하다   說明 (설명)
- 열 : 기뻐하다   說樂 (열락)
- 세 : 달래다   遊說 (유세)

伯仲叔季

| 형제간의 서열, 백중숙계(伯仲叔季) |

쌍방의 실력이 엇비슷할 때 흔히 난형난제(難兄難弟)라고 말한다. 형이라고 하기도 어렵고 아우라고 하기도 어려울 만큼 비슷하다는 뜻이다. 백중지세(伯仲之勢)라고도 한다. 백중(伯仲)은 본래 형제간의 서열(序列)을 일컫는 말이다. 맏 백(伯)은 사람 인(人)과 흰 백(白)을 합한 글자이다. 사람이 흰 것은 나이가 많다는 뜻이니, 백(伯)은 가장 나이가 많은 첫째라는 뜻이다. 버금 중(仲)은 둘째를 가리킨다.

옛날에는 형제간의 서열을 백중숙계(伯仲叔季)로 나누었다. 숙(叔)은 셋째, 계(季)는 막내를 가리키는 말로 썼다. 남자의 나이가 스물이 되면 자(字)를 받는데, 백중숙계의 서열로 자(字)를 삼는 경우가 많았다. 그래서 자(字)만 보고도 집안에서의 서열을 쉽게 알 수 있다. 수양산에서 고사리를 캐먹다 죽은 백이(伯夷)와 숙제(叔齊)는 첫째와 셋째이다. 공자의 자는 중니(仲尼)이니, 그가 둘째 아들이었음을 짐작할 수 있다. 넷째 아들이었던 송강 정철(鄭澈)의 자는 계함(季涵)이다. 뒤로 오면서 구분이 번거로워져서 그냥 큰아버지는 백부(伯父), 작은아버지는 숙부(叔父)라고 부르게 되었다.

옛날에는 형제간의 서열을 백중숙계(伯仲叔季)로 나누었다. 남자들의 자(字)만 보고도 집안에서의 서열을 알 수 있었다.

| 춘부장(椿府丈)과 훤당(萱堂) |

요즘은 잘 쓰지 않게 되었지만, 춘부장(椿府丈)은 상대방의 아버지를 높여 부를 때 흔히 쓰던 말이다. 춘부장(春府丈)으로도 쓴다. 춘(椿)은 대춘(大椿)이라는 상상 속의 나무이다. 장자(莊子)는 이 나무가 8천 년을 봄으로 삼고, 다시 8천 년을 가을로 삼는다고 하였다. 그러니까 대춘의 일 년은 자그마치 3만 2천 년이나 된다. 부(府)는 돈이나 문서를 보관해 두는 창고, 즉 큰 집을 뜻한다. 장(丈)은 손에 막대를 든 모습으로 어른이란 뜻이다. 춘(椿)자에는 오래오래 살기를 바라는 염원을 담았고, 부장(府丈)이란 집안의 큰 어른이란 뜻이다.

또 자신의 어머니는 모친(母親)이나 자친(慈親)이라 부르고, 남의 어머니에 대해서는 높임의 뜻으로 당(堂)자를 붙여 자당(慈堂)이나 훤당(萱堂)이라고 불렀다. 자(慈)는 '사랑하다'는 뜻이다. 따뜻한 온기를 의미하는 자(玆)와 마음 심(心)자를 합쳤다. 따뜻한 마음은 곧

고봉한의 〈훤초(萱草)〉

청나라 때 고봉한(高鳳翰)이 그린 원추리꽃 그림이다. 그림 제목에 '의남도(宜男圖)'라고 썼다. 집안 동생의 결혼을 축하하면서 아들을 많이 낳으라고 축복해 준 그림이다.

萱堂

어머니 마음이다.

훤당(萱堂)의 훤(萱)은 원추리꽃이다. 예전 어떤 효자가 집 뒤편에 별당을 지어 나이 드신 어머니를 모셨는데, 마당에 어머니가 좋아하는 원추리꽃을 가득 심은 데서 유래하였다. 별당이 집 뒤 북쪽에 있다 해서 북당(北堂)이라고도 한다. 사실 별당에 물러날 정도면 늙어 집안 살림을 며느리에게 물려준 상태다. 그래서 훤당이란 말은 나이 드신 어머니에게만 쓴다. 또 훤당은 효자의 어머니를 일컫는 말이므로 자신의 어머니에게 이 표현을 쓰면 스스로가 효자임을 뽐내는 것이 된다.

원추리꽃은 여러 가지 이름으로 불리는데, 근심을 잊게 해 준다 해서 망우초(忘憂草)라고 하였다. 부인이 임신하였을 때 몸에 이 꽃을 지니면 아들을 낳는다고 해서 의남초(宜男草)라고도 불렀다. 그러니까 늙은 어머니의 뜨락에 심은 원추리꽃에는 모든 근심 걱정을 다 잊고서 노후를 편히 지내시라는 뜻이 담겨 있다.

사돈(査頓)은 몽고말

자녀의 혼인으로 맺어진 두 집안끼리 서로를 부를 때 사돈(査頓)이라 한다. 글자로 풀면 나무 등걸[査]에서 머리를 조아린다[頓]는 뜻이다. 흔히 사둔이라고도 한다. 사돈 또는 사둔은 중국에서는 쓰지 않는 표현이다. 원래는 몽고말에서 나왔다. 고려 말 원나라 지배 아래 있으면서 우리말 속에 침투한 몽고말이 적지 않다. 사돈도 그 중 하나다.

흔히 사돈의 유래를 이렇게 설명한다. 두 친구가 자녀를 결혼시킨 후 술병을 들고 상대방의 집을 찾아가다가 시내를 사이에 두고 만났다. 그런데 밤 사이에 물이 불어 건너지 못하자 서로 나무 등걸에 앉아 건너편을 보며 머리를 조아리면서 술을 마셨다는 데서 유래하였다는 것이다. 이것은 글자를 가지고 뜻을 꾸며 만든 견강부회(牽强附會)의 이야기이다.

사돈 사이는 허물없이 대하기에는 조심스럽고, 그렇다고 멀리할 수도 없는 어려운 관계이다. 제 일은 제쳐놓고 남의 일에만 참견할 때 쓰는 '사돈이 남 말 한다'는 속담이나, '사돈의 팔촌' 같은 말은 지금도 자주 쓰는 표현이다.

| 각하(閣下), 족하(足下), 귀하(貴下) |

　예전에는 대통령이란 호칭 뒤에 반드시 '각하(閣下)'란 말을 붙였다. 그래서 이 말이 권위주의를 상징하는 단어처럼 되어 버렸다. 각하(閣下)에서 아래 하(下)자는 자신을 낮추고 상대방을 높일 때 쓰는 표현이다. 이렇게 한자말에는 상대방을 높이기 위해 상대방의 호칭을 직접 말하지 않고, 상대방이 거처하는 공간 명칭 다음에 아래 하(下)자를 쓰는 표현법이 있다.

　황제는 폐하(陛下)라고 한다. 황제는 높은 계단 위 궁궐에 앉아 신하들을 내려다보니까 신하들은 계단[陛] 아래에서 계단 위를 올려다본다. 그래서 폐하(陛下)다. 황제보다 낮은 임금이나 세자는 전하(殿下)로 불렀다. 전각(殿閣)의 아래에 선다는 말이다.

　예전에 각하(閣下)는 정승(政丞)에게나 쓰던 말이었다. 각(閣)이 정승이 집무하던 곳이었기 때문이다. 이 말을 대통령에게 붙여 쓰면

閣下｜足下｜貴下

경복궁 근정전

전하(殿下)는 임금이나 세자가 계신 전각 아래 선다는 뜻으로 부른 말이다.

영식과 영애, 영부인

명령 령(令)

윗부분은 집을 본떴고, 아랫부분은 무릎 꿇고 명령을 듣고 있는 사람을 나타낸 모양이다.

남의 아들을 좋게 말할 때 아들은 영식(令息), 딸은 영애(令愛)라 부른다. 영(令)은 아름답다, 좋다는 뜻이다. 영부인(令夫人)은 남의 부인을 높여 부르는 말이다. 귀부인(貴夫人)이라고도 한다. 요즘은 대통령의 부인이나 자식을 가리킬 때 주로 쓰는 말이 되었지만, 예전에는 일상에서 흔히 쓰던 말이다.

영(令)자의 윗부분은 집을 본뜬 모양이고, 아랫부분은 무릎 꿇고 명령을 듣고 있는 사람을 나타내는 절(卩)자이다. 영(令)자의 명령이란 뜻이 이래서 나왔다. 여기에서 '좋다', '훌륭하다'는 의미가 파생되었다. 식(息)자는 자(自)와 심(心)을 합한 글자이다. 자(自)의 원형은 코이므로 숨쉰다는 뜻이다. 호흡이란 인간이 살아 있는 한 지속되어야 하므로 대를 잇는 자식(子息)의 의미로도 쓰게 되었다.

대감(大監)과 영감(令監)이란 말도 예전과는 다르게 쓴다. 대감(大監)은 정이품(正二品) 이상의 관원을 일컫는 말이었다. 영감(令監)은 정삼품(正三品)과 종이품(從二品)의 관원을 부르는 말이었다. 오늘날 영감이란 말은 그냥 나이든 할아버지를 낮춰서 말할 때 쓴다. 예전에는 영감마님이던 것이 영감태기, 영감쟁이로 격하되고 말았다.

사실은 그 지위를 격하시켜 부른 셈이다. 자기와 비슷하거나 아랫사람에게는 족하(足下)란 말을 썼다. 오늘날도 교황(敎皇)에게는 성하(聖下)란 말을 쓴다. 거룩한 분 아래에 선다는 뜻이다. 편지를 쓸 때는 받는 사람 이름 끝에 귀하(貴下)라고 쓴다. 귀하신 분 아래에 자신이 선다는 뜻이다.

편지를 쓸 때는 상대의 책상이나 앉은 자리 앞에 놓는다는 뜻으로 안하(案下)·궤하(几下)·좌하(座下) 등의 표현을 쓰기도 한다.

父(부)—아버지

손에 돌도끼를 들고 있는 모습이다. 사냥으로 가족을 부양하는 아버지의 권위 있는 모습을 나타낸다.

母(모)—어머니

계집 녀(女)에 젖 먹이는 가슴을 강조하였다. 자식에게 젖 먹이는 모습이다.

兄(형)—형

사람이 하늘을 향해 입을 벌려 소리치는 모습이다. 제사 지낼 때 신에게 고하는 것인데, 그 역할을 대개 맏이가 하였다.

가족 구성원을 나타내는 한자

弟(제)—아우

줄로 어떤 물건을 묶어 놓은 모양이다. 차례대로 감아 올리는 데서 '차례'의 뜻으로 쓰이다가 '다음', '아우'의 뜻을 지니게 되었다.

姉(자)—손윗누이

오른쪽 글자는 단순히 음의 역할만 한다. 먼저 태어난 여자 또는 다 자란 여자라는 뜻이다.

妹(매)—손아랫누이

음의 역할을 하는 아닐 미(未)에는 아직 젊다, 작다는 뜻이 있다. 나이가 아직 적은 여자이다.

孫(손)—손자, 자손

계(系)는 실을 손으로 꼬아 이어가는 모양이어서 이어지다의 뜻이 되었다. 자손이 실타래처럼 계속 이어진다는 뜻이다.

子(자)—아들

본래 어린 아기의 모습을 본뜬 모양이다. 후에 '아들'의 뜻으로 바뀌었다.

祖(조)—조상, 할아버지

귀신을 뜻하는 시(示)와 제사 그릇을 뜻하는 차(且)가 합쳐졌다. 차(且)를 남근의 상형으로 보기도 한다.

4 효도와 인륜

슬하에 자녀를 몇이나 두셨는지요?
불초소자를 용서해 주십시오.
신문에 패륜 기사가 안 나오는 날이 없다.
까마귀의 반포보은을 본받아야 하겠다.

膝下

| 슬하(膝下), 무릎에서 키우다 |

상대방의 자녀 관계를 물을 때 "슬하(膝下)에 자녀(子女)를 몇이나 두셨습니까?" 라고 묻는다. 슬하(膝下)는 말 그대로 무릎[膝] 아래[下] 다. 즉, 어버이의 보호 아래 있는 것을 나타낸다. 아기가 기어다니기 시작하면 부모는 잠시도 한눈을 팔 수가 없다. 잠깐 사이에 방바닥에 놓인 물건을 입에 넣기도 하고, 뜨거운 난로에 손을 데기도 한다. 가장 안전한 것은 부모가 다리를 오므려 무릎 안, 곧 슬하(膝下)에서 놀게 하는 것이다.

"자식(子息)도 슬하의 자식" 이란 말이 있다. 곁에 있을 때 자식이지, 출가하여 떠나고 나면 남과 같다는 뜻으로 쓴다. "슬하가 쓸쓸하면 오뉴월에도 무릎이 시리다" 는 속담도 있다. 이 때 슬하는 진짜 무릎 아래가 아니라 자녀와 한 울타리 안에서 지낸다는 뜻이다.

자식은 태어난 후 적어도 3년을 부모의 품안에서 자란다. 3년이 지나 제 발로 걸어다니게 되어도 결혼하여 부모의 슬하를 떠날 때까지 애지중지(愛之重之) 아끼는 부모의 사랑을 받으며 성장한다. 예전에는 부모님이 돌아가시면 자식은 3년 동안 상복을 입었다. 갓난아

이 때 3년간 품에 안고 길러 주신 그 은공(恩功)을 차마 잊을 수 없기 때문이다.

어버이를 닮지 못해 불초(不肖)

불초자(不肖子)는 부모 앞에 자신을 일컬을 때 쓰는 표현이다. 불초(不肖)의 초(肖)는 닮았다는 뜻이다. 초상화(肖像畵)는 실제 모습과 꼭 닮게 그린 그림이다. 그러니까 불초(不肖)는 부모를 닮지 못해 부모의 이름을 욕되게 하였다는 말이다. 실제로 그렇다는 말이 아니라 자신을 낮추는 겸양(謙讓)의 뜻으로 쓴다. 반대로 부모가 남에게 자기 자식에 대해 말할 때도 이 말을 쓴다. '자식이 불초해서'라고 하면 꼭 자신을 닮지 않았다기보다, 남만 못하다는 뜻이다.

자식은 부모의 좋은 점을 본받아 어디서든 부모 이름을 더럽히지 않는 자랑스런 사람이 되어야 한다. 그렇지 않으면 부모의 위신을 깎고, 집안의 이름에 먹칠하게 된다.

패륜(悖倫)과 불륜(不倫)

부모와 자식간, 형제 사이의 관계는 끊고 싶다고 끊을 수 있는 것이 아니다. 이를 하늘이 맺어 준 윤리라 해서 천륜(天倫)이라 한다. 전통적인 효(孝) 윤리가 땅에 떨어지고 보니, 자식이 중풍에 걸린 부모를 길에 내다 버리거나, 심지어 죽이기까지 하는 엽기적(獵奇的)인 일까지 심심찮게 생겨난다. 이런 것을 패륜(悖倫)이라 한다.

패(悖)는 어그러지다, 도리에서 벗어나다는 뜻이다. 윤리(倫理)는 인간이면 누구나 지켜야 할 떳떳한 가치이다. 여기에 맞지 않는 행동을 하니 패륜이 된다. 이런 패륜을 일삼는 사람이 패륜아(悖倫兒)이

不肖

悖倫─不倫

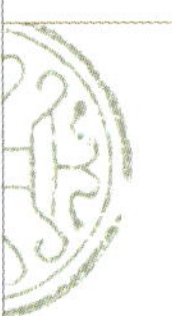

자식의 태도를 말한 漢字成語
한 자 성 어

昏定晨省
혼 정 신 성

예전에 자식은 밤에 잠자리에 들기 전에 부모의 침소에 가서 잠자리를 살펴 드렸다. 이것이 혼정(昏定)이다. 저녁[昏]에 잠자리를 정해 드린다[定]는 뜻이다. 아침에는 일어나자마자 먼저 부모의 침소에 가서 밤새 잘 주무셨는지 문안을 드렸다. 이것이 신성(晨省)이다. 날 일(日)과 별 진(辰)이 합쳐진 신(晨)은 새벽이란 뜻이다. 적을 소(少)자와 눈 목(目)자를 합한 성(省)은 자세히 살펴본다는 의미이다. 혼정신성(昏定晨省)은 자식이 아침부터 밤중까지 부모를 공경하여 모신다는 뜻이다.

出告反面
출 곡 반 면

밖에 외출할 때는 반드시 가는 곳을 고하고, 돌아와서는 직접 얼굴을 대면하여 무사히 잘 다녀왔음을 알리는 것을 말한다. 그래야 부모님이 자식 걱정으로 애태우는 일이 없겠기에 나온 말이다. 예전에는 날마다 아침저녁으로 부모님께 문안을 여쭙는 것이 당연한 도리였다.

色難
색 난

자식이 부드러운 낯빛으로 부모를 섬기기가 참 어렵다는 뜻이다. 기름진 음식과 좋은 옷으로 어버이를 봉양하는 것보다 온화한 낯빛으로 어버이의 마음을 기쁘게 해드리는 것이 참된 효도라고 생각하였다. 색(色)은 색깔이란 뜻으로 쓰지만, 여기서는 낯빛이라는 뜻이다. 요즘 젊은이들은 부모에게 정색(正色)을 하고 함부로 대들기까지 한다.

다. 위아래를 알아보지 못하고 부모나 윗사람에게 제멋대로 구는 젊은이를 가리키는 말이다. 남녀 사이에 지켜야 할 윤리를 넘어서는 행동은 패륜(悖倫)이라 하지 않고 불륜(不倫)이라 한다. 말 그대로 윤리적이지 못한 행동이다.

효도 효(孝)자는 자식[子]이 지팡이를 대신하여 늙은 부모[老]를 업고 있는 모양이다. 용돈과 생활비를 대 준다고 해서 효가 아니다. 어버이의 마음을 기쁘게 하고, 몸소 곁에서 든든한 지팡이 역할을 해 주어야 진정한 효다. 그렇지 않고 무자식(無子息)이 상팔자(上八字)란 말이 부모의 입에서 나오게 한 데서야 될 말이겠는가.

춘추 전국 시대 노래자(老萊子)란 사람은 나이가 70이 되어서도 부모를 기쁘게 해드리려고 색동옷을 입고 재롱을 피운 것으로 유명하다. 이를 반의지희(斑衣之戲)라고 하는데, 반의(斑衣)는 색동옷을 말한다.

하지만 슬하(膝下)에서 금지옥엽(金枝玉葉)으로 키운 자식이 불초(不肖)를 넘어 패륜(悖倫)이 되지 않게 하려면 부모도 몸가짐과 마음가짐을 바로 하지 않으면 안 된다. 자식은 부모가 하는 대로 보고 배운다. 자식의 잘못은 일차적으로 그 책임이 부모에게 있다. 남을 배려하는 마음, 사양하고 양보하는 정신, 어른을 공경하는 자세는 부모가 먼저 본보기를 보여서 자식이 느껴 따라오게 해야 한다.

효도 효(孝)
자식[子]이 늙은 부모[老]를 업고 있는 모양이다.

| 반포보은(反哺報恩), 까마귀의 효도 |

까마귀는 깃털색이 검고 울음소리도 불길한 느낌을 주어 흉조(凶兆), 즉 나쁜 징조의 상징으로 일컬어져 왔다. '까마귀 싸우는 골에 백로야 가지 마라'와 같은 시조를 보면, 까마귀는 속까지 더럽고 음흉한 악의 상징으로 그려져 있다.

反哺報恩

이런 까마귀를 한편에서는 새끼가 자라 늙은 어미에게 먹이를 물어다 먹이는 새라 하여 반포조(反哺鳥)라고 한다. 반(反)은 '되돌린다'는 뜻이고, 포(哺)는 '먹는다'는 뜻이다. 그러니까 반포(反哺)는 받아먹은 것을 되돌려 갚는다는 말이다. 그래서 까마귀를 자오(慈鳥)라고도 하고 효조(孝鳥)라 부르기도 한다. 조선 후기 시인 박효관(朴孝寬)은 〈교훈가(敎訓歌)〉란 시조에서 이렇게 노래하였다.

> 그 누가 가마귀를 검고 흉하다 했는가
> 반포보은(反哺報恩)이 이 아니 아름다운가
> 사람이 저 새만 못함을 못내 슬퍼하노라

이렇게 보면 까마귀야말로 겉은 검어도 속은 흰 새다. 겉으로는 흰 체하면서 속은 검다 못해 시커먼 인간보다 훨씬 낫다. 흔히 부모의 사랑을 말하면서 '내리사랑은 있어도 치사랑은 없다'고 한다. 한없이 베풀고 아낌없이 나눠 주는 사랑이 자식을 향한 부모의 사랑이다. 어떤 효도로도 부모의 사랑을 다 갚을 수는 없다.

작가 미상의 〈고목한아도(古木寒鴉圖)〉, 원나라

까마귀는 흉조의 상징으로 일컬어져 왔지만, 늙은 어미에게 먹이를 물어다 먹이는 새라 하여 반포조(反哺鳥)라고도 한다.

효(孝)와 관련된 四字成語
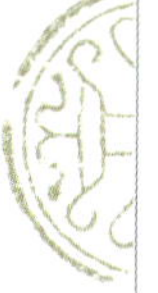

사 자 성 어

風樹之嘆
풍 수 지 탄

풍수지탄(風樹之嘆)이란 말은 '바람과 나무의 탄식'이라는 뜻이다. 부모님이 돌아가신 후 생전에 효도하지 못한 뉘우침을 일컫는 말이다. "나무는 고요하려 하나 바람이 그치지 않고[樹欲靜而風不止], 자식은 봉양하려 해도 어버이는 기다려 주지 않는다[子欲養而親不待]."는 옛말에서 나왔다.

　나무는 가만히 있고 싶지만 바람이 쉴새없이 분다. 자식은 봉양하고 싶어도 어버이는 돌아가시고 없다. 나무가 바람 탓만 할 수 없듯이, 자식은 일찍 돌아가신 부모님을 탓할 것이 아니라 어려움 속에서도 부모님 살아계실 때 공경으로 모셔야 한다. 부모 생전에는 효자가 없다는 말이 있다. 뒤늦게 철들어 효도를 하려 하여도 부모는 이미 내 곁을 떠나고 계시지 않는다. 정철은 이런 안타까움을 다음과 같이 시조로 노래하였다.

> 어버이 살았을 제 섬길 일을 다 하여라
> 지나간 뒤에는 애달프다 어이 하리
> 평생에 고쳐 못 할 일이 이뿐인가 하노라.

喪明之痛
상 명 지 통

불효 중에 가장 큰 불효는 자식이 부모보다 먼저 죽는 것이다. 자식은 부모는 땅에다 묻지만, 부모는 자식을 가슴에 묻는다고 하였다. 상명지통(喪明之痛)이란 옛날 자하(子夏)가 아들이 죽자 상심한 나머지 밤낮으로 울다가 마침내 눈이 멀고 말았다는 고사에서 나온 말이다. 상(喪)은 상실(喪失), 즉 잃었다는 뜻이고 명(明)은 밝음이니까 시력(視力)을 상실할 만큼의 아픔이 상명지통이다.

붓이 날고 먹물이 튀는 초서(草書)

처음에 대충 쓴 원고를 초고(草稿)라고 한다. 초창기(草創期)는 처음 시작하는 시기를 가리킨다. 이 때는 모든 것이 거칠고 어수선하다. 그러니까 초서(草書)는 '대충' 또는 '거칠게' 쓴 글씨이다. 전서에서 예서로 바뀐 뒤에도 글을 빨리 받아 적으려면 필기체로 흘려 쓰지 않으면 안 되었다. 처음에는 붓을 굴리거나 꺾으면서 획을 간략하게 흘려 쓴 예서, 즉 초예(草隷)가 시간이 흐름에 따라 점차 예서의 필획에서 탈피한 것이 초서이다. 일반적으로 초서는 해서(楷書)를 휘갈겨 쓴 것이라고 생각하지만, 사실은 초서가 해서보다 먼저 나왔다.

지금처럼 여러 글자를 잇달아 쓰는 연결된 초서체를 처음 쓴 사람은 진

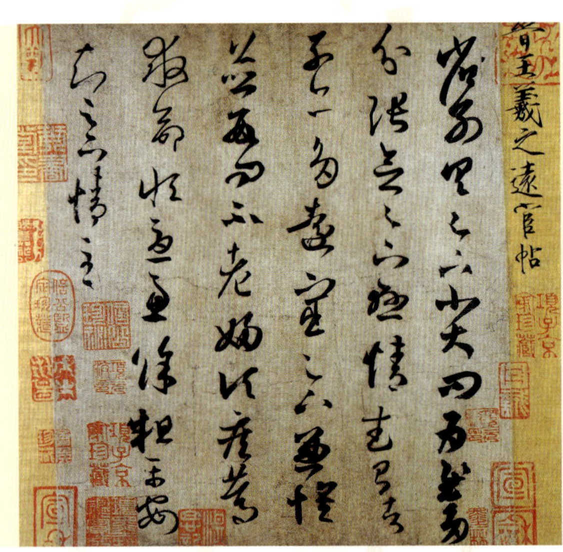

초서로 쓴 왕희지(王羲之)의 〈원환첩(遠宦帖)〉

화면에 찍힌 도장은 역대로 이 글씨를 감상한 황제나 수장가들의 감상인(鑑賞印)이다.

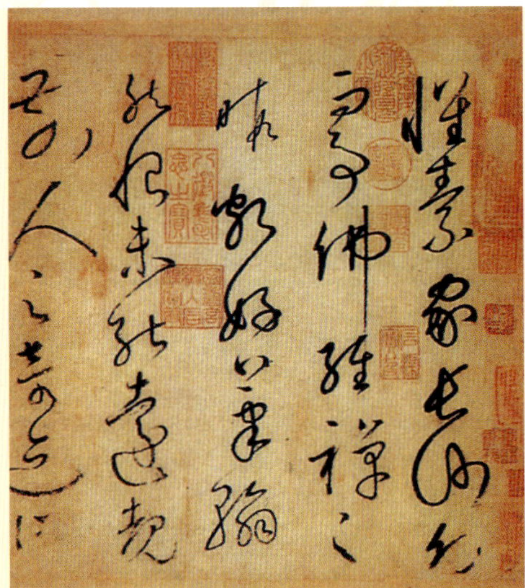

당나라 회소(懷素)의 〈자서첩(自敍帖, 777년작)〉의 앞 부분

초서체로 쓴 춤출 무(舞)자

현대 한국 정주상(鄭周相)의 글씨.
실제로 한쪽 어깨를 들고 덩실덩실 춤을
추는 듯한 느낌이 든다.

(晉)나라 때 왕희지(王羲之)와 왕헌지(王獻之) 부자이다. 초서는 계속 발전하여 당나라 때 와서 장욱(張旭)과 회소(懷素) 같은 유명한 서예가를 배출하였다. 특히 장욱은 광초(狂草)로 유명하였다. 그는 술이 취해 흥이 도도해지면 미친 듯이 소리지르며 달리다가 급히 붓을 찾아 글씨를 쓰곤 하였는데, 붓이 없으면 머리채를 풀어 먹을 묻혀 글씨를 썼다.

초서의 글씨를 보면 마치 붓끝이 살아 움직이며 춤을 추는 듯한 경쾌한 리듬감을 느낄 수 있다. 초서는 굉장히 많은 연습이 필요한 글씨이다. 아무렇게나 휘갈겨 쓴다고 초서가 되는 것은 아니다. 왕희지는 초서를 잘 써서 글씨의 성인, 즉 서성(書聖)으로 일컬어졌다. 그의 집 앞 연못은 그가 날마다 붓과 벼루를 씻는 바람에 나중에는 연못물이 까맣게 되었을 정도였다.

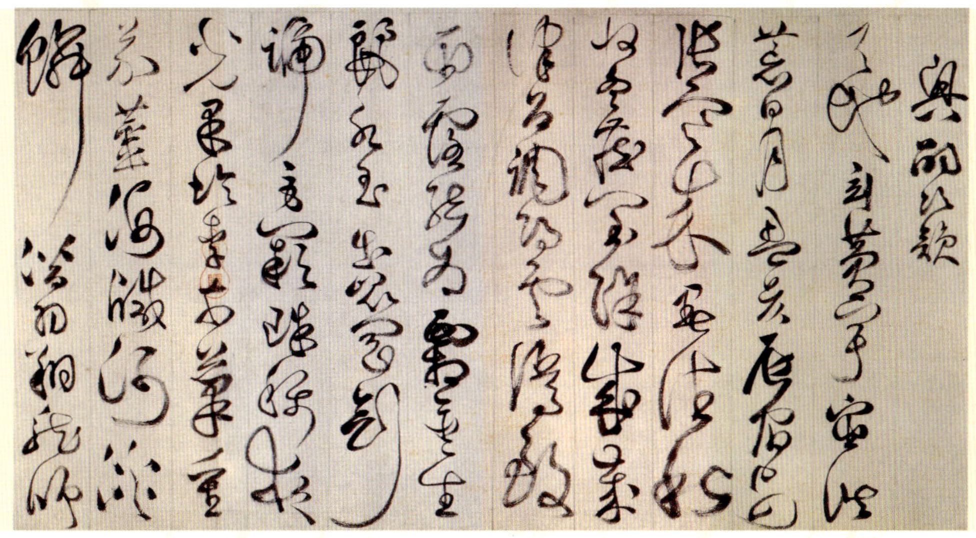

명나라 첨경봉(詹景鳳)이 쓴 초서 천자문(千字文)의 앞 부분

붓을 지면에서 떼지 않고 한 호흡에 여러 글자를 잇달아 쓰고 있다.

책 속의 책, 사자 성어(四字成語)

찾아보기

부 록

책 속의 책, 사자 성어(四字成語)

佳人薄命
가 인 박 명

佳(가)–아름답다, 人(인)–사람, 薄(박)–엷다, 命(명)–목숨

아름다운 여인은 수명이 짧다. 소식(蘇軾)의 시 〈박명가인(薄命佳人)〉에서 '옛부터 아름다운 여인의 운명은 짧다더니, 문 닫고 봄 다하자 버들꽃 떨어진다' 는 말에서 나왔다.

[유] 미인박명(美人薄命)   [예] 가인박명이라더니, 너무 일찍 세상을 떠났어.

甘言利說
감 언 이 설

甘(감)–달다, 言(언)–말씀, 利(리)–이롭다, 說(설)–말

달콤한 말과 이로운 말. 귀가 솔깃하도록 남의 비위나 맞추려는 달콤한 말과 이로운 조건을 내세워 꾀는 말.

[유] 교언영색(巧言令色)   [예] 감언이설로 사람을 현혹시키는 사기꾼이 많다.

改過遷善
개 과 천 선

改(개)–고치다, 過(과)–허물, 遷(천)–옮기다, 善(선)–착하다

잘못을 고쳐 착하게 되다. 과거의 허물을 고쳐 착하게 변하다.

[예] 그 친구, 개과천선해서 딴사람이 되었어.

去頭截尾
거 두 절 미

去(거)–제거하다, 頭(두)–머리, 截(절)–자르다, 尾(미)–꼬리

머리를 제거하고 꼬리를 자르다. 요점만 남긴 채 앞뒤 사설을 모두 빼버리다.

[예] 거두절미하고 요점만 말해 봐.

居安思危
거 안 사 위

居(거)—살다, 安(안)—편안하다, 思(사)—생각하다, 危(위)—위태로움

편안하게 있을 때 위태로움을 생각하다. 근심이나 걱정거리가 없을 때 장차 있을지 모를 위험에 미리 준비하고 대비하라는 말이다.

[유] 유비무환(有備無患)　　[예] 편안할 때 오히려 거안사위의 정신을 지녀야 해.

乾坤一擲
건 곤 일 척

乾(건)—하늘, 坤(곤)—땅, 一(일)—하나, 擲(척)—던지다

(운명을 걸고 주사위를 던져) 땅이냐 하늘이냐를 겨루는 한판 승부. 하늘과 땅을 내걸고 승부와 성패를 건다는 뜻이다. 하늘에 자신의 운명을 맡기고 어떤 일을 단행하는 것을 비유한다.

[예] 두 사람이 각자 명예를 걸고 건곤일척의 승부를 겨루었다.

格物致知
격 물 치 지

格(격)—바로잡다, 物(물)—사물, 致(치)—이르다, 知(지)—알다

사물을 연구하여 앎에 이르다. 《대학(大學)》에 나오는 말로, 사물의 이치를 탐구하여 자신의 지식을 완전하게 한다.

[예] 학문을 연구할 때는 격물치지의 태도를 지녀야 한단다.

牽强附會
견 강 부 회

牽(견)—끌다, 强(강)—억지, 附(부)—붙다, 會(회)—모으다

억지로 끌어다 붙이다. 이치에 맞지도 않은 말을 억지로 끌어다 자기 주장을 내세우다.

[예] 그런 말도 안 되는 소리 하지도 마라. 그건 견강부회야.

見利思義
견 리 사 의

見(견)—보다, 利(리)—이롭다, 思(사)—생각하다, 義(의)—옳다

이로움을 보거든 의를 생각하라. 눈앞의 사사로운 이익을 보더라도 먼저 옳은 일인지 아닌지를 생각하라.

[예] 눈앞의 이익만 따지지 말고 견리사의해야지!

犬馬之心
견 마 지 심

犬(견)—개, 馬(마)—말, 之(지)—~의, 心(심)—마음

(충성스런) 개와 말의 마음. 개나 말처럼 주인에게 충성을 바치는 태도를 비유한 말. 임금이나 나라에 충성을 다하고자 하는 마음을 낮추어 이르는 말이다.

[예] 나라를 생각하는 견마지심이 참 감동적이었다.

見蚊拔劍
견 문 발 검

見(견)—보다, 蚊(문)—모기, 拔(발)—뽑다, 劍(검)—칼

모기를 보고 칼을 빼든다. 사소하고 하찮은 일에도 크게 성을 내거나 나서는 태도를 비유한다.

[예] 그깟 일로 성을 내다디, 정말 견문발검이군.

見物生心
견 물 생 심

見(견)—보다, 物(물)—물건, 生(생)—나다, 心(심)—마음

물건을 보면 욕심이 생긴다. 평소에는 생각이 없더라도 실제 물건을 보게 되면 욕심이 생긴다.

[예] 견물생심이라 했으니 잘 숨겨 두어라.

犬猿之間
견 원 지 간

犬(견)—개, 猿(원)—원숭이, 之(지)—~의, 間(간)—사이

개와 원숭이 사이. 서로 사이가 좋지 않은 개와 원숭이처럼 원수 관계나 불편한 관계를 말한다.

[유] 빙탄지간(氷炭之間)
[예] 아무리 친한 사이도 틈이 벌어지면 견원지간이 될 수 있단다.

結者解之
결 자 해 지

結(결)―묶다, 者(자)―놈, 解(해)―풀다, 之(지)―그것

묶은 사람이 이를 푼다. 문제를 일으킨 사람이 그 상황을 해결해야 한다.

[예] 결자해지의 마음으로 네가 해결하렴.

結草報恩
결 초 보 은

結(결)―묶다, 草(초)―풀, 報(보)―갚다, 恩(은)―은혜

풀을 엮어 은혜를 갚다. 위과라는 사람이 아버지가 돌아가실 때 첩을 함께 순장하라는 유언을 어기고 첩을 놓아 주었다. 뒷날 위과가 전쟁터에 나갔을 때 첩의 아버지 혼령이 풀을 엮어 적장을 넘어지게 함으로써 위과의 생명을 구해 준 데서 유래한 말이다. 죽어서까지라도 은혜를 잊지 않고 갚음을 이른다.

[유] 각골난망(刻骨難忘)   [예] 은혜를 쉽게 잊지 말고 결초보은하거라.

輕擧妄動
경 거 망 동

輕(경)―가볍다, 擧(거)―들다, 妄(망)―망령되다, 動(동)―움직이다

가벼운 거동과 망령된 행동. 깊이 생각해 보지도 않고 경솔하게 행동하다.

[예] 그런 중요한 상황에서 경거망동하면 안 돼.

鯨戰蝦死
경 전 하 사

鯨(경)―고래, 戰(전)―싸우다, 蝦(하)―큰 새우, 死(사)―죽다

고래 싸움에 새우 등 터진다. 강자끼리의 싸움에 아무 관련 없는 약자가 피해를 입는다.

[예] 경전하사라더니, 부부 싸움에 아이들만 상처를 받고 말았어.

鷄鳴狗盜
계 명 구 도

鷄(계)―닭, 鳴(명)―울다, 狗(구)―개, 盜(도)―도둑

닭의 울음소리를 잘 내는 사람과 개 흉내를 잘 내는 도둑. 보잘것 없는 천한 기술이나 재주를 가진 사람도 쓸모 있을 때가 있음을 비유한 말이다.

[예] 계명구도라 하였으니, 네 재주도 요긴하게 쓸 때가 있을 거야.

孤軍奮鬪
고 군 분 투

孤(고)-외롭다, 軍(군)-군사, 奮(분)-떨치다, 鬪(투)-싸우다

외로운 군대가 떨쳐 싸우다. 인원도 적고 도움도 없는 외로운 군대가 상대방과 힘겹게 싸우다.

[예] 남들은 다 포기했는데, 그 사람 혼자서 고군분투하더군.

鼓腹擊壤
고 복 격 양

鼓(고)-두드리다, 腹(복)-배, 擊(격)-치다, 壤(양)-흙

배를 두드리며 땅을 치다. 요임금이 순찰 나갔을 때 한 백발 노인이 배를 두드리며 땅을 밟고 즐거워하였다는 데서 나온 고사이다. 아무 근심 없는 태평 시절을 뜻한다. 격양에 대해 나무로 만든 신 모양의 '양(壤)'을 땅에 세워 놓고 떨어진 곳에서 다른 '양'을 던져서[擊] 맞추는 놀이라는 설도 있다.

[유] 함포고복(含哺鼓腹), 강구연월(康衢煙月), 태평성대(太平聖代)
[예] 나라가 태평하니 고복격양이로세.

姑息之計
고 식 지 계

姑(고)-잠시, 息(식)-쉬다, 之(지)-~의, 計(계)-꾀하다

잠시 모면하는 계책. 당장 그 상황만을 피해 보려는 일시적인 방책.

[유] 동족방뇨(凍足放尿, 언 발에 오줌 누기), 미봉책(彌縫策)
[예] 그런 고식지계로 상황을 피해 봤자 소용 없는 짓이야.

苦肉之策
고 육 지 책

苦(고)-괴롭다, 肉(육)-고기, 之(지)-~의, 策(책)-책략

자기 몸을 괴롭게 하는 계책. 어려운 상황을 벗어나기 위해 자기 편 사람을 일부러 해친 후 적국으로 달아나게 해서 적국을 염탐하였던 책략이다. 상황이 괴로운 나머지 어쩔 수 없이 써야만 하는 계획을 말한다.

[예] 할 수 없이 고육지책을 써서 곤경을 벗어났어.

苦盡甘來
고 진 감 래

苦(고)-쓰다, 盡(진)-다하다, 甘(감)-달다, 來(래)-오다

쓴 것이 다하면 단 것이 온다. 고생 끝에 낙이 찾아오다. 어렵고 힘든 일이 지나면 즐겁고 좋은 일이 오기 마련이다.

[반] 흥진비래(興盡悲來)　　[예] 고진감래라더니, 결국 고생 끝에 성공했군.

曲學阿世
곡 학 아 세

曲(곡)–굽다, 學(학)–학문, 阿(아)–아부하다, 世(세)–세상

학문을 왜곡하여 세상에 아첨하다. 바른 길을 걷는 것이 아니라, 평소 자신의 가치나 신념을 바꾸어 권력이나 세력에 타협하거나 굴복하는 태도를 말한다.

[예] 학문의 정도를 걷지 않고 곡학아세하는 학자가 되어서는 안 된다.

骨肉相爭
골 육 상 쟁

骨(골)–뼈, 肉(육)–고기, 相(상)–서로, 爭(쟁)–다투다

뼈와 살이 서로 다투다. 뼈와 살은 한 몸으로 이루어졌다. 곧, 형제처럼 같은 혈족끼리 다투고 싸우는 것이다.

[유] 동족상잔(同族相殘)　　[예] 6·25 전쟁은 골육상쟁의 비극이다.

功虧一簣
공 휴 일 궤

功(공)–공, 虧(휴)–이지러지다, 一(일)–하나, 簣(궤)–삼태기

공이 한 삼태기로 무너지다. 흙을 끌어다 산을 만들 때 아홉 길을 쌓아 놓고 한 삼태기만 더하면 되는데, 거기서 그만두어 그 동안의 고생이 헛수고가 되고 만다는 뜻이다. 조금만 더 노력하면 일을 완성할 수 있는데 끝에서 소홀하는 바람에 물거품이 되다.

[예] 단 한 문제를 틀려 시험에 떨어지다니, 공휴일궤로구나.

過猶不及
과 유 불 급

過(과)–지나치다, 猶(유)–같다, 不(불)–아니다 及(급)–미치다

지나침은 미치지 못함과 같다. 너무 지나친 것은 모자란 것보다 못하니 중용(中庸)의 도가 중요하다.

[예] 과유불급이니 다이어트를 너무 무리하게 하지 말아라.

瓜田李下
과 전 이 하

瓜(과)–오이, 田(전)–밭, 李(리)–오얏, 下(하)–아래

'과전불납리(瓜田不納履) 이하부정관(李下不整冠)'의 줄임말이다. 오이밭에서는 신발끈을 매지 말고 오얏나무 아래서는 갓을 고쳐 쓰지 말라는 뜻이다. 괜한 오해받을 일은 처음부터 하지 말라는 말이다.

[유] 오비이락(烏飛梨落, 까마귀 날자 배 떨어진다.)
[예] 공연히 오해받을 행동을 해서 과전이하가 되었군.

刮目相對
괄 목 상 대

刮(괄)–비비다, 目(목)–눈, 相(상)–서로, 對(대)–대하다

눈을 비비고 다시 보다. 상대방의 학식이나 재주가 믿을 수 없을 정도로 달라져 눈을 비비고 볼 정도라는 뜻이다. 다른 사람의 실력이나 학덕이 크게 진일보한 경우에 쓰인다.

[유] 일취월장(日就月將)   [예] 이전의 그가 아니더군. 실력이 괄목상대했어.

矯角殺牛
교 각 살 우

矯(교)–바로잡다, 角(각)–뿔, 殺(살)–죽이다, 牛(우)–소

뿔을 바로잡으려다 소를 죽이다. 소뿔 고치려다 소 잡아 죽인다. 작은 잘못이나 흠을 고치려다 일이 더 크게 잘못되다. 빈대 잡으려다 초가 삼간 태운다.

[예] 잘못 손댔다가는 교각살우의 실수를 저지를 수 있어.

九死一生
구 사 일 생

九(구)–아홉, 死(사)–죽다, 一(일)–하나, 生(생)–살다

아홉이 죽고 한 명만 살다. 죽을 고비를 겪다 겨우 살아난 것을 이른다.

[예] 인당수에 몸을 던진 심청이는 구사일생으로 살아났지.

口尚乳臭
구 상 유 취

口(구)–입, 尚(상)–오히려, 乳(유)–젖, 臭(취)–냄새

입에서 아직도 젖냄새가 나다. 말이나 하는 행동 따위가 어린아이와 같이 유치하고 철이 없다. 주로 상대방을 얕잡아볼 때 쓴다.

[예] 그토록 철없는 짓을 하다니 구상유취로군.

九牛一毛
구 우 일 모

九(구)–아홉, 牛(우)–소, 一(일)–하나, 毛(모)–터럭

아홉 마리 소 가운데 (뽑은) 하나의 터럭. 많은 것 가운데 극히 작은 것을 말한다.

[유] 조족지혈(鳥足之血), 창해일속(滄海一粟)
[예] 이것은 고작 구우일모에 불과해.

九折羊腸
구 절 양 장

九(구)–아홉, 折(절)–꺾다, 羊(양)–양, 腸(장)–창자

아홉 번 굽어진 양의 창자. 양의 창자가 매우 복잡하게 굽어 있듯이 산길이 몹시 험하거나 상황이 매우 복잡하다는 뜻이다.

[예] 험준한 구절양장의 고개를 넘어 간신히 도착했어.

君子三樂
군 자 삼 락

君(군)–임금, 子(자)–아들, 三(삼)–셋, 樂(락)–즐겁다

군자의 세 가지 즐거움. 맹자가 말한 군자의 세 가지 즐거움이다. 첫째는 부모가 전부 살아 있고 형제에게 아무 탈이 없는 것이고, 둘째는 우러러 하늘에 부끄러움이 없고 아래로 굽어 사람에게 부끄러움이 없는 것이다. 셋째는 천하의 영재를 얻어 교육하는 것이다.

[예] 인생에 군자삼락의 즐거움을 누리는 사람이 얼마나 될까?

捲土重來
권 토 중 래

捲(권)–말다, 土(토)–흙, 重(중)–다시, 來(래)–오다

흙먼지를 말아 일으키며 다시 오다. 한 번 싸움에 진 자가 힘을 길러 다시 빼앗긴 땅을 쳐들어온다. 한 번 실패한 뒤 다시 굽히지 않고 도전한다는 뜻으로도 쓰인다.

[예] 비록 이번엔 실패했지만 권토중래하여 반드시 성공할 거야.

橘化爲枳
귤 화 위 지

橘(귤)–귤, 化(화)–변하다, 爲(위)–되다, 枳(지)–탱자

귤이 변하여 탱자가 되다. 귤이 회수를 건너면 탱자가 된다. 강남의 귤을 강북에 심으면 탱자가 되듯 사람이나 물건도 환경이 바뀌면 변한다. 긍정적 의미보다는 주로 문화의 부정적인 변질에 쓰인다.

[예] 귤화위지라더니, 도무지 알아볼 수가 없군 그래.

近墨者黑
근 묵 자 흑

近(근)–가깝다, 墨(묵)–먹, 者(자)–놈, 黑(흑)–검다

먹을 가까이하면 검어진다. 품행이 나쁜 사람과 사귀면 나쁘게 물든다. 친구를 사귈 때 주변의 환경이 중요하다는 의미이다.

[반] 마중지봉(麻中之蓬, 삼밭에 난 쑥)
[예] 근묵자흑이니 나쁜 친구를 가까이하지 말아라.

錦上添花
금 상 첨 화

錦(금)—비단, 上(상)—위, 添(첨)—더하다, 花(화)—꽃

비단 위에 꽃을 더하다. 좋은 일 위에 또 좋은 일이 더하여짐을 비유적으로 이른다.

[반] 설상가상(雪上加霜, 눈 위에 서리가 덮이다.)
[예] 우등상을 받았는데 개근까지 했으니 금상첨화로군.

金烏玉兎
금 오 옥 토

金(금)—쇠, 烏(오)—까마귀, 玉(옥)—구슬, 兎(토)—토끼

금오는 태양을, 옥토는 달을 의미한다. 태양 속에는 세 발 달린 까마귀가 살고 있다는 데서 금오라 하며, 달에는 토끼가 살고 있다는 데서 옥토라 한다.

[예] 해와 달을 금오옥토라고도 해.

騎虎之勢
기 호 지 세

騎(기)—타다, 虎(호)—호랑이, 之(지)—~의, 勢(세)—형세

호랑이를 타고 가는 기세. 호랑이를 타고 가는 사람이 중도에서 내릴 수 없듯, 일단 시작한 일을 그만두거나 멈출 수 없다는 것을 뜻한다.

[예] 기호지세의 상황이니 죽이 되든 밥이 되든 밀고 나가자고.

洛陽紙貴
낙 양 지 귀

洛(낙)—물 이름, 陽(양)—볕, 紙(지)—종이, 貴(귀)—귀하다

낙양의 종이값이 비싸지다. 책이나 글이 좋은 평을 받아 베스트셀러가 되는 것을 말한다. 진나라 때 시인 좌사가 〈삼도부〉를 지었는데 그의 글을 알아준 사람에 힘입어 당장에 화제작이 되어 낙양의 종이값을 오르게 했다는 고사에서 유래한다.

[예] 그 작가가 출간한 책이 공전(空前)의 베스트셀러가 되어 낙양지귀가 되었지.

南柯一夢
남 가 일 몽

南(남)—남녘, 柯(가)—가지, 一(일)—하나, 夢(몽)—꿈

남쪽 나뭇가지의 한 꿈. 옛날 순우분이란 사람이 집 앞의 개미 굴에 들어가 여러 가지 기이한 일을 겪었는데, 알고 보니 꿈이었다는 고사에서 나온 말이다. 인생의 부귀영화도 한낱 꿈에 불과하다는 뜻으로 인생의 허무함을 의미한다.

[유] 일장춘몽(一場春夢), 노생지몽(老生之夢)
[예] 화려한 청춘도 금방 지나가니 인생은 남가일몽이야.

男負女戴
남 부 여 대

男(남)−남자, **負**(부)−지다, **女**(녀)−여자, **戴**(대)−이다

남자는 등에 지고 여자는 머리에 이다. 가난한 자들이나 재난을 당한 사람들이 살 곳을 찾아 이리저리 떠돌아다니는 것을 이른다.

[유] 동가식서가숙(東家食西家宿)
[예] 홍수로 집을 잃은 피난민들이 남부여대하며 이리저리 헤매었어.

囊中之錐
낭 중 지 추

囊(낭)−주머니, **中**(중)−가운데, **之**(지)−~의, **錐**(추)−송곳

주머니 속의 송곳. 주머니 속의 송곳이 끝이 뾰족하여 튀어나오듯, 뛰어난 재능을 가진 사람은 평범한 무리 속에 섞여도 눈에 뜨인다. 모수라는 사람이 자신을 천거할 때 나온 말이라 하여 모수자천(毛遂自薦)이라고도 한다.

[유] 군계일학(群鷄一鶴)
[예] 그 사람은 나서지 않아도 낭중지추라서 금방 눈에 뜨일 거야.

内柔外剛
내 유 외 강

内(내)−안, **柔**(유)−부드럽다, **外**(외)−밖, **剛**(강)−굳세다.

속으로는 부드러운데 겉으로는 강해 보이다. 겉으로는 굳세고 강해 보이지만 실제로 내면은 부드러운 사람을 이르는 말이다.

[반] 외유내강(外柔内剛)
[예] 그 사람은 겉으로는 거칠어 보여도 속은 따스한 내유외강의 성격을 가졌어.

勞心焦思
노 심 초 사

勞(노)−힘쓰다, **心**(심)−마음, **焦**(초)−태우다, **思**(사)−생각하다

마음을 수고롭게 하고 생각을 태우다. 어떤 상황에 대하여 몹시 애쓰고 마음을 졸이는 것을 나타낸다.

[유] 전전긍긍(戰戰兢兢, 매우 두려워하여 벌벌 떨며 조심하다.)
[예] 그 일이 탄로날까 봐 노심초사했어.

弄瓦之慶
농 와 지 경

弄(농)–즐기다, 瓦(와)–실패, 之(지)–~의, 慶(경)–경사

실패를 갖고 노는 기쁨. 딸을 낳은 경사. 예전 중국에서는 아들을 낳으면 구슬을, 딸을 낳으면 실패를 갖고 놀게 한 데서 나온 말이다. 와(瓦)는 흙으로 빚은 실패 모양의 완구이다. 아들을 낳은 기쁨은 농장지경(弄璋之慶)이라 한다.

[예] 5년 만에 기다리던 딸을 낳았으니, 농와지경이로세.

多多益善
다 다 익 선

多(다)–많다, 益(익)–더하다, 善(선)–좋다

많으면 많을수록 좋다. 한고조의 신하였던 한신이 장수의 역량에 대하여 이야기할 때 나온 말이다. 한고조가 한신에게 자신은 얼마의 병사를 거느릴 수 있겠느냐고 묻자 십 만 정도의 병사를 지휘할 수 있는 그릇이라고 하였다. 반면 한신 자신은 병사의 수가 많으면 많을수록 잘 지휘할 수 있다고 말한 데서 나왔다.

[예] 도우미는 다다익선이니 많이 보내 주면 고맙지.

單刀直入
단 도 직 입

單(단)–홀로, 刀(도)–칼, 直(직)–곧바로, 入(입)–들다

홀로 칼을 들고 곧장 들어가다. 홀로 적진을 향해 한 자루의 칼을 휘두르며 곧장 쳐 들어가는 것. 말을 하거나 글을 쓸 때 빙 돌리지 않고 문제의 요점이나 핵심을 곧바 로 말하는 것이다.

[예] 그렇게 빙 돌려 말하지 말고 단도직입으로 말해.

簞食瓢飮
단 사 표 음

簞(단)–대광주리, 食(사)–밥, 瓢(표)–표주박, 飮(음)–음료수

대그릇에 담은 밥과 표주박에 담은 음료. 변변하지 못한 음식이나 청빈한 생활. 비록 가난하게 살더라도 결코 불만스럽게 생각하지 않고 나름대로 만족하며 사는 것을 의 미한다. 식(食)은 먹다라는 동사일 때는 '식'으로, 밥이라는 명사로 쓰일 때는 '사'로 발음한다.

[유] 단표누항(簞瓢陋巷), 일단사일표음(一簞食一瓢飮)
[예] 비록 삶은 누추한 단사표음이지만 그래도 즐겁고 행복해.

堂狗風月
당 구 풍 월

堂(당)-집, 狗(구)-개, 風(풍)-바람, 月(월)-달

서당개가 풍월하다. 서당개 삼 년이면 풍월을 읊는다. 아무리 무지해도 오래오래 듣거나 보게 되면 자연히 잘하게 된다.

[예] 당구풍월이라더니 그새 그걸 다 외웠네.

螳螂拒轍
당 랑 거 철

螳(당)-사마귀, 螂(랑)-사마귀, 拒(거)-막다, 轍(철)-수레바퀴 자국

사마귀가 수레바퀴를 막다. 자신의 역량을 생각하지 못하고 자기보다 강한 상대에게 무모하게 덤비는 행위를 빗댄 말이다. 하룻강아지 범 무서운 줄 모른다.

[예] 무모하게 덤비다니, 당랑거철이로군.

大器晩成
대 기 만 성

大(대)-크다, 器(기)-그릇, 晩(만)-늦다, 成(성)-이루다

큰 그릇은 늦게 이루어진다. 큰 그릇이나 큰 종이 쉽사리 만들어지지 않듯 크게 될 사람은 오랫동안 공적을 쌓아 늦게 이루어진다. 《도덕경》에서도 큰 네모는 모서리가 없고 큰 그릇은 늦게 이루어진다고 말한 바 있다.

[예] 그 사람 얕보지 마. 대기만성이라고, 꼭 성공할 거야.

道不拾遺
도 불 습 유

道(도)-길, 不(불)-아니다, 拾(습)-줍다, 遺(유)-남기다

길에서 떨어진 것도 줍지 않는다. 나라가 잘 다스려지고 백성들의 삶에 여유가 있어 길에 떨어진 물건도 줍지 않는다.

[유] 노불습유(路不拾遺)   [예] 그 곳 사람들은 모두 정직하여 도불습유래.

同價紅裳
동 가 홍 상

同(동)-같다, 價(가)-가격, 紅(홍)-붉다, 裳(상)-치마

같은 값이면 다홍치마. 기왕에 같은 조건이면 보기 좋은 것을 골라 가진다는 뜻이다. 다홍은 짙은 붉은색이다. 다홍치마는 새색시들이 입는 실용적이고 질 좋은 정장치마를 가리킨다.

[예] 동가홍상이라고, 기왕이면 색깔이 예쁜 것으로 고르자고.

同苦同樂
동 고 동 락

同(동)–같다, 苦(고)–고생하다, 樂(락)–즐기다

괴로움을 함께 하고 즐거움도 함께 하다. 세상의 즐거운 일과 괴로운 일들을 모두 함께 겪는 것을 말한다.

[예] 그 사람은 나와 오랫동안 동고동락하던 친한 사이야.

東問西答
동 문 서 답

東(동)–동녘, 問(문)–묻다, 西(서)–서녘, 答(답)–답하다

동쪽을 묻는데 서쪽을 대답하다. 묻는 질문과는 전혀 상관없는 엉뚱한 방향으로 대답한다.

[예] 묻는 말에 왜 엉뚱한 동문서답을 하는 거니?

同病相憐
동 병 상 련

同(동)–같다, 病(병)–병, 相(상)–서로, 憐(련)–불쌍히 여기다

같은 병은 서로 가엾게 여긴다. 어려운 처지나 서로 비슷한 상황의 사람끼리는 서로를 더 잘 이해하고 동정한다.

[예] 나와 처지가 비슷하니 동병상련의 정이 느껴져.

同床異夢
동 상 이 몽

同(동)–같다, 床(상)–상, 異(이)–다르다, 夢(몽)–꿈

같은 잠자리에서 다른 꿈을 꾸다. 상(床)은 잠자리를 말한다. 겉으로는 함께 행동하지만 속으로는 각각 딴 생각을 품는다.

[예] 노사 협상을 하고 있지만 서로 동상이몽이라서 잘 성사될지 모르겠어.

杜門不出
두 문 불 출

杜(두)–닫다, 門(문)–문, 不(불)–아니다, 出(출)–나가다

문을 걸어잠그고 나가지 않다. 세상과 남을 쌓고 집 안에만 틀어박혀 있다.

[예] 그는 입시에 실패한 뒤로 한동안 두문불출하였다.

得隴望蜀
득 룡 망 촉

得(득)—얻다, 隴(롱)—땅 이름, 望(망)—바라다, 蜀(촉)—나라 이름

농을 얻고 나서 촉을 바라다. 후한 때 광무제가 농나라를 정복한 뒤 촉나라를 또 친 데서 나왔다. 사람의 욕심은 끝이 없음을 비유한 말이다.

[예] 그 정도면 됐지, 뭘 또 바라니. 역시 사람의 욕심은 득룡망촉이야.

燈下不明
등 하 불 명

燈(등)—등잔, 下(하)—아래, 不(불)—아니다, 明(명)—밝다

등잔 밑이 밝지 않다. 등잔 밑이 어둡다. 가까이 있는 것을 오히려 알기 어렵다.

[예] 바로 곁에 두고도 못 찾다니 등하불명이로군.

燈火可親
등 화 가 친

燈(등)—등불, 火(화)—불, 可(가)—옳다, 親(친)—친하다

등불과 가까이하기에 좋다. 서늘한 가을 밤은 등불을 가까이하여 책 읽기에 좋다는 말이다.

[예] 바람이 서늘하니 책 읽기 좋은 등화가친의 계절이야.

磨斧爲針
마 부 위 침

磨(마)—갈다, 斧(부)—도끼, 爲(위)—만들다, 針(침)—바늘

도끼를 갈아 바늘을 만들다. 아무리 어려운 일도 끊임없이 노력하다 보면 언젠가는 반드시 이루어진다. '하늘은 스스로 돕는 자를 돕는다'와 의미가 비슷하다.

[예] 끊임없이 마부위침하면 그 일은 반드시 이루어질 거야.

馬耳東風
마 이 동 풍

馬(마)—말, 耳(이)—귀, 東(동)—동녘, 風(풍)—바람

말 귀에 동풍. 동풍은 봄바람이다. 따스한 봄바람이 말의 귀를 스쳐 봐야 아프지도 가렵지도 않다. 곧 남의 말을 귀담아듣지 않고 그냥 흘려 버림을 일컫는다.

[예] 그 사람에게는 무슨 말을 해도 마이동풍이야.

莫上莫下
막 상 막 하

莫(막)–없다, 上(상)–위, 下(하)–아래

위도 아니고 아래도 아니다. 실력이 엇비슷하여 우열을 가리기 힘들다.

[유] 난형난제(難兄難弟), 백중지세(伯仲之勢), 용호상박(龍虎相搏)
[예] 지금 마지막 남은 두 팀이 막상막하의 접전을 벌이고 있어.

亡羊補牢
망 양 보 뢰

亡(망)–잃다, 羊(양)–양, 補(보)–보수하다, 牢(뢰)–우리

양을 잃고 우리를 고치다. 소 잃고 외양간 고친다. 이미 일이 잘못된 후에는 뉘우쳐도 소용없다.

[유] 만시지탄(晩時之歎), 사후약방문(死後藥方文), 십일지국(十日之菊)
[예] 다 끝났는데 이제 뭘 하겠다고, 망양보뢰일 뿐이야.

亡羊之歎
망 양 지 탄

亡(망)–잃다, 羊(양)–양, 之(지)––의, 歎(탄)–탄식하다

양을 잃어버린 탄식. 달아난 양을 찾았는데 길이 여러 갈래여서 찾지 못했다는 뜻에서 나왔다. 학문의 길이 여러 갈래여서 지름길을 찾기가 어려움을 비유한 말이다.

[유] 다기망양(多岐亡羊)
[예] 어떻게 공부해야 할지 모르겠어, 망양지탄의 심정이야.

麥秀之嘆
맥 수 지 탄

麥(맥)–보리, 秀(수)–패다, 之(지)––의, 嘆(탄)–탄식하다

보리가 자람을 탄식하다. 기자가 은나라의 옛 도읍지를 지나다 보리만이 무성하게 자란 것을 탄식한 데서 나온 말이다. 나라가 망한 것을 슬퍼한다는 뜻이다.

[예] 그토록 화려했던 조선 역사도 허망하게 무너졌으니, 맥수지탄이로군.

孟母斷機
맹 모 단 기

孟(맹)–맏, 母(모)–어미, 斷(단)–끊다, 機(기)–베틀

맹자의 어머니가 베틀을 끊다. 맹자가 공부를 중단하고 돌아왔을 때에, 그 어머니가 짜던 베를 잘라서 학문을 중도에 그만둔 것을 훈계한 일을 이르는 말이다.

[예] 선생님께서 우리에게 학문의 길이 어렵더라도 포기하지 말라며 해 주신 맹모단기 이야기는 우리에게 큰 감동을 주었다.

滅私奉公
멸 사 봉 공

滅(멸)－멸하다, 私(사)－사사롭다, 奉(봉)－받들다, 公(공)－공변되다

사사로움을 버리고 공의를 받들다. 개인의 욕심을 채우려는 마음을 버리고 나라와 공의를 위해 힘쓰려는 마음을 표현한 것이다.

[예] 멸사봉공의 자세로 이 사회를 깨끗하게 만드는 데 힘을 합치자구.

明鏡止水
명 경 지 수

明(명)－밝다, 鏡(경)－거울, 止(지)－그치다, 水(수)－물

맑은 거울과 고요한 물. 마음이 잡념이 없이 맑고 깨끗한 상태를 비유한 말이다. 사람들이 거울 대신 비추어 볼 수 있는 물은 흐르는 물이 아닌 정지해 있는 고요한 물이다.

[예] 그는 마음이 명경지수와 같아 그런 짓을 할 사람이 아니야.

名不虛傳
명 불 허 전

名(명)－이름, 不(불)－아니다, 虛(허)－비다, 傳(전)－전하다

이름이 헛되이 전하지 않는다. 이름이나 명예가 널리 퍼지게 된 데에는 다 그럴 만한 이유와 실력이 있다.

[예] 명불허전이라더니, 과연 대단한 솜씨로군.

明若觀火
명 약 관 화

明(명)－밝다, 若(약)－같다, 觀(관)－보다, 火(화)－불

밝음이 불을 보는 것과 같다. 환한 불을 보는 것과 같이 분명하게 알 수 있다.

[예] 그처럼 명약관화한 사실 앞에서도 거짓말을 하다니…….

目不識丁
목 불 식 정

目(목)－눈, 不(불)－아니다, 識(식)－알다, 丁(정)－고무래

눈이 정(丁)자도 알지 못한다. '고무래'를 보고도 매우 쉬운 '정(丁)'자를 알지 못할 만큼 무식하다는 뜻이다. '낫 놓고 ㄱ자도 모른다'와 같은 말이다.

[유] 일자무식(一字無識)　　[예] 그처럼 쉬운 것도 모르다니, 목불식정이로다.

墨翟之守
묵 적 지 수

墨(묵)―먹, 翟(적)―꿩, 之(지)―~의, 守(수)―지키다

묵적의 지킴. 묵적은 춘추 시대 사상가인 묵자의 본명이다. 묵적이 성을 잘 지켜서 초나라 군사를 물리쳤다는 고사에서 나온 말로, 자기 의견이나 주장을 끝까지 고집하는 태도를 뜻한다.

[예] 그 해석을 끝까지 묵적지수(묵수)하는 건 옳지 않아.

文房四友
문 방 사 우

文(문)―글월, 房(방)―방, 四(사)―넷, 友(우)―벗

글방의 네 벗. 글방에 꼭 있어야 할 네 가지 벗으로서 종이, 붓, 벼루, 먹을 말한다.

[유] 문방사보(文房四寶)　　[예] 문방사우가 갖추어져 있어야 글을 제대로 쓰지.

門前成市
문 전 성 시

門(문)―문, 前(전)―앞, 成(성)―이루다, 市(시)―시장

대문 앞이 시장을 이루다. 세도가의 집 앞에 찾아오는 손님이 하도 많아서 장이 서 있는 것 같다는 말이다.

[예] 그 사람 출세하더니 딸의 결혼식 축하객이 문전성시를 이루었어.

物心一如
물 심 일 여

物(물)―물건, 心(심)―마음, 一(일)―하나, 如(여)―같다

사물과 마음이 하나와 같다. 사물과 마음이 구분되지 않고 하나로 일치해 있는 상태이다.

[예] 사물과 내가 하나가 된 물심일여의 경지에 있는 듯해.

博而不精
박 이 부 정

博(박)―넓다, 而(이)―그러나, 不(부)―아니다, 精(정)―정밀하다

넓지만 정밀하지는 않다. 두루 알고 있으나 정밀하지 못하다.

[예] 그 사람은 독서량은 많지만, 박이부정인 게 문제야.

拔本塞源
발 본 색 원

拔(발)-뽑다, 本(본)-근본, 塞(색)-막다, 源(원)-근원

근본을 뽑고 근원을 막다. 폐단이 되는 근본 원인을 아예 뿌리째 없앤다.

[예] 우리 사회의 부패와 부정을 발본색원합시다.

杯中蛇影
배 중 사 영

杯(배)-술잔, 中(중)-가운데, 蛇(사)-뱀, 影(영)-그림자

술잔 속의 뱀 그림자. 별것도 아닌 일로 쓸데없이 걱정하고 의심하는 태도를 말한다.

[예] 괜한 걱정하지 마라. 한낱 배중사영일 뿐이야.

百家爭鳴
백 가 쟁 명

百(백)-일백, 家(가)-집, 爭(쟁)-다투다, 鳴(명)-울다

일백 사람이 다투어 울다. 수많은 학자나 논객이 자기 주장을 자유롭게 발표하여 논쟁하는 일.

[예] 그 학설에 대해 수많은 사람이 백가쟁명으로 다투고 있어.

百年河淸
백 년 하 청

百(백)-일백, 年(년)-해, 河(하)-강, 淸(청)-맑다

백 년에 한 번 황하가 맑아진다. 아무리 기다려도 이루어지기 힘든 일 혹은 기대할 수 없는 일을 비유한다.

[예] 그 일은 실현 가능성이 거의 없어 백년하청일 뿐이야.

白面書生
백 면 서 생

白(백)-희다, 面(면)-얼굴, 書(서)-글, 生(생)-나다

흰 얼굴의 글 읽는 사람. 한갓 글만 읽을 줄 알지 세상 일에는 조금도 경험이 없는 사람. 흰 얼굴은 방 안에만 틀어박혀 햇볕을 쬐지 않은 상태를 나타낸다.

[예] 집 안에만 틀어박혀 있던 백면서생이 무슨 돈을 벌겠다고 그래.

百尺竿頭
백 척 간 두

百(백)-일백, 尺(척)-척, 竿(간)-장대, 頭(두)-머리

백 척 되는 장대의 꼭대기. 백 척이나 되는 장대 끝에 매달려 있을 정도로 위급하고 어려운 상황이다.

[유] 사면초가(四面楚歌), 풍전등화(風前燈火), 초미지급(焦眉之急), 누란지세(累卵之勢), 여리박빙(如履薄氷), 일촉즉발(一觸卽發)
[예] 백척간두의 위기에 처한 나라를 우리가 살려야 해.

伏地不動
복 지 부 동

伏(복)-엎드리다, 地(지)-땅, 不(부)-아니다, 動(동)-움직이다

땅에 엎드려 움직이지 않다. 할 일을 하지 않고 바닥에 엎드린듯 몸을 사리는 태도.

[예] 공무원들이 모두 복지부동이라 꿈쩍도 안 해.

本末顚倒
본 말 전 도

本(본)-근본, 末(말)-끝, 顚(전)-엎어지다, 倒(도)-넘어지다

근본과 끝이 뒤바뀌다. 일의 본래 줄기를 잊어버리고 사소한 일에 사로잡히다.

[유] 주객전도(主客顚倒)   [예] 그 일은 앞뒤가 뒤바뀌어 본말이 전도되었어.

夫唱婦隨
부 창 부 수

夫(부)-지아비, 唱(창)-노래 부르다, 婦(부)-지어미, 隨(수)-따르다

남편이 노래 부르니 아내가 따라 하다. 남편이 주장하고 아내가 잘 따르는 것이 부부 사이의 도리라는 말이다.

[예] 그 부부는 부창부수라서 정말 찰떡 궁합이야.

附和雷同
부 화 뇌 동

附(부)-붙다, 和(화)-응하다, 雷(뇌)-우레, 同(동)-함께 하다

우렛소리에 부합하여 함께 하다. 줏대 없이 남이 하자는 대로 따라 하는 태도. '남의 장단에 엉덩이춤 춘다' 와 같은 의미이다.

[예] 남이 한다고 부화뇌동하지 말구 제자리를 지켜라.

北窓三友
북 창 삼 우

北(북)-북녘, 窓(창)-창, 三(삼)-셋, 友(우)-벗

북쪽 창문의 세 벗. 거문고와 술, 시를 말한다.

[예] 날도 따뜻한데 벗과 함께 북창삼우를 즐겨 볼까나.

不立文字
불 립 문 자

不(불)-아니다, 立(립)-서다, 文(문)-글월, 字(자)-글자

문자로써 세우지 않는다. 진리는 마음에서 마음으로 전해지는 것이지 말이나 글에 의지하지 않는다는 말이다.

[유] 이심전심(以心傳心), 심심상인(心心相印), 교외별전(敎外別傳)
[예] 동양은 언어를 신뢰하지 않는 불립문자의 사고를 가지고 있어.

四顧無親
사 고 무 친

四(사)-넷, 顧(고)-돌아보다, 無(무)-없다, 親(친)-친하다

사방을 돌아봐도 친한 이가 없다. 의지할 데가 없이 외롭고 고단한 상태이다.

[유] 고립무원(孤立無援)　　　[예] 그 사람 이제 친척도 하나 없는 사고무친이 되었어.

沙上樓閣
사 상 누 각

沙(사)-모래, 上(상)-위, 樓(루)-다락, 閣(각)-문설주

모래 위에 세운 누각. 모래 위에 지은 집과 같이 기초가 약하여 오래 견디지 못할 일이나 물건을 비유한다.

[예] 기초가 부실하면 아무리 튼튼하게 지어도 사상누각에 불과해.

四通五達
사 통 오 달

四(사)-넷, 通(통)-통하다, 五(오)-다섯, 達(달)-통달하다

사방으로 통하고 다섯 군데로 꿰뚫는다. 이리저리 사방으로 막힘이 없이 통하다.

[유] 사통팔달(四通八達)　　　[예] 그 거리는 사통오달이라 막힘이 없어.

山戰水戰
산 전 수 전

山(산)—산, 戰(전)—싸우다, 水(수)—물, 戰(전)—싸우다

산에서의 전투와 물에서의 싸움. 산에서 전투와 물에서 싸움을 다 겪듯 온갖 고생과 어려움을 다 겪다.

[예] 그 사람은 산전수전 다 겪어서 생각이 깊어.

山海珍味
산 해 진 미

山(산)—산, 海(해)—바다, 珍(진)—보배, 味(미)—맛

산과 바다의 보배로운 맛. 산과 바다에서 나는 온갖 진귀한 물건으로 차린 귀한 음식들.

[유] 고량진미(膏粱珍味)　　[예] 그 잔칫집에는 산해진미가 가득했어.

三顧草廬
삼 고 초 려

三(삼)—셋, 顧(고)—돌아보다, 草(초)—풀, 廬(려)—오두막집

세 번 오두막집을 찾아가다. 인재를 얻기 위해서 자신을 굽히고 상대방에게 예를 다하는 태도를 말한다. 중국 삼국 시대에, 촉한의 유비가 제갈량의 오두막집으로 세 번이나 찾아갔다는 데서 유래한다.

[예] 선생님을 모시기 위해 삼고초려하여 끝내 성공했다.

三旬九食
삼 순 구 식

三(삼)—셋, 旬(순)—열흘, 九(구)—아홉, 食(식)—먹다

한 달 동안에 아홉 끼니를 먹다. 순(旬)은 열흘이니 삼순(三旬)은 서른 날이다. 한 달 동안 아홉 끼니를 먹을 정도로 몹시 가난하고 빈궁한 생활을 말한다.

[예] 그 사람은 하도 빈궁해서 어쩔 수 없이 삼순구식의 생활을 한대.

三人成虎
삼 인 성 호

三(삼)—셋, 人(인)—사람, 成(성)—이루다, 虎(호)—호랑이

세 사람이 호랑이를 만들어 낸다. 한 사람이 호랑이가 나타났다고 하면 믿지 않지만 여러 사람이 말하면 믿게 되듯, 아무리 근거 없는 말도 여러 사람이 말하게 되면 참말로 믿게 된다.

[예] 삼인성호라고, 아무리 거짓이라도 여러 사람이 말하면 다 믿는다니깐.

塞翁之馬
새 옹 지 마

塞(새)-변방, 翁(옹)-늙은이, 之(지)-~의, 馬(마)-말

변방 늙은이의 말. 변방에 사는 늙은이의 말과 관련된 고사에서 나온 말로, 인생사 길흉화복은 어찌될지 알 수 없다는 뜻이다.

[예] 너무 걱정하지 마, 인생은 새옹지마니 곧 좋은 일이 있을 거야.

舌芒於劍
설 망 어 검

舌(설)-혀, 芒(망)-까끄럽다, 於(어)-~보다, 劍(검)-칼

혀는 칼보다 까끄럽다. 입에서 나오는 말이 사람을 찌르는 칼보다 무섭다.

[예] 말조심하라구, 설망어검이라고 했어.

雪上加霜
설 상 가 상

雪(설)-눈, 上(상)-위, 加(가)-더하다, 霜(상)-서리

눈 위에 서리가 더하다. 힘들고 불행한 일이 잇따라 일어남을 이르는 말이다. '엎친 데 덮친 격'과 같은 의미이다.

[반] 금상첨화(錦上添花)
[예] 그분은 사업이 어려워졌는데, 설상가상으로 몸까지 탈이 나고 말았대.

首邱初心
수 구 초 심

首(수)-머리, 邱(구)-언덕, 初(초)-처음, 心(심)-마음

언덕을 향한 첫 마음. 여우가 죽을 때는 고향을 향해 머리를 둔다는 데서 고향을 그리워하는 마음이란 뜻이 나왔다. 여기서 머리 수(首)는 향하다는 뜻이다.

[예] 수구초심에 고향 땅을 밟았건만 예전의 고향은 아니라네.

水落石出
수 락 석 출

水(수)-물, 落(락)-떨어지다, 石(석)-돌, 出(출)-나다

물이 빠져서 돌이 나타나다. 일의 흑막이 걷히고 나면 진상이 드러나기 마련이다.

[예] 수락석출이니 그 진상은 곧 남김없이 밝혀질 거야.

手不釋卷
수 불 석 권

手(수)–손, 不(불)–아니다, 釋(석)–놓다, 卷(권)–책

손에서 책을 놓지 않는다. 손에서 책을 떼지 않을 정도로 항상 책을 가까이하고 읽는 것을 말한다.

[유] 자강불식(自强不息), 절차탁마(切磋琢磨)
[예] 그는 밤낮으로 수불석권하더니 마침내 위대한 학자가 되었어.

袖手傍觀
수 수 방 관

袖(수)–소매, 手(수)–손, 傍(방)–옆, 觀(관)–보다

손을 소매에 넣고 옆에서 지켜보다. 어떤 일에 대해 관여하거나 거들지 않고 팔짱만 낀 채 바라보기만 하는 것을 이른다.

[유] 오불관언(吾不關焉)　　[예] 그 일에 절대로 나서지 말고 그냥 수수방관하라구.

脣亡齒寒
순 망 치 한

脣(순)–입술, 亡(망)–망하다, 齒(치)–이, 寒(한)–차갑다

입술이 없어지면 이가 시리다. 서로 돕던 것 가운데 하나가 없어지면 나머지도 영향을 받아 보전하기 어려움을 비유한다.

[예] 너와 나는 뗄래야 뗄 수 없는 순망치한의 관계야.

識字憂患
식 자 우 환

識(식)–알다, 字(자)–글자, 憂(우)–걱정, 患(환)–근심

글자를 아는 것이 근심이다. 지식이 오히려 근심을 사게 된다는 뜻이다. ‘아는 것이 병이다’와 같은 의미이다.

[예] 식자우환이라더니 괜히 조금 아는 지식 믿고 덤볐다가 손해만 봤어.

信賞必罰
신 상 필 벌

信(신)–믿다, 賞(상)–상 주다, 必(필)–반드시, 罰(벌)–벌주다

상을 줄 만하면 상을 주고 벌을 줄 만하면 반드시 벌을 준다. 상과 벌을 규정에 따라 분명하게 처리하다.

[예] 신상필벌을 분명히 해서 불법을 없애야 해.

身言書判
신 언 서 판

身(신)–몸, 言(언)–말씀, 書(서)–글, 判(판)–판단

몸과 말씨와 글씨와 판단력. 예전에 사람을 판단했던 네 가지 기준이다.

[예] 그 사람은 신언서판이 모두 훌륭해 남편감으로 적격이야.

身土不二
신 토 불 이

身(신)–몸, 土(토)–흙, 不(불)–아니다, 二(이)–둘

몸과 흙은 둘이 아니다. 사람의 몸은 태어난 땅과 뗄래야 뗄 수 없는 밀접한 관련이 있어서 자기가 사는 땅에서 난 농산물이라야 체질에 잘 맞음을 이른다.

[예] 신토불이가 최고이니 우리 것을 먹는 게 몸에도 좋아.

心機一轉
심 기 일 전

心(심)–마음, 機(기)–기틀, 一(일)–하나, 轉(전)–바꾸다

마음의 기틀이 한 번 변하다. 어떠한 계기를 통해 지금까지 지녔던 생각과 자세를 완전히 바꾸다.

[예] 좌절하지 말고 심기일전해서 꼭 합격하도록 하렴.

十匙一飯
십 시 일 반

十(십)–열, 匙(시)–숟가락, 一(일)–하나, 飯(반)–밥

열 숟가락에 밥 한 그릇. 여러 사람이 힘을 보태면 한 사람은 쉽게 도와 줄 수 있다. '백지장도 맞들면 낫다' 와 같은 뜻이다.

[예] 어려운 친구를 돕기 위해 십시일반으로 모금을 했어.

我田引水
아 전 인 수

我(아)–나, 田(전)–밭, 引(인)–끌다, 水(수)–물

내 논에 물을 끌어들인다. 자기 논에만 물을 대려는 행동으로, 자기에게만 유리하게 해석하고 행동하는 태도를 말한다. '제 논에 물 대기'와 같은 말이다.

[예] 네게 이롭도록 그 말을 그렇게 아전인수격으로 해석하면 되겠니?

安分知足
안 분 지 족

安(안)-편안하다, 分(분)-분수, 知(지)-알다, 足(족)-만족

분수에 편안해하고 만족함을 알다. 자기 처지를 탓하거나 불평하지 않고 편안한
마음으로 자기 분수를 지키며 만족할 줄 안다.

[예] 안분지족의 도를 지키며 살기란 쉽지 않다.

暗中摸索
암 중 모 색

暗(암)-어둡다, 中(중)-가운데, 摸(모)-찾다, 索(색)-찾다

어둠 가운데 더듬어 찾다. 어둠 속에서 이리저리 물건을 찾는 것과 같이, 확실한 방
법을 모르면서 일의 실마리나 해결책을 찾기 위해 이런저런 시도를 하다.

[예] 그 일을 해결하기 위해 암중모색했지만 길을 찾을 수가 없었다.

藥房甘草
약 방 감 초

藥(약)-약, 房(방)-방, 甘(감)-달다, 草(초)-풀

약방의 감초. 약방의 감초가 어느 처방이든 빠짐없이 들어가듯, 무슨 일에나 빠지지
않고 끼는 것을 말한다.

[예] 넌 약방의 감초처럼 무슨 일에든 빠지지 않고 낀단 말야.

羊頭狗肉
양 두 구 육

羊(양)-양, 頭(두)-머리, 狗(구)-개, 肉(육)-고기

양의 머리에 개의 고기. 양의 머리를 내걸어 놓고 실제로는 개고기를 판다는 뜻으로,
겉모양은 그럴 듯하나 속은 변변하지 아니함을 이르는 말이다.

[유] 면종복배(面從腹背), 경이원지(敬而遠之), 구밀복검(口蜜腹劍), 표리부동(表裏
不同)
[예] 그 사람 멋있는 줄 알았는데, 알고 보니 겉만 번지레한 양두구육이었어.

漁父之利
어 부 지 리

漁(어)-고기 잡다, 父(부)-아비, 之(지)-~의, 利(리)-이롭다

어부의 이로움. 도요새와 조개가 싸우고 있는 틈에 어부가 와서 두 마리를 다 잡았다는
고사에서 나온 말로, 둘이 다투는 사이 엉뚱한 제3자가 이익을 보는 것을 뜻한다.

[유] 방휼지쟁(蚌鷸之爭)　　　[예] 상대편의 부진으로 어부지리로 결승에 올랐어.

語不成說
어 불 성 설

語(어)−말씀, 不(불)−아니다, 成(성)−이루다, 說(설)−말씀

말이 이치를 이루지 못하다. 즉, 말이 전혀 사리에 맞지 않음을 말한다.

[예] 그 말은 어불성설이라 도대체 논리가 맞지 않아.

易地思之
역 지 사 지

易(역)−바꾸다, 地(지)−처지, 思(사)−생각하다, 之(지)−그것

입장을 바꾸어 생각하다. 처지를 바꾸어 상대방의 입장에서 생각해 보는 상대주의 태도를 뜻한다.

[예] 역지사지로 한 번만 생각하면 내 말을 이해하게 될 거야.

緣木求魚
연 목 구 어

緣(연)−오르다, 木(목)−나무, 求(구)−구하다, 魚(어)−고기

나무에 올라가 물고기를 구하다. 나무에 올라가 고기를 구하는 것과 같이 불가능한 일을 하려는 어리석은 태도를 비유한다.

[예] 인색하기로 소문난 그의 도움을 받는 것은 연목구어이니 바라지도 마.

五里霧中
오 리 무 중

五(오)−다섯, 里(리)−리, 霧(무)−안개, 中(중)−가운데

다섯 리에 걸친 안개 속. 안개 속에서 길을 찾듯 행방이 묘연하여 갈피를 잡을 수가 없다.

[예] 그 사건은 오리무중이라 해결될 조짐이 안 보여.

寤寐不忘
오 매 불 망

寤(오)−깨다, 寐(매)−잠자다, 不(불)−아니다, 忘(망)−잊다

깨거나 자거나 잊지 못하다. 자나 깨나 늘 잊지 못하는 마음.

[예] 오매불망 우리 님은 언제 오시려나.

吾鼻三尺
오 비 삼 척

吾(오)–나, 鼻(비)–코, 三(삼)–셋, 尺(척)–자

내 코가 석 자다. 내 콧물이 석 자나 흘러내렸다는 뜻이다. 내 콧물이 석 자나 흘러내렸으니 내 사정이 급하여 남을 돌볼 겨를이 없다.

[예] 오비삼척이라 네 일을 도와 줄 여력이 없어.

烏飛梨落
오 비 이 락

烏(오)–까마귀, 飛(비)–날다, 梨(리)–배, 落(락)–떨어지다

까마귀 날자 배 떨어진다. 아무 관계도 없이 한 일이 우연히도 때가 같아 공연히 의심을 받거나 난처한 위치에 서게 됨을 이른다.

[예] 오비이락의 오해를 받지 않도록 조심해라.

吳越同舟
오 월 동 주

吳(오)–나라 이름, 越(월)–나라 이름, 同(동)–같다, 舟(주)–배

오나라와 월나라가 같은 배를 타다. 오나라와 월나라는 원수 사이다. 사이가 좋지 못한 사람들이 한자리에 있게 되거나 서로 협력해야 할 상황을 비유한다.

[예] 오월동주라더니, 내가 제일 싫어하는 사람과 일하게 되었어.

烏合之卒
오 합 지 졸

烏(오)–까마귀, 合(합)–모으다, 之(지)––의, 卒(졸)–병사

까마귀를 모아 놓은 듯한 군사. 까마귀 떼처럼 아무 규율도 조직도 없이 무질서하게 모인 무리를 이른다.

[예] 그 단체는 오합지졸이라 걱정할 필요 없어.

玉骨仙風
옥 골 선 풍

玉(옥)–옥, 骨(골)–뼈, 仙(선)–신선, 風(풍)–풍모

옥 같은 골격, 신선 같은 풍모. 뛰어난 풍채와 골격을 갖춘 선비를 말한다.

[예] 그 사람은 옥골선풍이라 풍채가 대단해.

玉石混淆
옥 석 혼 효

玉(옥)-옥, 石(석)-돌, 混(혼)-뒤섞이다, 淆(효)-뒤섞이다

옥과 돌이 뒤섞여 있다. 훌륭한 것과 변변찮은 것, 좋은 것과 나쁜 것이 함께 어우러져 있다는 말이다.

[예] 옥석혼효라서 좋고 나쁜 것을 구별하기가 힘들어.

蝸角之爭
와 각 지 쟁

蝸(와)-달팽이, 角(각)-뿔, 之(지)-~~의, 爭(쟁)-다투다

달팽이 뿔에서의 다툼. 《장자》에 나오는 말로, 세상 일이란 달팽이 뿔 위에서 싸우는 것과 같이 사소한 다툼에 불과함을 뜻한다.

[예] 우리네 인생은 와각지쟁이니 서로 다투지 말고 사이좋게 지내자구.

臥薪嘗膽
와 신 상 담

臥(와)-눕다, 薪(신)-장작더미, 嘗(상)-맛보다, 膽(담)-쓸개

장작더미에 누워 쓸개를 맛보다. 원수를 갚거나 어떤 목적을 이루기 위해 괴로움이나 고통을 참고 견딤을 비유적으로 이르는 말이다. 중국 춘추 시대 오나라의 왕 부차가 아버지의 원수를 갚기 위해 장작더미 위에서 잠을 자며 월나라 구천에게 복수할 것을 맹세하였고, 그에게 패배한 월나라의 왕 구천이 쓸개를 핥으면서 복수를 다짐한 데서 유래한다.

[예] 지난 해 꼴찌 팀이 와신상담하더니, 올해 드디어 우승을 차지했더군.

窈窕淑女
요 조 숙 녀

窈(요)-그윽하다, 窕(조)-정숙하다, 淑(숙)-맑다, 女(녀)-여자

그윽하고 정숙하며 맑은 여자. 《시경》의 '요조숙녀는 군자의 좋은 짝' 이라는 말에서 나왔다.
행실과 품행이 아름다운 여자를 말한다.

[예] 그녀는 요조숙녀라서 얌전하고 품행이 방정맞다.

欲速不達
욕 속 부 달

欲(욕)-하려고 하다, 速(속)-빠르다, 不(부)-아니다, 達(달)-도달하다

빨리 하고자 하면 이르지 못한다. 너무 빨리 서두르면 오히려 목적한 바를 이루지 못한다.

[예] 욕속부달이니 서두르지 말고 천천히 합시다.

龍頭蛇尾
용 두 사 미

龍(룡)−용, 頭(두)−머리, 蛇(사)−뱀, 尾(미)−꼬리

머리는 용이나 꼬리는 뱀이다. 시작은 그럴듯하고 거창했지만 뒤로 갈수록 흐지부지 되어 보잘것 없음을 뜻한다.

[예] 일을 그처럼 용두사미로 처리하면 어떡하니.

愚公移山
우 공 이 산

愚(우)−어리석다, 公(공)−그대, 移(이)−옮기다, 山(산)−산

우공이 산을 옮기다. 무슨 일이든 쉼없는 노력을 하면 반드시 이루어진다.

[예] 한 걸음 한 걸음 우공이산의 마음으로 임하면 그 일은 반드시 이루어질 거야.

牛刀割鷄
우 도 할 계

牛(우)−소, 刀(도)−칼, 割(할)−가르다, 鷄(계)−닭

소칼로 닭을 가르다. 소잡는 칼로 닭을 잡듯이, 별것도 아닌 작은 일을 괜스레 크게 벌이거나 용도에 맞지 않게 사용하다.

[예] 대단치도 않은 일에 그렇게 나서다니 우도할계로군.

遠交近攻
원 교 근 공

遠(원)−멀다, 交(교)−사귀다, 近(근)−가깝다, 攻(공)−공격하다

멀리는 사귀고 가까이는 공격하다. 먼 나라와는 좋은 관계를 맺고 가까운 나라는 공격하는 계책이다.

[예] 왕은 원교근공의 계책을 써서 주변국부터 잠식해 들어갔다.

韋編三絶
위 편 삼 절

韋(위)−가죽, 編(편)−엮다, 三(삼)−셋, 絶(절)−끊어지다

가죽으로 엮은 끈이 세 번 끊어지다. 공자가 《주역(周易)》을 하도 열심히 읽어 책을 묶은 가죽끈이 세 번이나 끊어졌다고 한다. 독서를 매우 열심히 함을 이른다.

[유] 주경야독(晝耕夜讀), 남아수독오거서(男兒須讀五車書)
[예] 그 학생은 위편삼절일 정도로 열심히 공부하더니, 드디어 고시에 합격했군.

有口無言
유 구 무 언

有(유)-있다, 口(구)-입, 無(무)-없다, 言(언)-말씀

입은 있으나 할 말이 없다. 달리 변명할 말이 없다.

[예] 죄송합니다. 유구무언이라 달리 할 말이 없군요.

有備無患
유 비 무 환

有(유)-있다, 備(비)-갖추다, 無(무)-없다, 患(환)-근심

준비가 있으면 걱정이 없다. 미리미리 준비해 놓으면 뒷걱정이 없다.

[예] 사전에 만전을 기하는 유비무환의 정신으로 대비하자.

類類相從
유 유 상 종

類(류)-비슷하다, 相(상)-서로, 從(종)-좇다

비슷한 무리끼리 서로 좇아다니다. 생각이나 가치가 비슷한 사람끼리 어울려
다니다. '가재는 게 편이다'와 비슷한 말이다.

[유] 초록동색(草綠同色)
[예] 유유상종이라더니, 정말 끼리끼리 잘 어울려 다니는군.

泣斬馬謖
읍 참 마 속

泣(읍)-울다, 斬(참)-베다, 馬(마)-말, 謖(속)-일어나다

울면서 마속을 베다. 제갈량이 자신이 매우 아끼던 마속이 군령을 어기자 눈물을 흘
리며 목을 베었다는 고사에서 나온 말이다. 대의를 위해서는 사사로운 정을 버려야
하는 경우에 쓴다.

[예] 정 군은 나의 수제자이지만 규정을 어겼기에 읍참마속의 심정으로 탈락시켰어.

以卵投石
이 란 투 석

以(이)-로써, 卵(란)-알, 投(투)-던지다, 石(석)-돌

계란으로 돌을 치다. 약한 것으로 강한 것에게 덤비다. 무모하고 어리석은 행동을
비유한 것이다. '계란으로 바위 치기'를 말한다.

[예] 그 일은 이란투석이니 아무리 도전해 봐야 소용없다구.

以熱治熱
이 열 치 열

以(이)–로써, **熱**(열)–뜨겁다, 治(치)–다스리다

열로써 열을 다스리다. 강한 것에는 강한 것으로 다스리고 힘에는 힘으로 맞선다.

[예] 매우 덥지만 이열치열이니 뜨거운 국을 먹읍시다.

泥田鬪狗
이 전 투 구

泥(니)–진흙, 田(전)–밭, **鬪**(투)–싸우다, 狗(구)–개

진흙밭에서 싸우는 개. 개가 진흙 구덩이에서 싸우듯 볼썽사납게 얽혀 싸우는 모양이다.

[예] 서로 이전투구하며 물고 뜯고 있는 모습이 한심하군.

一擧兩得
일 거 양 득

一(일)–하나, **擧**(거)–들다, 兩(량)–둘, 得(득)–얻다

하나를 들어 둘을 얻다. 하나의 일로 두 가지 이익을 얻는다.

[유] 일석이조(一石二鳥)　　　[예] 님도 보고 뽕도 따니 그야말로 일거양득이로군.

一刀兩斷
일 도 양 단

一(일)–하나, **刀**(도)–칼, 兩(량)–둘, 斷(단)–자르다

한 칼로 둘을 자르다. 칼을 쳐서 두 동강이를 내듯, 머뭇거리지 않고 단번에 행동하거나 결정한다.

[예] 망설이지 말고 일도양단으로 단번에 결정하자구.

一網打盡
일 망 타 진

一(일)–하나, **網**(망)–그물, 打(타)–공격하다, 盡(진)–다하다

한 번의 그물로 전부 잡다. 한 번 그물을 쳐서 물고기를 전부 잡는다는 뜻으로, 한꺼번에 모조리 잡는 것을 말한다.

[예] 군경 합동 작전을 펴서 조직 폭력배를 일망타진하였어.

日暮途遠
일 모 도 원

日(일)—날, 暮(모)—저물다, 途(도)—길, 遠(원)—멀다

날은 저물고 길은 멀다. 날이 저문다는 것은 인생이 저물어 가는 것을 비유한다. 곧, 나이는 늙어 가되 여전히 할 일이 많이 남아 있다.

[예] 나이는 늙었지만 할 일은 많이 남았으니, 일모도원이로군.

一魚濁水
일 어 탁 수

一(일)—하나, 魚(어)—고기, 濁(탁)—흐리다, 水(수)—물

한 마리 물고기가 물을 흐린다. 한 사람의 실수나 잘못이 여러 사람에게 피해를 준다.

[예] 너 한 사람 때문에 모든 사람이 피해를 입었으니 그야말로 일어탁수로군.

一葉知秋
일 엽 지 추

一(일)—하나, 葉(엽)—잎, 知(지)—알다, 秋(추)—가을

나뭇잎 하나로 가을을 안다. 나뭇잎 하나가 떨어지는 것을 보고 가을이 왔음을 느끼듯이 사물의 작은 조짐을 통해 앞일을 미루어 안다.

[예] 한 가지 사실로 전부 단정하면 되겠니? 일엽지추라지만 신중해야지.

一以貫之
일 이 관 지

一(일)—하나, 以(이)—로써, 貫(관)—꿰다, 之(지)—그것

하나로써 꿰뚫는다. 하나의 이치로써 모든 일을 꿰뚫는다. 어떤 일이나 사고가 잡다한 지식으로 나열되어 있지 않고 일관된 기준에 따라 펼쳐져 있다.

[예] 그는 성실이라는 신조로 평생을 일이관지하였다.

立身揚名
입 신 양 명

立(립)—서다, 身(신)—몸, 揚(양)—날리다, 名(명)—이름

몸을 세워 이름을 날리다. 입신(立身)은 사회적으로 인정을 받고 출세를 하는 것이다. 곧, 사회적으로 출세하여 이름을 세상에 들날리는 것을 말한다.

[예] 홍길동은 과거에 급제하여 입신양명하는 꿈을 이루고 싶었다.

自家撞着
자 가 당 착

自(자)–스스로, 家(가)–집, 撞(당)–부딪치다, 着(착)–붙다

자기의 언행이 모순되다. 자가(自家)는 자신을 뜻한다. 당착(撞着)은 앞뒤가 서로
맞지 않는 것이다. 곧 자기의 말과 행동에 앞뒤가 서로 맞지 않는 것이다.

[유] 이율배반(二律背反), 모순(矛盾)
[예] 말과 행동이 상반되는 자가당착에 빠지지 말라고.

自激之心
자 격 지 심

自(자)–스스로, 激(격)–치다, 之(지)–~의, 心(심)–마음

스스로를 치는 마음. 어떤 일을 해놓고 스스로 모자라거나 부족하다고 여기는 마음.

[예] 그 일에 대해 너무 자격지심 갖지 말고 용기를 내.

自繩自縛
자 승 자 박

自(자)–스스로, 繩(승)–줄, 縛(박)–묶다

자기의 줄로 스스로를 묶다. 자기의 말과 행동으로 인해 자신이 구속되어 꼼짝없게
되거나 괴로움을 당하게 된다. 자기 꾀에 자기가 빠지다.

[예] 잔꾀를 쓴다 했더니, 결국 자승자박이 되었군.

自業自得
자 업 자 득

自(자)–스스로, 業(업)–일, 得(득)–얻다

자기의 업보는 자기가 얻는다. 자신이 저지른 일을 자신이 받는다. 자신이 저지른 나
쁜 행위나 잘못이 자신에게 되돌아온다는 말로, 부정적 의미로 쓰인다.

[예] 하지 말라는 일을 하더니, 결국 자업자득인 셈일세.

作心三日
작 심 삼 일

作(작)–짓다, 心(심)–마음, 三(삼)–셋, 日(일)–날

마음 먹은 지 사흘. 작심(作心)이란 마음을 단단히 먹는 것이다. 마음에 품은 계획이
사흘을 넘기지 못하는 것으로 결심이 단단하지 못하고 흐지부지되는 것이다.

[예] 그렇게 쉽게 포기하다니, 작심삼일이로군.

張三李四
장 삼 이 사

張(장)―성씨, 三(삼)―셋, 李(리)―성씨, 四(사)―넷

장씨의 셋째 아들과 이씨의 넷째 아들. 평범한 보통 사람들을 뜻한다. 현재 우리 나라에서는 김씨와 이씨가 제일 많지만 이 성어가 유래된 고대 중국에서는 장씨와 이씨가 매우 많았다고 한다.

[유] 갑남을녀(甲男乙女), 필부필부(匹夫匹婦), 초동급부(樵童汲婦), 선남선녀(善男善女)
[예] 우리 같은 평범한 장삼이사가 무슨 특별한 혜택을 받겠어.

莊周之夢
장 주 지 몽

莊(장)―장성하다, 周(주)―두루, 之(지)―~의, 夢(몽)―꿈

장자의 꿈. 장주는 장자를 말한다. 장자가 꿈에 나비가 되었는데, 깨어 생각해 보니 자신이 나비가 된 것인지 나비가 자신이 된 것인지 분간이 되지 않았다는 데서 나온 말이다. 사물과 자신이 한 몸이 된 경지, 혹은 자아와 외계(外界)의 경계를 잊어버린 경지를 의미한다.

[유] 호접지몽(胡蝶之夢)
[예] 정신이 몽롱한 게 꿈인지 현실인지, 정말 장주지몽의 경지야.

賊反荷杖
적 반 하 장

賊(적)―도둑, 反(반)―도리어, 荷(하)―들다, 杖(장)―지팡이

도둑이 도리어 몽둥이를 들다. 도둑이 도리어 매를 들다. 잘못한 사람이 도리어 잘한 사람에게 화를 내거나 나무란다.

[예] 자기가 잘못했으면서 왜 나를 탓해, 적반하장도 유분수지.

電光石火
전 광 석 화

電(전)―번개, 光(광)―빛, 石(석)―돌, 火(화)―불

번개의 빛과 돌의 불빛. 번갯불이나 부싯돌이 부딪칠 때 나는 불꽃처럼 몹시 짧거나 아주 재빠른 동작.

[예] 그는 전광석화처럼 재빠르게 일을 처리했다.

前人未踏
진 인 미 답

前(전)－앞, 人(인)－사람, 未(미)－아니다, 踏(답)－밟다

앞사람은 밟지 못하다. 이제까지 아무도 해 보지 못하거나 가 보지 못했다.

[유] 전무후무(前無後無), 전대미문(前代未聞), 미증유(未曾有)
[예] 그 곳은 아직 아무도 가 보지 못한 전인미답의 처녀림이야.

輾轉反側
전 전 반 측

輾(전)－돌아눕다, 轉(전)－구르다, 反(반)－뒤집다, 側(측)－옆

몸을 이리저리 뒤척이다. '전전(輾轉)'은 수레바퀴가 한없이 회전하는 것이고, '반측
(反側)'은 옆으로 뒤척이는 것이다. 누군가를 그리워하거나 근심에 겨워 잠을 자지
못하고 몸을 뒤척이는 것을 뜻한다.

[예] 기나긴 가을밤, 전전반측 잠 못 들고 애타는 마음을 그대는 아시는가.

轉禍爲福
전 화 위 복

轉(전)－바꾸다, 禍(화)－재앙, 爲(위)－하다, 福(복)－복

화가 바뀌어 복이 되다. 불행한 일, 나쁜 일을 잘 처리하여 오히려 좋은 일로 만들다.

[예] 그 일이 오히려 전화위복이 되어서 잘 되었지 뭐야.

切磋琢磨
절 차 탁 마

切(절)－끊다, 磋(차)－갈다, 琢(탁)－쪼다, 磨(마)－문지르다

(상아를) 자르고 갈거나 (옥돌을) 쪼고 닦다. 학문이나 인격을 열심히 갈고 닦다.

[예] 피나는 절차탁마의 과정을 거쳐 드디어 위대한 작품을 완성했어.

切齒腐心
절 치 부 심

切(절)－끊다, 齒(치)－이, 腐(부)－썩다, 心(심)－마음

이를 갈고 마음을 썩이다. 분하거나 억울한 마음이 사무쳐 이를 딱딱거리며 갈고
속을 썩이다.

[예] 몇 년간을 절치부심한 끝에 드디어 재기에 성공했어.

漸入佳境
점 입 가 경

漸(점)−점차, 入(입)−들어가다, 佳(가)−아름답다, 境(경)−경치

점점 아름다운 경치로 들어가다. 갈수록 더욱 재미있거나 좋은 상황으로 들어가다.

[예] 치악산은 안으로 깊이 들어갈수록 그 멋이 점입가경이다.

頂門一鍼
정 문 일 침

頂(정)−정수리, 門(문)−문, 一(일)−하나, 鍼(침)−침

정수리에 침을 한 대 놓는다. 정문(頂門)은 머리 꼭대기를 의미하는 정수리이다.
가장 중요한 곳에 침을 꽂듯이 상대방의 잘못에 대해 따끔하게 충고하거나 지적하다.

[유] 촌철살인(寸鐵殺人)　　[예] 한 마디 따끔한 정문일침을 주었더니 정신을 차렸어.

井底之蛙
정 저 지 와

井(정)−우물, 底(저)−바닥, 之(지)−~의, 蛙(와)−개구리

우물 바닥의 개구리. 우물 안의 개구리처럼 생각이나 견문이 매우 좁은 것이다.

[유] 좌정관천(坐井觀天), 통관규천(通管窺天), 관견(管見)
[예] 그렇게 생각의 폭이 좁다니, 넌 정말 정저지와이구나.

朝變夕改
조 변 석 개

朝(조)−아침, 變(변)−변하다, 夕(석)−저녁, 改(개)−고치다

아침에 변하고 저녁에 고친다. 아침에 내린 명령이나 법령을 저녁에 다시 고치듯,
계획이나 결정 따위를 일관성이 없이 자주 뜯어고치는 것을 이른다.

[유] 조령모개(朝令暮改), 고려공사삼일(高麗公事三日)
[예] 우리 나라의 교육정책은 조변석개라서 해마다 바뀌더군.

爪牙之士
조 아 지 사

爪(조)−손톱, 牙(아)−어금니, 之(지)−~의, 士(사)−선비

손톱과 어금니 같은 선비. 손톱과 어금니는 신체 가운데 가장 단단한 부분이다.
손톱과 어금니처럼 단단하고 변함이 없는 충신이나 선비를 말한다.

[예] 나라가 어지러울 때는 조아지사의 선비가 그립다.

足脫不及
족 탈 불 급

足(족)–발, 脫(탈)–벗다, 不(불)–아니다, 及(급)–미치다

맨발로 뛰어도 미치지 못한다. 상대방을 따라잡기 위해 맨발로 힘껏 뛰어도 따라잡을 수 없다는 의미로, 능력 · 재질 따위가 두드러져 따라가지 못할 정도임을 비유적으로 이르는 말이다.

[예] 그 사람의 실력은 족탈불급이라 도저히 따라갈 수가 없어.

走馬加鞭
주 마 가 편

走(주)–달리다, 馬(마)–말, 加(가)–더하다, 鞭(편)–채찍

달리는 말에 채찍을 더한다. 잘하는 사람에게 더 잘하도록 격려함을 이른다.

[예] 엄마는 내가 열심히 공부하고 있는데도 주마가편으로 더 잘 하라고 성화셔.

走馬看山
주 마 간 산

走(주)–달리다, 馬(마)–말, 看(간)–보다, 山(산)–산

달리는 말에서 산을 보다. 말을 타고 내달리면서 산을 본다면 꼼꼼히 볼 수 없듯 자세히 살펴볼 겨를도 없이 대충대충 넘어가려는 태도를 말한다. ‘수박 겉 핥기’와 비슷한 의미이다.

[예] 일을 그처럼 주마간산격으로 하니 어디 믿을 수가 있어야지.

竹杖芒鞋
죽 장 망 혜

竹(죽)–대나무, 杖(장)–지팡이, 芒(망)–까끄러기, 鞋(혜)–신

대지팡이와 짚신. 달랑 지팡이 하나와 짚신 한 짝만 신은 모습이니 먼 길을 떠날 때의 간편한 옷차림이다.

[예] 그는 모든 것을 다 잃은 후 죽장망혜 빈 손으로 깊은 산 속의 절을 찾아갔다.

重言復言
중 언 부 언

重(중)–거듭, 言(언)–말씀, 復(부)–다시

거듭 말하고 다시 말하다. 이미 했던 말을 자꾸 되풀이하는 것이다.

[예] 중언부언하니 무슨 소리인지 알아들을 수가 있어야지.

指鹿爲馬
지 록 위 마

指(지)—가리키다, 鹿(록)—사슴, 爲(위)—하다, 馬(마)—말

사슴을 가리켜 말이라고 하다. 잘못된 것을 가지고 남을 속이다. 윗사람을 농락하여 권력을 마음대로 휘두름을 이른다. 중국 진나라의 조고가 자신의 권세를 시험하여 보고자 황제 호해에게 사슴을 말이라고 한 데서 유래한다.

[예] 사장의 신임을 받고 있다고 해서, 지록위마의 잘못을 범해서는 안 된다.

池魚之殃
지 어 지 앙

池(지)—못, 魚(어)—고기, 之(지)—~의, 殃(앙)—재앙

연못 물고기의 재앙. 연못에 던진 보석을 찾기 위해 연못의 물을 전부 퍼내는 바람에 엉뚱한 물고기만 죽음을 당한 이야기에서 유래한다. 다른 곳의 재앙으로 인하여 뜻밖에 당하는 재앙을 이른다. 혹은 상관도 없는 남의 일에 끌려들어가는 일을 말한다.

[예] 잘못은 그가 했는데 지어지앙이 되어 내가 뒤집어 쓰고 말았어.

指呼之間
지 호 지 간

指(지)—손가락, 呼(호)—부르다, 之(지)—~의, 間(간)—사이

손짓으로 부를 만한 거리. 손짓 해서 부르면 곧 대답할 만큼의 아주 가까운 거리.

[유] 지척지간(咫尺之間)
[예] 고속도로가 완공되어 천릿길이 단숨에 지호지간이 되었어.

進退兩難
진 퇴 양 난

進(진)—나아가다, 退(퇴)—물러가다, 兩(량)—둘, 難(난)—어렵다

나아가고 물러가는 것이 둘 다 어렵다. 이러지도 못하고 저러지도 못하는 난처한 상황.

[유] 진퇴유곡(進退維谷)　　　[예] 이럴 수도 없고 저럴 수도 없으니 진퇴양난이로다.

千載一遇
천 재 일 우

千(천)—일천, 載(재)—해, 一(일)—하나, 遇(우)—만나다

천 년에 한 번 만나다. 천 년에나 한 번 만날 수 있을 정도로 좀처럼 얻기 어려운 좋은 기회.

[예] 이번은 천재일우의 기회이니 절대 놓치지 말아라.

天高馬肥
천 고 마 비

天(천)-하늘, 高(고)-높다, 馬(마)-말, 肥(비)-살찌다

하늘은 높고 말은 살찌다. 원래는 흉노족의 침입을 걱정하던 말이었다. 옛날 흉노족이 중국을 침입할 때는 주로 말이 토실하게 살이 오른 가을이었다고 한다. 지금은 하늘이 높고 오곡백과가 무르익는 가을철을 뜻한다.

[예] 천고마비의 계절인 가을이 오면 여행을 떠나자.

千慮一失
천 려 일 실

千(천)-일천, 慮(려)-생각하다, 一(일)-하나, 失(실)-잃다

천 번 생각에 한 번의 실수. 아무리 지혜로운 사람이라도 많은 생각 가운데 한두 가지 실수가 있기 마련이다.

[반] 천려일득(千慮一得)
[예] 너무 상심하지 마, 천려일실이니 누구나 한 번쯤 실수할 수도 있는 법이야.

泉石膏肓
천 석 고 황

泉(천)-샘, 石(석)-돌, 膏(고)-명치, 肓(황)-명치 끝

샘과 돌, 명치 끝. 천석(泉石)은 자연을 대유한 표현이다. 고황(膏肓)은 심장의 바로 가까이에 있어 이 곳에 병이 들면 천하의 명의도 고칠 수가 없다고 한다. 곧, 아름다운 자연을 몹시 사랑하고 즐기는 성벽을 말한다.

[유] 연하고질(煙霞痼疾)   [예] 그 노인은 산을 하도 좋아하여 천석고황이라지.

天衣無縫
천 의 무 봉

天(천)-하늘, 衣(의)-옷, 無(무)-없다, 縫(봉)-꿰매다

천사의 옷은 꿰맨 자국이 없다. 문장이나 시가 손댈 곳이 없을 정도로 썩 훌륭함을 이른다.

[예] 그 글은 천의무봉의 솜씨라 흠잡을 데가 없어.

靑天霹靂
청 천 벽 력

靑(청)-푸르다, 天(천)-하늘, 霹(벽)-벼락, 靂(력)-벼락

맑게 갠 푸른 하늘에서 치는 날벼락. 맑은 하늘에 벼락이 치는 일은 누구도 예상치 못할 일이다. 예기치 못한 뜻밖의 큰 변고나 사건을 비유한다.

[예] 그렇게 정정하시던 아버님께서 갑자기 돌아가시다니, 웬 청천벽력이냐.

寸鐵殺人
촌 철 살 인

寸(촌)-마디, 鐵(철)-쇠, 殺(살)-죽이다, 人(인)-사람

한 마디의 쇠가 사람을 죽인다. 촌철(寸鐵)은 한 마디의 짧은 말을 비유한다. 아주 짧은 경구나 핵심을 찌르는 말로 남을 당황하게 하거나 마음을 감동시킬 수 있음을 이른다.

[예] 그 말은 정곡을 찌르는 촌철살인의 대답이야.

置之度外
치 지 도 외

置(치)-두다, 之(지)-그것, 度(도)-헤아리다, 外(외)-바깥

생각 밖에 두다. 도외시하여 내버려두고 상대하지 않다.

[예] 수학이 어렵다고 아예 치지도외하면 안 된단다.

七顚八起
칠 전 팔 기

七(칠)-일곱, 顚(전)-넘어지다, 八(팔)-여덟, 起(기)-일어서다

일곱 번 넘어지고 여덟 번 일어서다. 여러 번의 실패에도 굴하지 않고 분투하다.

[유] 백절불굴(百折不屈)
[예] 칠전팔기의 정신으로 꿋꿋이 도전했더니 드디어 성공했어.

七縱七擒
칠 종 칠 금

七(칠)-일곱, 縱(종)-놓아주다, 擒(금)-사로잡다

일곱 번 놓아 주고, 일곱 번 사로잡다. 중국 촉나라의 제갈량이 맹획이란 자를 일곱 번 잡았다가 일곱 번 놓아 준 데서 유래한 말이다. 마음대로 놓았다 잡았다 하며 요리하는 재주를 뜻한다.

[예] 그 고집센 사람을 마음대로 칠종칠금하다니 정말 대단해.

針小棒大
침 소 봉 대

針(침)-침, 小(소)-작다, 棒(봉)-몽둥이, 大(대)-크다

작은 바늘을 큰 몽둥이라고 하다. 별것도 아닌 것을 심하게 과장하다.

[예] 그 사건을 침소봉대하여 수습할 수 없는 지경이 되었어.

他山之石
타 산 지 석

他(타)-남, 山(산)-산, 之(지)--의, 石(석)-돌

남의 산의 돌. 다른 산에서 난 나쁜 돌도 자신의 옥을 가는 데 도움이 된다. 다른 사람의 하찮은 언행도 자신을 갈고 닦는 데 도움이 된다. 남의 부정적 언행을 교훈 삼을 때 사용한다.

[예] 그의 잘못을 타산지석 삼아 너는 그런 짓을 하지 말아라.

泰山北斗
태 산 북 두

泰(태)-크다, 山(산)-산, 北(북)-북녘, 斗(두)-별

태산과 북두칠성. 태산은 중국에서 가장 큰 산으로 알려져 있고 북두칠성은 별 가운데 가장 빛나고 으뜸 되는 별자리이다. 이와 같이 세상 사람들로부터 매우 추앙받고 존경받는 사람을 이른다.

[예] 그 사람은 단연 이 분야의 태산북두야.

兎死狗烹
토 사 구 팽

兎(토)-토끼, 死(사)-죽다, 狗(구)-개, 烹(팽)-삶다

토끼가 죽으면 사냥개를 삶는다. 필요할 때는 가까운 이를 실컷 부려먹다가 쓸모가 없어지면 헌신짝처럼 제거한다.

[유] 감탄고토(甘呑苦吐), 염량세태(炎凉世態)
[예] 회사를 위해 열심히 일했건만 결국 토사구팽당했다더군.

八方美人
팔 방 미 인

八(팔)-여덟, 方(방)-방면, 美(미)-아름답다, 人(인)-사람

여덟 방면에서 아름다운 사람. 미인(美人)은 단순히 아름다운 사람이 아니라 다방면에서 뛰어난 재주를 갖춘 사람이다. 곧 여러 방면에서 두루 뛰어난 사람을 말한다.

[예] 그 사람은 모든 분야에 두루 능한 팔방미인이라 못 하는 게 없더군.

布衣之士
포 의 지 사

布(포)-베, 衣(의)-옷, 之(지)--의, 士(사)-선비

베옷 입은 선비. 베옷은 선비들이 산 속에서 생활할 때 입는 옷이다.
곧 벼슬하지 않은 선비를 뜻한다.

[예] 옛 선비들은 정치가 힘들면 산 속에 들어가 포의지사로서 살았대.

風樹之嘆
풍 수 지 탄

風(풍)-바람, 樹(수)-나무, 之(지)--의, 嘆(탄)-탄식

바람과 나무의 탄식. '나무가 고요하고자 하나 바람이 그치지 않고 자식이 봉양하고 자 하나 부모는 기다리지 않는다' 는 말에서 나왔다. 곧 효와 관련된 말로 부모가 계 시지 않음을 슬퍼한다는 의미이다.

[유] 혼정신성(昏定晨省), 반의지희(斑衣之戲), 반포보은(反哺報恩)
[예] 부모님이 돌아가시고 나니 풍수지탄의 심정을 알겠어.

漢江投石
한 강 투 석

漢(한)-한수, 江(강)-강, 投(투)-던지다, 石(석)-돌

한강에 돌을 던지다. 한강에 돌을 던져도 아무 반응이 일어나지 않는다. 아무리 해도 소용없는 헛된 일을 뜻한다.

[예] 네가 아무리 노력해 봤자 한강투석일 뿐이니 그만 단념해.

邯鄲之步
한 단 지 보

邯(한)-땅이름, 鄲(단)-조나라 서울, 之(지)--의, 步(보)-걸음

한단의 걸음걸이. 연나라의 한 청년이 한단에 가서 그 곳 걸음걸이를 배우려 했으나 오히려 본래의 걸음걸이도 잊어버려 기어서 돌아왔다고 한다. 함부로 자기의 본분을 버리고 남을 무조건 흉내내면 두 가지 모두 잃는다는 것을 조롱하는 말이다.

[유] 효빈(效顰)　　[예] 대가의 작품을 무조건 따라 하면 한단지보가 될 거야.

虛張聲勢
허 장 성 세

虛(허)-비다, 張(장)-과장하다, 聲(성)-소리, 勢(세)-형세

비어 있는데 과장되이 허세로 소리내다. 실력도 없으면서 허세로 떠벌린다.

[예] 잘한 것도 없으면서 큰 소리만 뻥뻥 치는 허장성세를 부리다니…….

糊口之策
호 구 지 책

糊(호)-풀칠하다, 口(구)-입, 之(지)--의, 策(책)-방책

입에 풀칠하는 방책. 가난한 살림에서 그저 겨우 먹고 살아 가는 방책.

[유] 호구지방(糊口之方)
[예] 그 원고료로 호구지책이나 삼아 살아가는데, 무슨 여유가 있겠니?

好事多魔
호 사 다 마

好(호)-좋다, 事(사)-일, 多(다)-많다, 魔(마)-마귀

좋은 일에는 탈이 많다. 좋은 일에는 방해가 되는 일이 많이 생긴다.

[예] 호사다마라더니, 잔칫날 그 집에 큰 사고가 일어났다.

浩然之氣
호 연 지 기

浩(호)-크다, 然(연)-그러하다, 之(지)-~의, 氣(기)-기운

넓고도 큰 기운. 호연(浩然)은 넓고 큰 모양이다. 하늘과 땅 사이에 가득한 공평하고도 바른 기운이다.

[예] 그는 호연지기를 기르기 위해 매일 산에 오른다.

畵龍點睛
화 룡 점 정

畵(화)-그리다, 龍(룡)-용, 點(점)-점을 찍다, 睛(정)-눈동자

용을 그리고 눈동자에 점을 찍다. 사물의 핵심이나 가장 중요한 부분을 손질하여 완성시킴을 이른다. 용을 그리고 난 후에 마지막으로 눈동자를 그려 넣었더니 그 용이 홀연히 구름을 타고 하늘로 날아 올라갔다는 고사에서 유래한다.

[예] 그림의 마지막 부분을 완성하여 드디어 화룡점정을 이루었다.

花容月態
화 용 월 태

花(화)-꽃, 容(용)-얼굴, 月(월)-달, 態(태)-모습

꽃 같은 얼굴과 달 같은 자태. 아름다운 여인의 얼굴과 맵시를 이르는 말이다.

[유] 단순호치(丹脣皓齒), 경국지색(傾國之色), 명모호치(明眸皓齒)
[예] 그녀는 화용월태라서 정말 눈 같은 자태를 뽐냈지.

畵中之餠
화 중 지 병

畵(화)-그림, 中(중)-가운데, 之(지)-~의, 餠(병)-떡

그림 속의 떡. 그림 속의 떡은 먹을 수 없듯 실제로 이용하거나 사용할 수 없다.

[예] 아직도 유럽 여행은 내게는 화중지병이라 꿈 속에서나 그릴 뿐이지.

換骨奪胎
환 골 탈 태

換(환)-바꾸다, 骨(골)-뼈, 奪(탈)-빼앗다, 胎(태)-태

뼈대를 바꾸어 끼고 태를 바꾸어 쓴다. 시문이나 사람의 모습을 완전히 바꾸어 이전보다 잘 되게 함을 이른다.

[예] 과거의 모습에서 환골탈태하여 완전히 새로운 사람으로 거듭났더군.

患難相恤
환 난 상 휼

患(환)-근심, 難(난)-어려움, 相(상)-서로, 恤(휼)-돕다

근심과 어려움을 서로 돕다. 향약의 네 가지 덕목 가운데 하나로서, 어려운 일이 있을 때 서로 돕는다는 뜻이다.

[유] 환난상고(患難相顧), 환난상구(患難相救)
[예] 농번기에는 어려운 일은 서로 돕는 환난상휼의 정신이 필요해.

會者定離
회 자 정 리

會(회)-만나다, 者(자)-사람, 定(정)-반드시, 離(리)-헤어지다

만난 사람은 반드시 헤어진다. 만나면 헤어지는 것은 거스를 수 없는 정한 이치이다. 모든 것이 무상함을 나타내는 말이다.

[유] 거자필반(去者必反)
[예] 회자정리라 했으니 언젠가 헤어질 것도 염두에 둬야 해.

後生可畏
후 생 가 외

後(후)-뒤, 生(생)-나다, 可(가)-가히, 畏(외)-두렵다

뒤에 태어난 사람이 두려울 만하다. 젊은 후배들이 열심히 배워 선배보다 나을지 모르므로 오히려 두렵다.

[유] 청출어람(靑出於藍)　　　[예] 후생가외라더니 요즘 젊은이들은 정말 대단해.

厚顔無恥
후 안 무 치

厚(후)-두껍다, 顔(안)-얼굴, 無(무)-없다, 恥(치)-부끄럽다

낯가죽이 두꺼워 부끄러움이 없다. 뻔뻔스럽게 부끄러운 줄 모른다.

[유] 안하무인(眼下無人), 방약무인(傍若無人)
[예] 버릇없이 후안무치한 태도를 보이다니…….

찾아보기

참고자료

[일반교양 문헌]

강판권,《어느 인문학자의 나무세기》, 지성사, 2002.

구미래,《한국인의 상징 세계》, 교보문고, 1992.

김기빈,《한국의 지명 유래》, 지식산업사, 1990.

김열규,《한국의 문화 코드 열다섯 가지》, 마루, 1997.

김인호,《조선어 어원 편람》, 박이정, 2001.

김정열,《재미있는 성씨, 족보 이야기》, 해성, 2002.

김종대,《우리 문화의 상징 세계》, 다른세상, 2001.

김태정,《쉽게 찾는 우리 나물》, 현암사, 1998.

김호,《조선 과학 인물 열전》, 휴머니스트, 2003.

박숙희,《뜻도 모르고 자주 쓰는 우리말 500가지》, 서운관, 1994.

박은숙 외,《곤충의 신비를 찾아서》, 예문당, 2003.

신동원,《조선 사람의 생로병사》, 한겨레신문사, 1999.

이규태,《한국인의 밥상 문화》 1 · 2, 신원문화사, 2000.

이규태,《한국인의 생활 문화》, 신원문화사, 2000.

이규태,《한국인의 주거 문화》 1 · 2, 신원문화사, 2000.

이상희,《우리 꽃문화 답사기》, 1999.

이성미,《우리 옛 여인들의 멋과 지혜》, 대원사, 2002.

이태원,《현산어보를 찾아서》, 청어람미디어, 2002.

전재경,《복수와 형벌의 사회사》, 웅진출판, 1996.

정민,《한시 속의 새, 그림 속의 새》, 효형출판, 2003.

정민,《초월의 상상》, 휴머니스트, 2002.

정연식,《일상으로 본 조선 시대 이야기》 1 · 2, 청년사, 2001.

조용진,《동양화 읽는 법》, 집문당, 1993.

주강현,《우리 문화의 수수께끼》, 한겨레신문사, 1996.

학생과학문고편찬회,《동물 나라》, 글사랑, 2003.

한국역사연구회,《조선 시대 사람들은 어떻게 살았을까》, 청년사, 1996.

허균,《고궁 산책》, 교보문고, 1997.

허남오,《너희가 포도청을 어찌 아느냐》, 가람기획, 2001.

하야시 미나오 지음, 이남규 옮김,《고대 중국인 이야기》, 솔, 1998.

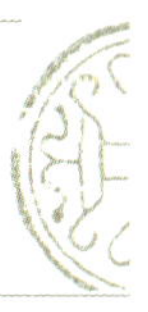

[한자 관련 문헌]

강경구,《한자에 담겨 있는 하늘·땅·사람 이야기》, 동방미디어, 1997.

강현구 편저,《한자를 알면 수능이 보인다》 국어편, 한문교육, 2002.

김경일,《제대로 배우는 한자 교실》, 바다출판사, 2003.

김근,《욕망하는 천자문》, 삼인, 2003.

김언종,《한자의 뿌리》 1·2, 문학동네, 2001.

김원중 편저,《고사 성어 백과 사전》, 을유문화사, 2003.

김용걸,《자원(字源) 자해(字解)로 익히는 한자》, 삼지원, 1998.

김용걸,《한자 자형의 세계》, 성신여자대학교출판부, 2002.

세실리아 링크비스트 지음, 김하림·하영삼 옮김,《한자 왕국》, 청년사, 2002.

阿辻哲次지음, 이기형 옮김,《한자의 수수께끼》, 학민사, 1994.

안대회,《7일간의 한자 여행》, 한겨레신문사, 1999.

이규갑,《한자가 궁금하다》, 학민사, 2000.

이진오,《한자 속에 담긴 우리 문화 이야기》, 청아출판사, 1999.

이충구 편저,《한자 부수 해설》, 전통문화연구회, 1998.

임종욱,《고사 성어 대사전》, 고려원, 1996.

전광진,《뿌리를 찾는 한자 2355》, 조선일보사, 2000.

정민·박수밀,《한문의 이해》, 한양대학교출판부, 2002.

정석원 외,《한글 세대를 위한 시사 한자》, 삼성, 1994.

정석원,《재미있는 한자 여행》 1·2, 김영사, 1995.

정춘수,《한자 오디세이》, 부키, 2003.

하영삼,《문화로 읽는 한자》, 동방미디어, 1997.

한자능력검정시험연구원,《EBS 한자능력검정시험》, 엑스파일, 2001.

車作武 저,《중국 문자의 기원(中國文字的起源)》, 상해인민출판사, 2000.

謝光輝 주편,《상용 한자 도해(常用漢字圖解)》, 북경대학출판사, 1996.

紀德裕 편저,《한자습취(漢字拾趣)》, 복단대학출판사, 2002.

師村妙石 편저,《고전 문자 자전(古典文字字典)》, 東方書店, 1990.

加藤常賢 저,《한자의 기원》, 角川書店, 1970.

외 기타 도록 자료.

이 책에 쓰인 도판 소장처

강세황의 〈자화상〉 - 국립중앙박물관 소장

강희언의 〈사인시음〉 - 개인 소장

김득신의 〈강변회음〉 - 간송미술관 소장

김은호의 〈죽림칠현도〉 - 개인 소장

김정호의 〈대동여지도〉 - 서울대학교 규장각한국학연구원 소장

김정희 초상 - 개인 소장

김홍도의 〈게와 갈대〉 - 간송미술관 소장

김홍도의 〈기로세련계도〉 - 개인 소장

김홍도의 〈나비를 희롱하는 고양이〉 - 간송미술관 소장

김홍도의 〈새참〉 - 국립중앙박물관 소장

김홍도의 〈서당〉 - 국립중앙박물관 소장

김홍도의 〈송하취생도〉 - 고려대학교 박물관 소장

김홍도의 〈자리짜기〉 - 국립중앙박물관 소장

김홍도의 〈표피도〉 - 북한 역사박물관 소장

남계우의 〈나비〉 - 국립중앙박물관 소장

남계우의 〈화접도〉 - 순천대학교 박물관 소장

남태제 초상 - 일본 덴리대학교 소장

낭세녕의 〈시치미를 매단 흰매〉 - 중국 국립고궁박물원 소장

〈능행도〉 - 국립중앙박물관 소장

물시계 - 궁중유물전시관

박필건 초상 - 모스크바 오리엔탈 박물관 소장

백산봉기기록화 - 독립기념관 소장

신사임당의 〈가지〉 - 국립중앙박물관 소장

신사임당의 〈오이〉 - 국립중앙박물관 소장

신씨의 〈서과자원〉 - 간송미술관 소장

신윤복의 〈월하정인도〉 - 간송미술관 소장

심사정의 〈노련도〉 - 서울대학교 박물관 소장

안견의 〈몽유도원도〉 - 일본 덴리대학교 참고관 소장

영조대왕 초상 - 창덕궁 소장

오창석의 〈등만〉 - 천진인민미술출판사 소장
오창석의 〈호로도〉 - 중국 중앙공예미술학원 소장
윤덕희의 〈독서하는 여인〉 - 서울대학교 박물관 소장
이덕수 초상 - 일본 덴리대학교 소장
이덕형 초상 - 일본 덴리대학교 소장
이재관의 〈오수도〉 - 호암미술관 소장
이징의 〈쌍로도〉 - 간송미술관 소장
이항복 초상 - 서울대학교 박물관 소장
작가 미상의 〈미인도〉 - 해남 윤씨 종가 소장
작가 미상의 〈미인도〉 - 개인 소장
장승업의 〈닭과 맨드라미〉- 서울대학교 박물관 소장
정유점의 〈포도〉 - 호림미술관 소장
정홍래의 〈해응도〉 - 국립중앙박물관 소장
제백석의 〈배추와 버섯〉 - 중국 서비홍기념관 소장
조속의 〈금궤도〉 - 국립중앙박물관 소장
최북의 〈순무를 갉아먹는 쥐〉 - 간송미술관 소장
〈평생도〉 중 '삼일유가' - 국립중앙박물관 소장
〈평생도〉 중 '소과응시' - 국립중앙박물관 소장
〈흑구도〉 - 국립중앙박물관 소장

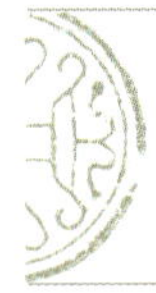

탈고 후기

• 정민

한자 교과서의 새로운 대안을 보여 주자며 의기투합해서 작업을 시작한 것이 벌써 2년 전이다. 한자는 우리 문화의 곳간을 여는 열쇠다. 철통같이 잠긴 자물쇠를 열어, 곳간 속 진귀한 보물과 풍성한 양식을 함께 나누었으면 싶다. 그동안 끊임없이 다그치고 독려하고 야단했다. 그래도 막상 손을 털고 나니, 흐뭇함보다 아쉬움이 더 크다. 지난 2년간 함께 고생들이 참 많았다.

• 박수밀

기왕에 손을 댄 이상 우리의 한자 문화사를 이야기하고 싶었다. 그러나 화석화된 문자를 통해 살아 있는 우리 문화를 끄집어내는 일이 각오로만 될 일은 아니었다. 집필을 하는 동안 스트레스로 인해 머리에 쥐가 난다는 느낌의 정체를 실감해야 했다. 그러나 우리는 해냈다. 끝내 놓고 보니 지난 시간이 주마등과 같다. 큰 짐을 내려놓은 듯 홀가분하다. 고생한 만큼 좋은 평가를 받았으면 좋겠다.

• 박동욱

교과서 집필을 맡은 지난 2년간 내게 적잖은 변화의 시기였다. 이 기간에 나는 결혼을 했고 강단에 처음 섰으며, 원고에 끊임없이 시달려야 했다. 그동안 나는 빚쟁이처럼 마음이 가난했다. 그러나 끝나지 않을 시련이나 버티지 못할 무게란 없는 법이다. 절망 속에 하루하루를 보내던 이등병 시절을 견디게 해 준 화장실 낙서가 생각난다. "피하지 못하면 즐겨라" 이제 다 끝났다. 나는 한 뼘쯤 자란 느낌이다.

• 강민경

모든 것이 협력하여 선을 이룬다는 말을 실감했다. 집필진과 편집진, 디자인팀 등이 혼연일체가 되어 뿌듯한 두 권의 책이 나왔다. 이 책을 읽는 독자들은 한자의 맛과 생활 언어의 재미를 듬뿍 만끽할 수 있을 것이다. 공들인 수고만큼 많은 독자들에게 사랑을 받았으면 좋겠다. 모든 것에 기쁘고 감사하다.

살아있는 한자 교과서 1권

1 생활과 한자

1판 1쇄 발행일 2004년 7월 26일
2판 1쇄 발행일 2011년 5월 23일
2판 8쇄 발행일 2023년 4월 3일

지은이 정민 박수밀 박동욱 강민경

발행인 김학원
발행처 (주)휴머니스트출판그룹
출판등록 제313-2007-000007호(2007년 1월 5일)
주소 (03991) 서울시 마포구 동교로23길 76(연남동)
전화 02-335-4422 **팩스** 02-334-3427
저자·독자 서비스 humanist@humanistbooks.com
홈페이지 www.humanistbooks.com
유튜브 youtube.com/user/humanistma **포스트** post.naver.com/hmcv
페이스북 facebook.com/hmcv2001 **인스타그램** @humanist_insta

편집주간 황서현 **편집** 이재민 김혜경 **교정** 박환일 신영숙
일러스트 안정아 **사진** 권태균 **표지 디자인** 김태형 **본문 디자인** 이준용 **그래픽** 김준희
용지 화인페이퍼 **인쇄** 청아디앤피 **제본** 민성사

ⓒ 정민 박수밀 박동욱 강민경, 2004

ISBN 978-89-5862-009-9 03700